EN EL PAITITI, GUIADOS POR LOS EXTRATERRESTRES

Francisco Sosa Mandujano

Título original: *En el Paititi, guiados por los extraterrestres*

Primera edición: Junio 2018

www.editorialkolima.com

Autor: Francisco Sosa Mandujano
Dirección editorial: Marta Prieto Asirón
Maquetación de cubierta: Sergio Santos Palmero
Maquetación: Carolina Hernández Alarcón
Colaboradores: Beatriz del Pino y Alba Marina Brezo

ISBN: 978-84-16994-32-8
Depósito legal: M-18536-2018
Impreso en España

Mi agradecimiento

A Dios, al Maestro Jesús y a las Jerarquías Superiores.
A la memoria de mis padres, Justina y Marino.
A mis hermanos, Jesús, Catalina, Trinidad,
Juan, Sofía y Raída.
A nuestros Guías extraterrestres.
A Sixto Paz Wells y su digna familia.

A cada uno de mis hermanos viajeros de 1981 y 1989,
y a todos y cada uno de los que he nombrado en esta obra,
toda mi gratitud.

Solo cuando el hombre descubra que Dios quiere de él su grandeza y su triunfo, solo ese día el renacimiento será cumplido, el Anrrom terminado y el libro concedido.

Oxalc

A mi hijo Walki Enoc,
que en sus peores circunstancias
me motiva para seguir adelante.

A todos aquellos que buscan el tesoro
que llevan dentro de sí mismos.

Índice

Introducción

Siempre busqué una razón o causa que justificara una palabra o acción. Cuando me hablaban de Dios, igual. ¿Cómo se creó Dios? Quería saber quién creó a Dios o cómo apareció.

Me sugirieron leer la Biblia.

«En el principio creó Dios los cielos y la Tierra». (Génesis 1.1)

«Los cielos» está escrito en plural. Entonces, ¿creó Dios muchos cielos?

Me contestaron que Dios es Omnipotente (lo abarca y comprende todo), que es Omnipresente (está en todas partes), que es Omnisciente (tiene sabiduría y conocimiento de todo), y que es Eterno (no tuvo principio ni tendrá final).

Pero entonces, antes de crear los cielos y la Tierra, ¿qué habrá hecho el Señor Dios?

La Tierra es grande, pero los cielos son una inmensidad, son inmensurables.

Teniendo muchos inmensos cielos, ¿puede el Señor Dios haber creado vida inteligente solo en la Tierra como dicen?

Existiendo un Universo tan vasto, es imposible creer que solo exista vida en la Tierra. Si esto es así, ¿qué formas de vida existen en otros mundos? ¿Hay todavía dinosaurios, dragones, bosques y océanos misteriosos? ¿Existirán seres que tengan con nosotros algún parecido o semejanza?

¿O es que nos quedaremos mudos ante los testimonios de civilizaciones más avanzadas que la nuestra?

Así me interrogaba yo a mis treinta años. Estas preguntas y muchas otras me llevaron a la búsqueda, y la búsqueda me llevó a vivir lo inimaginable. Después de muchos años he empezado a encontrar respuestas; nunca imaginé que la vida me tenía reservadas todavía muchas duras pruebas, como jamás pensé tampoco escribir un libro. El presente está escrito en mi escaso lenguaje, pero sincero. Pido perdón por ello. Esta es mi historia, es mi verdad y si al final encuentras que de algo te valió, estaré satisfecho; y si, por el contrario, sientes algo de soberbia por mi parte, me consideraré el peor de los mortales.

Un poco de Historia:

«...Soy Oxalc, soy de Morlen, ustedes lo llaman Ganímedes, podemos hablar de OVNIS...»

Este primer mensaje, recibido psicográficamente[1] por Sixto Paz Wells[2] el 22 de enero de 1974 en Lima, Perú, dio inicio en el seno de un grupo de jóvenes una extraordinaria experiencia de contacto extraterrestre. El 7 de febrero de ese mismo año fueron citados al desierto de Chilca, a 60 km al sur de Lima, a un encuentro cercano y vieron aparecer una nave rodeada de una intensa y brillante luz.

«No bajamos en este momento porque ustedes no saben controlar sus emociones. Habrá una preparación, un tiempo y un lugar...»

---

1 La psicografía es una técnica de comunicación, que es la escritura automática o telepatía instrumentalizada, mediante la cual el receptor o *antena* recibe del emisor una fuerte onda mental o mensaje telepático. Todos podemos recibir si nos preparamos. En el caso de RAMA no es el hombre el que se comunica con ellos, sino que son los Guías extraterrestres son los que se comunican con el hombre.

2 Sixto Paz Wells es peruano y el primer contactado en Misión RAMA desde 1974. Es un reconocido conferenciante y escritor de ámbito mundial. Conocer a Sixto es conocernos un poco más a nosotros mismos. Sixto es un conductor, un líder, un guía que eligió una gran responsabilidad: difundir el despertar de conciencia en el mundo a través de los mensajes enviados por seres de otras estrellas. Se le considera una autoridad seria en el tema del contacto extraterrestre y es uno de los pocos hombres de nuestra época que expresa y demuestra a través de sus actos la misión que se le ha encomendado. Hablar de Sixto es hablar del despertar de conciencia y del cambio hacía lo positivo, y, por su puesto, de los extraterrestres.

Ese mismo año, en los meses de agosto y septiembre, los extraterrestres les indicaron como lugar de contacto Marcahuasi, una altiplanicie situada a unos 4.000 metros sobre el nivel del mar. El mismo día en que los cinco jóvenes peruanos estaban regresando de Marcahuasi, un periodista de la agencia EFE de España venía directamente de Europa y llegó quince minutos antes. El periodista fue invitado por los extraterrestres (mediante el mensaje psicográfico y telepático) a participar de un encuentro programado con varios días de anticipación. Y tal fue la impresión que tuvo este periodista por lo que vio, que de regreso a España, Juan José Benítez[3] escribió un libro titulado *OVNIS, S.O.S. a la Humanidad,* publicado por Plaza y Janés, donde dio testimonio de la insólita experiencia que le tocó vivir con el grupo RAMA de Perú. Este libro hizo que en cuestión de seis meses el grupo de veinte jóvenes se extendiera a treinta países.

Imagen 1. La psicografía o escritura automática.

---

3 Juan José Benítez es un conocido y prestigioso periodista español, que cuando era solo un corresponsal de prensa de la agencia de noticias EFE fue enviado a Perú a cubrir las vivencias de un grupo de adolescentes. Hoy es un prolífico y famoso escritor.

El contacto fue incrementándose paulatinamente desde los avistamientos hasta el descenso de las naves y el encuentro físico con seres de otros mundos.

Lo narrado no es un caso aislado ni el más importante que se conoce; no es el único grupo de contacto, pues existen otros, pero Misión RAMA[4] es el único grupo a nivel mundial que ha dado pruebas objetivas y demostrado su veracidad al permitir la presencia de periodistas del mundo a encuentros programados con anticipación y al proporcionar testimonios contundentes de que, no solo existe vida extraterrestre inteligente, sino que el contacto con seres del espacio es real. Lo más importante es que el contacto continúa y se mantiene hasta ahora. Espero poder acompañarlos en esta aventura.

Francisco Sosa Mandujano

«Lo raro no es, que haya vida en otros planetas, lo raro sería que no lo hubiera».

Sixto Paz Wells

4 Misión RAMA: Experiencia de contacto que trae como mensaje la necesidad de que el ser humano descubra la importancia de la comunicación consigo mismo, con los demás, con la vida y con el Universo. RAMA es comunicación y contacto para establecer un puente de comunicación con civilizaciones más avanzadas de las que podemos aprender mucho.

Capítulo 1
El que busca encuentra

Ya llegará el tiempo en el cual recordaréis cada uno como fue que fuisteis llamados a conformar RAMA; cada uno sabrá pronto su camino de venida.

Historia de RAMA, por el Guía OXALC

Había gran vacío en mi vida; mi educación no había sido la adecuada y la rutina del trabajo, las conversaciones sin importancia ni profundidad me ponían triste. Durante la noche, antes de quedarme dormido, me cuestionaba si lo que hacía era correcto. Me dedicaba por entero a mi trabajo y lo cumplía muy bien mientras vivía en una pensión.

El 12 de agosto de 1977, tras almorzar regresaba a mi trabajo por la calle principal de la ciudad de La Oroya Antigua (provincia de Yauli, región Junín en Perú) más conocida como la «ciudad de los humos». Como cualquier ser humano común me detuve frente al puesto de venta de periódicos. Después de leer los titulares mi vista se fijó en una revista que me llamó mucho la atención. Se llamaba *Lo insólito, de este y otros mundos*. Era el número 4. Lo compré de inmediato pues sentí que me sería útil.

Aquella noche, el artículo de la página 25 me produjo un estremecimiento. Decía así:

Médico mexicano recibió una visita insólita...

... y tuvo la suficiente abertura mental y valentía de dar a conocer el hecho a la prensa de su país. El doctor Leopoldo Díaz Martínez, domiciliado en Vicente Guerrero Nº 86, Guadalajara, México, no tuvo reparo en relatar la extraña experiencia que vivió a fines del pasado año, cuando un singular hombrecillo se presentó a su consultorio:

«En la ciudad de Guadalajara soy médico general. Pues bien, el 28 de octubre de 1976 asistía a mis pacientes normalmente; a las 12 del día estaba por terminar cuando se presentó el último paciente, el cual me llamó sumamente la atención. Era una persona de aproximadamente 50 años, piel muy blanca, casi totalmente calvo, ojos azul grisáceo, mirada penetrante y aspecto bonachón.

No sentí nada cuando ingresó a la sala de espera, pero al abrir la puerta para despedir a otra paciente, le vi hojeando una revista. Al dirigirle la mirada se levantó y pude ver que era de muy baja estatura, como de 1,50 m. Con voz aflautada me dijo: 'Deseo que me haga un examen general'; yo le contesté que sí. Procedí a practicar el examen y me desconcertó el perfecto estado de salud en que se hallaba; sus signos vitales y sus reflejos eran sorprendentemente normales. Era lampiño a excepción de la cara en donde tenia un vello muy fino; en el resto del cuerpo su piel era tersa y delicada como la de un bebé de seis meses bien nutrido. Al hacérselo notar me dijo: 'Siempre he llevado una vida muy sana, nada de excesos, y he cultivado el control mental desde hace tiempo; hace mucho que no acudía a un médico'.

Casi me desmayo al saber su edad: ¡185 años! Al notar mi perplejidad dijo: 'Yo no soy de aquí y no me pregunte de dónde porque no puedo decírselo: mi nombre es Llop Zarniet. Hay más planetas en este sistema solar que aún no han sido descubiertos; varios como yo se encuentran distri-

buidos en todo el mundo tratando de ponerse en contacto con personas conscientes que estén dispuestos a ayudarnos para dar a conocer sin causar pavor nuestra presencia. Queremos ayudar a mejorar las condiciones generales de desarrollo de la Tierra y evitar los males que pueden llevarles al caos'.

Oiga bien el mensaje que voy a comunicarle; alerte sus sentidos. Dios existe como Creador, la materia no existe en sí misma; hay una sola corriente universal de la que emana todo lo demás, desde el microcosmos al macrocosmos. Esta corriente es la electricidad, cuyo símbolo universal es este: 69'».

No había pasado todavía un año de ese episodio; al fin tenía algo diferente, novedoso en qué pensar. ¡Qué lejos estaba yo de llevar una vida sana, comparada con la vida de aquel extraño ser! La mía era totalmente opuesta; jamás había llevado una vida saludable. La base de mi alimentación era la carne; me excedía en todo por ignorancia, de control mental no sabía nada de nada. Lo único que teníamos en común era que yo no acudía al médico hacía mucho tiempo, aunque no porque estuviera sano, sino por falta de buenas costumbres. Mi rostro estaba cubierto de acné rebelde y tenía el cuerpo lleno de grasa y el estómago abultado siendo aún joven. De Dios solo sabía lo que me habían enseñado mis padres en su entendimiento, lo que me enseñaron en la primaria, secundaria y la religión. Jamás había profundizado; sabía que existía y nada más.

Una luz de esperanza se me encendió cuando leí que había gente que nos quería ayudar a mejorar las condiciones generales de desarrollo de la Tierra. Ese artículo fue demasiado para mí y empecé a cuestionarme por qué era como era, por qué no podía ser mejor, cuál era la causa.

Me vino a la mente la imagen de mi niñez y de mis padres que me habían dado la vida, que estaban en su pueblito donde yo nací. Este era Masajcancha, un pequeño anexo del distrito de Paccha, provincia de Jauja, en el departamento de Junín, en Perú. Mi mente se trasladó a los tiempos en que correteaba tras los animales cuando iban a pastar. En ocasiones el viento, la lluvia y los truenos me sorprendían en el campo, pero la mayor de las veces el aroma de los sembrados, lo verde de la estación y de las sementeras que entraban ya en período de maduración nos permitían disfrutar de la naturaleza. Allí, con mi hermano Juan y otros niños, sin descuidar a los animalitos me internaba en el follaje de las habas, de las arvejas, y comía hasta decir basta. Al parecer vivía contento; no vislumbraba nada de nada por aquel entonces.

El recuerdo se trasladó con tristeza a aquel fatídico 4 de abril de 1959. Ese año la cosecha prometía ser buena. Todas las sementeras estaban hermosas, pero siempre estaba latente la caída de una granizada y cuando esto ocurría era una desgracia para todo el campesinado. Por ello las comunidades se organizaban; cada año nombraban y encargaba a dos o tres personas que estuvieran atentas a este fenómeno atmosférico. Se les entregaban varios cartuchos de dinamita que adquirían con la colaboración de todos para hacerlos explotar (hoy utilizan cohetes pirotécnicos). La experiencia de la gente de campo es efectiva: cuando existe una amenaza o está comenzando una granizada, con dos o tres explosiones esta se convierte en lluvia o se traslada a otro sitio.

Ese año mi padre, hombre robusto, colaborador y trabajador, había sido uno de los elegidos. Como después de una faena en el campo suelen tomar licor, estaba ebrio; el día había sido de mucho trabajo y de un calor intenso, señal de que caería una tempestad. Y así fue.

Aquella noche trágica, la señal de que se acercaba una tormenta era un viento fuerte y helado que daba miedo; apagaban el mechero con el queroseno que se encontraba dentro del cuarto, los truenos retumbaban por doquier, la noche oscura se iluminaba con los relámpagos, caían los primeros granizos. Mi padre, borracho pero fiel cumplidor de sus deberes, se levantó de la cama, se puso los zapatos rápidamente, cogió la dinamita que tenía guardada y la preparó envolviéndola con periódico, trapo y plástico usado, asegurándola con hilo de lana. Agarró un fósforo y salió con el objetivo de hacerla explotar en el campo frente a la casa. Pero el viento era fortísimo y no permitió que el fósforo prendiera la mecha. Lo intentó varias veces y al no lograrlo pensó en regresar al cuarto donde dormía, dejar abierta la puerta principal de la casa, que aseguró con una piedra de regular tamaño, cortar más pequeña la mecha, prenderla y salir a la carrera para lanzarla con fuerza lo más lejos posible.

Todo habría salido bien como lo planeó si no hubiera sido porque cuando empezó a salir a veloz carrera del dormitorio la fuerza del viento venció a la piedra que mantenía abierta la puerta principal y esta se cerró con estrépito cuando él levantaba su mano derecha con el explosivo encendido. Los segundos pasaron más rápido en ese momento y en su intento de abrir con su mano izquierda la puerta, la dinamita explotó, volando su mano derecha en miles de pedazos. El hombre valiente que era mi padre, ebrio aún, gritó entonces con angustia en su lenguaje común y de pueblo: «¡Ya me jodí!» Se sintió una fuerte explosión en todo el pueblo. La granizada y el viento desaparecieron en ese instante como por encanto, se escucharon los gritos de auxilio de mi madre y de mis hermanas mayores, y los ladridos de los perros del pueblo anunciaron que algo malo había pasado en la casa de Marino Sosa Quintana y de Justina Mandujano Casas.

Larga es la historia del traslado a Jauja, luego a Huancayo y a Lima hasta su curación. La herida cerró en varios meses; el ojo izquierdo ya no tenía visión, todos los animales tuvieron que ser vendidos, las sementeras descuidadas. Mi hermano Juan y yo pequeños todavía no podíamos agarrar el arado, aunque ganas no nos faltaban. La necesidad entonces obligó a mi padre a ingeniarse mil cosas, pero con una sola mano estaba limitado y se tuvo que dedicar a lo único que le quedaba: la compraventa de ganado lanar. Luego llegó la tristeza; la impotencia de no poder mantener a su familia como él habría deseado seguramente lo llevó a refugiarse en el licor. El hombre bueno se había transformado en un hombre malo. Así empezaba para mí y para mi familia una mala vida de padecimientos, sufrimientos e ignorancia total en cuanto al espíritu. No había día en que nuestro padre estuviera sano y que no fuera un martirio para nosotros. Ya imaginará el lector el verdadero infierno en que se convirtió nuestro hogar. En ese infierno crecí totalmente cohibido, tímido e inseguro de mí mismo. Pero valió para hacerme una promesa: que yo sería diferente. Yo no sería un borracho, no señor.

RAMA es AMAR

Pero vayamos a nuestro tema, pongámosle ánimo. Lo que leía aquella noche era como un bálsamo para mi atormentado corazón. La revista quincenal estaba dedicada exclusivamente a temas esotéricos, parapsicológicos, de contacto extraterrestre, misterio y afines. Para mí era una novedad; no sabía el significado de la palabra *esoterismo* ni de *parapsicología* pero me pareció interesante y deseaba que pasaran rápidamente los días para adquirir el próximo número. En el número seis se anunció que en el siguiente se relataría una extraordinaria experiencia vivida por unos jóvenes peruanos que mantenían importantes contactos con extraterrestres desde hacía solo tres años. La revista tendría el privilegio –decía–, de dar a conocer lo que hasta entonces era un secreto celosamente guardado: la existencia del gran contacto con seres de otros planetas, y el nacimiento y las enseñanzas del grupo RAMA. Mi inquietud aumentó. Todo lo que leía, inocentemente se lo contaba a mis compañeros de trabajo pensando que también les impactaría como a mí, pero ellos se burlaban y no dudaron en apodarme «el Insólito». Así llegó la segunda semana de octubre de 1977. Ansiaba tener ya el siguiente número de la revista. Cuando lo leí, su contenido me resultó muy profundo y no lo entendía; mi falta de educación no me permitía comprender. Pero de lejos sentí su grandeza y su verdad; me di cuenta de que yo era un desastre, que no tenía la preparación requerida. Palabras, frases, lugares, nombres, temas y enseñanzas eran nuevas para mí; me impresionó mucho la experiencia fantástica vivida en Lima de lo que fue publicado en los números 7, 8, 9, 10 y 11.

Empezaba con el informe del contacto en Chilca y Marcahuasi; Morlen (Ganímedes), un satélite universal con miles de años de evolución; la historia de RAMA; RAMA es la Misión; el porqué de la Misión RAMA; la Hermandad Blanca; vida en comunidad; frases de amor; las comunicaciones para el Nuevo Tiempo, entre otros. La frase RAMA es AMAR y AMAR es RAMA, me impactó por lo simple e inmenso de su mensaje a la vez.

Pensé que seguirían informando en los siguientes números, pero estaba equivocado. Sentí nostalgia al deducir que todo eso estaba lejos muy lejos para mí, pues había leído que los extraterrestres habían dicho «no queremos trabajar con cantidad de gente, sino con calidad de personas». Se notaba a las claras que RAMA era un grupo especial. Asimismo creía que los jóvenes que lo integraban también eran especiales pues podían recibir comunicaciones, podían viajar, podían dar conferencias; para mí todas esas cosas eran imposibles.

Yo no era calidad y me resigné a mi destino. Eso sí, religiosamente adquiría la revista. Así pasaron los años 1978 y 1979. En la primera quincena de diciembre de 1979 la revista *Lo Insólito* llegó a su número 50, que fue el último. En la página 3 agradecía a sus editores el haber hecho posible llegar a ese número. Asimismo, publicaba la tercera y última parte del libro *El Secreto de Los Andes*, de Brother Philip. También en la última página daba cuenta de la preparación para el contacto en RAMA. Yo leía con nostalgia que Sixto Paz decía: *«A mediados de noviembre se ha empezado a reunir por grupos a 240 personas, a la gente de RAMA, de acuerdo a la afinidad de las terminaciones de los nombres cósmicos, para que asistan después de una preparación adecuada... a lo que ya es una realidad, el contacto físico en los arenales de Chilca...»* Decidí buscar a Misión RAMA. «Buscaré y no pararé hasta encontrarlos –me prometí–; solo así podré conocer si todo esto es cierto».

Me propuse que pasados la Navidad y el Año Nuevo pediría permiso para viajar a Lima y buscar la dirección que salía en una de las revistas; no podía quedarme sin información sobre el fascinante tema extraterrestre. Mi punto de vista sobre la vida iba cambiando algo; la sociedad y el mundo me llamaban a disfrutar de sus encantos, aunque también luchaba para ser diferente de los demás. Pero, ¿por qué había dejado de salir la revista? me preguntaba. Y me entristecía, pues la publicación me había ayudado mucho y estaba a mi alcance; me había acostumbrado a adquirirla.

Como respuesta a todo esto, faltando unos días para Navidad alguien se acercó a la ventanilla de Tesorería de la municipalidad provincial de Yauli en La Oroya, donde yo trabajaba, a pagar un derecho de permiso para una conferencia del grupo RAMA. Grande fue mi alegría después de que mis colegas que sabían que me apasionaba el tema me avisaran; no podía creerlo. Dios había escuchado a su hijo desventurado. Me parecía un sueño que el grupo RAMA estuviera en La Oroya. Estaba decidido a encontrarlo y no pararía hasta lograrlo; deseaba saber más de esa maravilla. Si me fuera permitido participar, aunque fuera de lejos, ¡sería feliz! Así pensaba.

El trabajo era el limitante, pero a la conferencia jamás podría faltar. No debía ir solo; tenía que convencer a mis colegas y amigos para asistir. Ellos se resistían por ser viernes, día que ellos llamaban «sábado chico», pero como yo tenía cierta ascendencia sobre ellos los obligué a que me acompañaran y fuimos. Era lo que esperaba, lo que me faltaba y todo se reducía a una palabra: cambio. Un cambio a todo nivel, que debía operarse en cada uno de nosotros y no esperar el cambio en los demás. Entendí que RAMA no era un grupo de los que proponía el cambio, sino que esperaba ser el grupo de cambio para evolucionar como personas. Ese era el mensaje. Después de la conferencia nos invitaron a una reunión a la que fui solo; mis colegas se burlaban y bromeaban sobre mí. Pues yo tampoco los acompañaría a celebrar sus «acontecimientos»; mi cambio fue tajante.

Mi primera reunión y mi primera salida

Fui buscando un bocado de pan y agua; tenía hambre y sed, mas no de aquellos que sacian el hambre y la sed fugaces, sino de esos que nos dan energía y felicidad duradera. Tenía sed de vida y hambre de un amor que no conocía.

Muy puntual estuve en la casa donde se llevaba a cabo la reunión. Éramos tres nuevos y el resto ya llevaba cierto tiempo trabajando. De entrada nos hicieron sentar en posición de loto. Me gustó al inicio, pero a medida que pasaban los segundos y estos se hacían minutos, empezó a dolerme la rodilla y se adormecieron mis pies. El instructor dirigía el trabajo y cuando este terminó yo me sentí mal, pues todos habían tenido alguna experiencia menos yo. Agaché la cabeza al no haber tenido ni sentido nada. Al final pregunté y pregunté todo lo que me inquietaba sobre el contacto físico en los Arenales de Chilca de los 240 seleccionados. Me respondieron que este no se había dado pero que la preparación era intensa y se podría dar en el sexto aniversario de la misión.

A fines de diciembre de 1979 estaba programada una salida de instructores en Santa Rosa de Ocopa (provincia de Concepción). Hacía menos de dos semanas que yo conocía RAMA, pero quería estar allí y fui. Era del sábado al domingo. Como todos eran instructores, yo solo escuchaba y escuchaba y cuando había oportunidad preguntaba. Preguntaba, preguntaba mucho; solo así podría aprender. Allí recibieron comunicaciones y nos dijeron que los Guías extraterrestres o Hermanos Mayores se manifestarían a las nueve de la noche. A la hora señalada el espectáculo de las naves que surcaban el firmamento me emocionó; de pronto se iluminó fuertemente donde estábamos. Vi todos los cerros como si estuviera de día; era una luz que no enceguecía. Al haber vivido en un pueblo sin luz eléctrica conocía los relámpagos, pero esto era una cosa diferente. Lo que vivimos aquella noche fue contundente, el apoyo extraterrestre existía realmente. Entonces pensé que los instructores eran personas especiales; todo les salía a pedir de boca. Qué lejos estaba para mí eso; pero tendría que compenetrarme poco a poco con todo ello, tenía mucho interés. Allí coordinaron la salida que se llevaría a cabo por el sexto aniversario de RAMA y, según las comunicaciones, habría experiencias.

22 enero 1980. Sexto aniversario de Misión RAMA

Llegó el día. Gran cantidad de hombres y mujeres ascendieron al cerro de Santa Rosa de Ocopa mochila al hombro. Una vez instaladas las tiendas empezó la presentación de los participantes y el trabajo de armonización. Los «antenas» nos comunicaron que los Hermanos Mayores habían señalado que se darían las experiencias del nombre cósmico[1], los cristales de cesio[2] y el paso del xendra[3]. Mi emoción iba en aumento, ya que por lo que había leído, sabía que estas experiencias eran fabulosas y yo tendría la oportunidad de vivirlas. Me hice ideas preconcebidas, lo cual es un error pues la experiencia la vive cada uno de acuerdo con su preparación y nivel de conciencia.

---

1 El «nombre cósmico» es una clave, una vibración que nos identifica a cada uno. Los Guías extraterrestres tienen muy agudizada su visión mental o clarividencia (tercer ojo). Esto les permite, no solo visualizar el aura de la persona, sino que también son poseedores de la facultad de poder captar la vibración ascendente o nombre cósmico. Esta vibración significa lo que somos, lo que hemos sido, los colores de nuestra aura, nuestra misión, en suma, lo que hemos hecho a través de nuestras existencias. Llegamos a recibirlo cuando estamos preparados. En mi caso me lo dieron a través de un «antena» (persona que recibe comunicación psicográfica); también pueden ser recibidos de modo muy personal e íntimo a través de un sueño, una visión o forma de manifestación interior. Existen dos tipos de trabajos que se realizan en el interior de RAMA una vez recibido el nombre cósmico: la meditación lunar del nombre cósmico, los lunes, miércoles y viernes, por la tarde; y la meditación solar del nombre cósmico, los martes, jueves y sábados, por la mañana.

2 Los «cristales de cesio» son cristales piramidales. Hacen su aparición en las palmas de las manos, previo contacto y avistamiento. Tienen la finalidad de dotar a quien los recibe de un catalizador o «antenaje» extra de energía de la luz violeta que se desprende del sol manásico o sol central de la galaxia que hace su ingreso en nuestra atmósfera al inicio de cada era, o sea cada 2100 años, y que ahora se está dando justamente a razón del cambio de era.

3 Un «xendra» es un umbral o portal dimensional creado artificialmente por la tecnología y el poder psíquico extraterrestres. Es un umbral en el tiempo que permite a las personas convocadas a vivir la experiencia, una teletransportación física a otro planeta, a una base o al interior de una nave. Suele tener la forma de una media luna dorada, brillante o un domo gaseoso. El xendra I es franqueado por una sola persona. El xendra II puede ser atravesado hasta por siete personas acompañadas por dos Guías, y en el xendra III-IV (Gimbra), pueden entrar más de doce personas.

Los «antenas» anotaron nuestros nombres para consultárselos a los Guías. Se nos pidió que nos armonizáramos mucho para la recepción de los cristales de cesio que sería en grupos de doce. En círculo, con fervor religioso, yo trataba de seguir el canto que se había iniciado (pues ni siquiera sabía cantar), pero lo acompañaba con entusiasmo. Al mismo tiempo oraba; sabía que no tenía ninguna preparación. Cuando me tocó el turno, nos sugirieron relajarnos quietos y cerrando los ojos, los brazos flexionados, palmas hacia arriba. Lo único que sentí fue mucho peso. Después de un rato alguien me dijo que los tenía y me ayudó a integrarlos llevando primero mi mano derecha a la altura del pecho y luego la izquierda. Por ningún motivo abrí mis ojos, quería vivirlo íntimamente. Se lo agradecí a Dios, pues en el fondo de mi ser sabía lo que me pasaba y que quizás no merecía nada. Seguimos cantando para armonizarnos más, eso se decía.

Los instructores ya habían detectado el xendra. Estábamos en grupos de doce personas. Tomados de las manos fuimos en completo silencio. Esperamos hasta que el grupo anterior terminara; trataba de ver con mis ojos físicos dónde estaba ubicado el xendra, cuando de pronto una persona apareció de la nada, luego otra y otra tomadas de la mano. Era el otro grupo que salía del xendra. Mi emoción creció desmedidamente. Era una pared de energía de color azul violeta; no podía creerlo. Ingresamos después y nos hicieron sentar. La incomodidad de tener doblados los pies y el dolor no me permitieron tener mayor experiencia.

Cuando todo hubo concluido descansamos. A la mañana siguiente, tras hacer ejercicio y un frugal desayuno vino la parte más bonita: la narración de las experiencias. Lo que yo había vivido no era nada en comparación con lo que allí se exponía. Yo era consciente de lo pesado que era como ser humano; tenía una vibración muy baja, era espiritualmente ignorante, no sabía ni orar, era el colmo. Terminados los relatos se dio lectura a los nombres cósmicos que se habían recibido durante la noche. Cuando finalizó, los que estaban más adelantados o llevaban más tiempo en el grupo y no me conocían preguntaron quién era Francisco Sosa Mandujano. Al descubrirme seguramente sufrieron una decepción, ya que les bastó mirarme para alejarse, dejándome en ridículo. Al querer presentarme, sufrí mi primera desilusión con el grupo. «Entonces, ¿para qué me buscan?» me pregunté. Me hicieron notar que para su gusto no era quién para tener la terminación AM; me dijeron que era el único de todas las listas que tenía la misma terminación que Sixto Paz Wells, quien tenía un rol fundamental en la Misión.

Tiempo después, en sueños me vi a mí mismo que tenía dibujada en el pecho la estrella de seis puntas, lo que me despejó la duda que tenía respecto a mis cristales de cesio.

Impulsado por la voluntad y sin que nadie me lo pidiera u obligara seguí asistiendo a las reuniones donde siempre aprendía cosas nuevas. No debía rechazar el camino mostrado, pues este debía ser el padre y la madre que me darían protección, me guiarían, me brindarían toda su atención y me proporcionarían Amor. Mas, ¿cómo me podrían dar Amor si yo permanecía alejado de mis sentimientos y mis deseos? Así me cuestionaba y mucho preguntaba. Después de las reuniones me quedaba conversando hasta la una o las dos de la mañana y regresaba caminando dos kilómetros para descansar.

Las comunicaciones o mensajes psicográficos

Allá donde iba siempre buscaba alguna comunicación que los extraterrestres daban a través de «los antenas»; otros me las entregaban con desprendimiento sin que se las pidiera. Las reproducía para los demás y las leía. La primera comunicación que llegó a mis manos fue esta:

Control del verbo. «El verbo es una Divina Gracia de Dios... No existe error en su creación sino en su utilización. Se nos dio libre albedrío para su uso y hemos fracasado, exceptuando solo a unos cuantos sabios del planeta que han dejado de existir, pero que, sin embargo, existirán siempre porque su sabiduría está más allá de la existencia misma. El verbo puede reconstruir naciones en unas cuantas horas, y, sin embargo, puede destruir una vida en menos de un segundo.

No utilizaré el verbo para lanzar juicios, ya sean estos justos o injustos... buenos o malos... Solo utilizaré el verbo para que ayude a mi corazón a sembrar semillas de amor y armonía. Antes de hablar pensaré, no solo dos, muchas veces. Analizaré cada una de mis palabras, le preguntaré a mi espíritu si se adapta a la sensibilidad de las demás personas, y solo si mi corazón se siente inspirado, hablaré. Y no pararé hasta que mi alma sienta que ya es suficiente.

Recordaré siempre que mis palabras son un divino tesoro que pueden inspirar al artista, estimular al cobarde, dar fe al que no tiene esperanza, hacer sonreír al triste, hacer ver la verdad al errado, dar amor al que lo necesita; luego, utilizaré este regalo de Dios incluso hasta con mis hermanos menores como son los animales, las plantas y hasta las cosas, que, aunque no comprenden la esencia misma de mis palabras, oirán su música de amor y amarán su propia armonía.

De ahora en adelante solamente diré lo necesario, lo trascendente, poniendo cada vez mayor atención en cada una de mis palabras, ya que recordaré esto: desde ahora el hombre deberá aprender a hablar con las voces de su alma y de su corazón. Con amor divino. Oxalc».

La segunda fue una comunicación de Olmex:

«Mirad, las palabras no son algo material que luego se olvida; las palabras, la idea que expresan, es eterna, pues en ellas hay vibración; mirad hermanos, cada uno de vosotros, cada uno de los hombres de la Tierra, cada uno de los seres del Cosmos tiene una sed total de aprender. Vosotros, cada uno de vosotros buscasteis conocer, vivíais conociendo, soñasteis conocer todo lugar, vuestro tiempo servía para aprender. Pero ahora estáis en una etapa en que otros de vuestros hermanos os agarran las manos, ellos aprenden de vosotros, aprenden palabras vanas, no aprenden hechos, realidades, sacrificios, penas, mortificaciones, eso no... reflexionad sobre esto, reflexionad. Olmex os ama. Paz, Amor y Amistad».

Siguieron muchos más Aquí van algunos extractos:

«12-2-78... Lo importante ahora es vencerse, fortaleciendo la voluntad y el espíritu en base a realizaciones concretas materiales... El primero de los antiguos intervendrá en el movimiento circular de la nueva era que ha despertado para que cada ser conozca su misión específica; él será su Guía de Tierra esperado, tal su labor, tal su compromiso y el de todos, del reto puro de ayudarse a ser todos la nueva Humanidad ya preparada en un tiempo sin momento... Sepan determinar el tiempo, el lugar y el momento que exige la labor comprometida en cada uno, encuéntrense dando donde hay necesidad de retornar al servicio; cambien su mundo trabajando a la velocidad que se necesite; no hay que esperar nuestro consentimiento. No lo tendrán, pues solo somos Guías y nuestra labor no llega a donde ya hay otro Guía, el de la Tierra, para dirigir; este debe encontrar su momento de madurez. No pierdan tiempo, no caminen con quien les hará tropezar, marchen solos si es preciso, pero marchen. Oxalc».

«23-11-78... Aún no queremos acercarnos a tantos curiosos que nos persiguen; somos reales y nuestras naves son tan solo vehículos sencillos que transportan el material con el cual podemos trabajar en bases lejanas. Son vehículos simples que funcionan en base a la puesta en práctica de las leyes fundamentales de la energía cósmica. Sordaz».

«4-2-79... El despertar es importante; todos lo estáis haciendo a vuestra manera y cada uno de diferentes formas busca el conocimiento de la verdad... El objetivo se está cumpliendo. Otros desdeñarán la verdad y se mantendrán reacios en sus costumbres banales, privarán a sus espíritus de ella de forma tal que se arrepentirán y entonces será tarde y tendrán que volver a empezar; estos momentos vivenciales son duros y lo serán más. Regocijaos en el sufrimiento, recordad que son pruebas necesarias... Xozaín».

«5-2-79... Saludos hermanitos. Es bueno seguir la preparación en grupo. Las salidas serán completadas en este proceso, el contacto con la naturaleza os hará veros entre vosotros tal como sois, más naturales, y os conoceréis más aún... Oxalc».

«13-2-79... Recoged de la vida sus enseñanzas y cada uno de vosotros descubrirá la razón de su misión, aprended que primero es la toma de conciencia, luego seguid adelante, que cada instante es bueno para empezar. Si los hermanos hicieran trabajos juntos los trabajos serían mejores. Ayudémonos mutuamente. Si sentís que podéis ayudad, hacedlo, mas tened conocimiento lúcido, pues el producir ayuda es amar y cada acto de amar es sagrado. Muchos precisan de ayuda y es necesario ayudarlos. Ciertamente donde hay un ser humano debe haber amor, ayuda y total entrega; ayudaos en lo necesario. Pero tened presente que no es el simple dar, es el saber dar... Godar».

«22-4-79... En la enseñanza de los conceptos básicos de lo que debéis entender respeto a la Misión, hay tres cosas que queremos comunicar: 1. La labor de prepararos para ser puente con la Hermandad Blanca del Universo; 2. Que sintáis todo lo que entregáis a los demás, porque solo así podréis estar listos para recibir más y seguir dando; 3. La partida vía naves del espacio de los que han cumplido la preparación y han elevado sus vibraciones a un nivel más elevado que el actual reflejará en sus auras una espiritualidad superior.

Estas tres fases que unos ya están pasando marcarán la entrega de los hermanos en Misión RAMA. Sois el Sol en la Tierra; ya os toca irradiar todo lo que sabéis. No penséis que no lo podéis hacer; tened fe, nosotros estamos ayudándoos en todo momento. Desde Venus os estamos guiando como los padres a los hijos. Somos tan iguales como vosotros, con un nivel de conciencia más elevado en la Cuarta Dimensión. Nuestra gente vive en paz y armonía; la familia es una unidad basada en lo más profundo de lo creado, el amor a Cristo. Practicamos la meditación como fuerza de ayuda mental y que nos eleva a planos superiores del conocimiento. Nuestras ciudades son semi-subterráneas por la misma geografía que presenta el planeta. Tenemos centros base de interés científico y cultural; todos compartimos la enseñanza y los trabajos se hacen en común-unidad; los más desarrollados y los menos son todos iguales en el vivir diario.

La evolución es más uniforme que en vuestro planeta. Necesitamos del agua y del sol como ustedes, pero con una aplicación diferente en cuanto a la integración de nuestra vida celular a nivel del cuerpo físico. No recurrimos a la alimentación animal sino a la vegetal. Estamos en un mayor nivel de vibración y por eso queremos que vosotros elevéis la vuestra para poder iniciar los contactos cercanos.

La principal ciudad de Venus la llamamos Ormac y es un centro de alto nivel evolutivo. Luego tenemos otros centros base a los que hemos denominado 'ciudades' que buscan la perfección dentro de nuestro planeta. Entre ellos citamos Mirale, Almacín, Romeleta...

La temperatura, tal como vosotros la conocéis, está controlada en el planeta y no nos causa perjuicio; es más, nos ayuda en nuestro desarrollo integral físico, espiritual. Las naves tienen distintos tamaños, formas y utilidades; todo de acuerdo a la labor que hay que desarrollar. Las bases de naves a nivel sistema son varias. En vuestro planeta tenemos la Base Azul en la selva peruana situada entre Cuzco y Madre de Dios; la inmensa dicha de ayudarlos nos produce un enorme deseo de seguir haciéndolo. Abrid vuestra mente y vuestro corazón al mensaje de Amor que os queremos dar; la última de las trompetas está pronta a sonar. Esperad la señal para entonces iniciar el camino hacia el encuentro final con toda la Humanidad que será semilla del futuro.

RAMA os pide dedicación y Amor, y sobre todo ejemplo a los demás. Amaos los unos a los otros y perdonad vuestras ofensas. Sacrificaos al máximo por elevaros a planos superiores, no desfallezcáis, caminad con pie fuerte que os ayudaremos siempre. En la paz y el Amor os dejamos con todo nuestro Amor. Rumilac».

«26-4-79... Vivid más alegres, compartiendo alegría, irradiando equilibrio si es que sinceramente los vivís. Por tal razón es necesario que seáis consecuentes en la familia, en el trabajo, en los estudios; llevad lo mejor de vosotros a todo lo que os propongáis, dad lo mejor a todo aquel con quien compartáis un segundo de existencia. Sabed que si con la autoridad que da el Amor os dirigís a vivir en función de los demás, vuestras vidas serán como la suave brisa de

la mañana junto al mar, que no se ve pero que sí se deja sentir y tanto aliento de vida trae. Ayudar sin hacerse notar y sabiéndose dejar guiar por el Divino Creador, he ahí el secreto de la humildad. Sampiac y Anitac».

«3-5-79... Hablad menos y haced más. Muchos creen que están dando mucho y aún no han visto el compromiso real de vida que se encierra en el fondo; cuando hay compromiso, hay una vida enfocada, hay un sendero trazado, hay un plan, un nombre, una responsabilidad y solo una forma de cumplir con todo lo anterior, muriendo al egoísmo, a los intereses personales por los de la comunidad que aún no empieza a vivir, pues en muchos de vosotros aún falta lo esencial: caridad y respeto para con vuestro prójimo. Hermanos, no pidáis que os digamos lo que tenéis que hacer, pedid al Profundo que os dé Él la fuerza necesaria para aceptar su destino. Se os pide que tratéis de compartir más; no dejéis que la labor se recargue sobre unos pocos, dad todos lo mejor de vosotros mismos y no migajas a la Misión, pues aquí no se necesitan sobras, sino seres humanos... Nuestras palabras, aunque algunas veces puedan ser duras y regañonas, no buscan reglamentar vuestra vida, tan solo sugeriros el error o el acierto en el que os encontráis para que ya no se pierda el tiempo de la Humanidad. Sampiac».

«8-6-79... Amados míos: Atunes, Comando Venusiano: Mucho se dice, mas poco se hace. Desde hace millones de años las cosas se han venido diciendo, mas practicarlo y hacerlo, para eso nunca mostrasteis disposición. Si hubierais intentado por lo menos hacer la milésima parte de lo que se hablaba, vosotros los terrenos no estaríais cayendo en el más profundo abismo; todos buscáis vuestros propios placeres, vuestras propias conveniencias; nunca os fijáis en los demás, ni en los que en desgracia están. Siempre estáis

prontos a hablar, a aconsejar, a criticar. Mas todo lo que decís ¿lo sentís? Cuan ciegos estáis y cuan absurdos sois. Siempre andáis con la visera puesta en una sola dirección, como si a Dios el Profundo se llegara hablando. A Él solo se llega actuando y haciendo lo imposible por llegar a Él. Siempre estáis prontos a tomar posturas cómodas; a esos os llamamos hipócritas y falsos, porque de Amor solo tenéis de boca para afuera, pero por dentro estáis en el más grande abismo, en el más profundo egoísmo. Os falta caridad. Si no tenéis eso, que es el arma principal para llegar al Profundo, ¿cómo poder aconsejar? Despojaos, no confundáis más a los que os escuchan con simplezas y silencio. Muchas veces llegáis más lejos hablando, mas hacedlo. No queráis demostrar vuestra sabiduría, de nada os vale si todo lo que hacéis y decís es falso, si lo que pregonáis realmente no lo cumplís. ¿Quién es sabio y entendido entre vosotros? Que demuestre sus obras en sabia mansedumbre; abrid vuestros corazones ya que no os queda tiempo, solamente os queda un suspiro. Aprovechadlo, no os dejéis. «Amaos los unos a los otros, como yo les he amado». Sabias palabras, mas parece que a los terrenos os entran por un oído y os salen por el otro. Qué pena dais por no decir compasión, qué absurdos sois actuando así. ¿Qué sentís con tantas alabanzas? Si todo lo que hacéis para demostrar que sois buenos es coraza de barniz que con solo el empuje de un alfiler se rompe. Sois barro; deshacedlo y comenzad de nuevo a construir con material noble, comenzad a construir con oro. Os amamos a todos. Con Amor a todos, Comando Venusiano. (Este mensaje tiene un carácter general a nivel de la Humanidad; cada quien tomará de él lo que le toque)».

«3-8-79. Somos los hermanos de Venus que vienen a dar información de lo que debe hacerse a manera de guía mas no de origen. El trabajo es vuestro, nuestra es la orien-

tación; de cada uno de vosotros depende acatar el sano consejo. De nuestra parte queremos lo mejor para vosotros y Amor, no queremos oropeles ni falsas actitudes, solamente queremos el móvil correcto que es el ansía de superación integral de cada uno de vosotros... Trabajo y perseverancia, fe en el futuro y mirada fija en el presente; no desmayéis, no volváis vuestra mirada hacia atrás ni al mundo que os rodea, veos vosotros mismos tal cual sois; no seáis otros mediante la sugestión vuestra de veros mejores... Con Amor, Sampiac, Anitac, Rumilac y Ceres».

«14-9-79... Amar en vuestra dimensión, RAMA es Misión de Paz y esperanza, es AMAR, es y será; los últimos serán los primeros y ¿quiénes sois vosotros para juzgar? No repliquéis ni a Dios ni a su Hijo, Dios no es replicable. ¿Qué le vais a replicar? No lo humilléis igual que os han humillado; todo está cerca, muy cerca, tan cerca que lo inevitable es eso, inevitable, porque vosotros lo habéis querido. Vosotros corrompéis el mar, contamináis la atmósfera, especuláis con la tierra y matáis, y yo os digo: ¿quiénes sois vosotros para corromper el mar? ¿Sois humanos o inhumanos? Él es la vida y sin él nada haríais. ¿Quiénes sois vosotros para contaminar la atmósfera? Si no llega a ser por ella estaréis muertos; ella es la fuente de la vida. ¿Quiénes sois vosotros para especular con la tierra? La tierra es la vida y la vida es Dios, Dios es el Hijo y os digo, ¿quiénes sois vosotros para especular con Dios, la vida y su Hijo? ¿Quiénes sois vosotros para matar a vuestros semejantes? Vosotros sois hombres, sois humanos, matáis por placer y la matanza se hace. ¿Mataríais a vuestra madre? Diréis que no pero luego lo haréis, sois enemigos del Padre pero Él es vuestro amigo, Él es vuestro Padre y Él lo es. Con Amor desde Cristal Bell, vuestro hermano Asthar».

El mensaje era cuestionador; me llegaba a la conciencia con Amor. Pero algo se contradecía en mi mente: por un lado, lo que había leído en las revistas y lo que leía en las comunicaciones era claro y todo se traducía en un cambio a todo nivel, en el despertar de la conciencia y en la preparación. Por otro lado estaba lo que el instructor nos decía: parecía que los Guías extraterrestres tuvieran prisa en contactar con nosotros; la preparación y las salidas se hacían con ese objetivo. Nos decían que la Tierra estaba en peligro y que por lo menos nosotros podríamos fugarnos a otro planeta. Como esta información venía de nuestro instructor y en las salidas escuchaba también lo mismo, me contagié del entusiasmo; como era lógico, todos querían estar dentro de los 240 seleccionados. Fui honesto al medir mi capacidad y mi preparación; para mí estaba lejos, sentía que me faltaba mucho, pero tenía ganas de hacer las cosas lo mejor posible.

Así, entre trabajo, lectura, reuniones y salidas transcurría 1980. En el mes de octubre nos dijeron que la Misión llegaba a su fin. Yo, que estaba empezando con mucha seriedad, solo me consolaba pensando que había llegado demasiado tarde pues había muchos hermanos y hermanas que llevaban varios años trabajando; los mismos que eran mis maestros y maestras, y a quienes yo admiraba y agradezco mucho su paciencia conmigo.

Capítulo 2
1981 o el año semiótico

Esta gente... tendría que estar dispuesta a vivir una serie de pruebas poco comunes para la gran mayoría humana, y experiencias duras en el medio donde viviría. Tendría que cumplir una función de testigo y por ende ser tratada por los demás, como es común hacerlo.

Historia de RAMA, por el Guía Oxalc

Por el séptimo aniversario hubo una convocatoria para una salida internacional, a la cual asistí y que para mí fue interesante. Había personas de todas partes de Perú y de algunos países, deseosos de compartir, de abrazarnos y ser hermanos. Como siempre yo escuchaba y lo que no comprendía, lo preguntaba. Conocí a mucha gente y me alegraba saber que con el esfuerzo de todos se podría hacer algo por el mundo.

En febrero 1981 nos comunicaron que en agosto se realizaría un viaje que estaba pendiente. Al saber esto recordé con exactitud lo que había leído en la revista *Lo insólito*. El Guía Oxalc relataba la historia de RAMA. Cada parte de esta historia me impactaba. Una de ellas fue esta:

«...siguiendo con la historia de RAMA, diremos sobre la gente encargada que la Misión Humanidad, llamada RAMA, requería un sistema de enlaces y maestros que, en-

viados por la Hermandad Blanca bajo el signo de la estrella, se encargarían de suministrar los conocimientos y despertar la dormida sabiduría. Los maestros guardianes de los archivos se entregarían a los RAMA en el mes de agosto de 1975 o año 'semiótico', cuando en ese mes se cumpliesen los viajes más ambiciosos de la Misión hacia Sillarhuasi o Siharhuasi en el Cuzco y a Huarochirí de regreso, y en el encuentro con los tres maestros de la caverna en Marcahuasi, Ica y Huarochirí...»

Cuando leí esto era 1977. Pensé entonces que esos viajes ya se habían realizado en agosto de 1975 pero no sabía quiénes lo habían hecho ni cuáles eran sus resultados; allí empezaría la etapa final según se decía.

La «llamita» de mi corazón se avivó. Tendría la oportunidad de conocer sus detalles, y si me lo permitían, podría vivir ese viaje aunque fuera de lejos.

En aquel tiempo aún no teníamos ordenadores ni Internet, por lo que las comunicaciones siempre llegaban con retraso, aunque llegaban.

Así lo comunicaron nuestros Guías:

«13-2-81... El mes de agosto de 1981, o año semiótico, es el mes donde coinciden en repetirse las condiciones especiales de 1975, ya que tenéis a vuestro favor diferencias calendarias y astronómicas kármicas y físicas que permiten este hecho. Creedlo, podréis acercaros a ese mes como hace seis años lo pedían nuestros mensajes... Sampiac, Anitac, Lertrad, Oxmalc y demás Guías de Morlen, así como los Guías de Venus».

Después recibimos una guía de práctica semanal dada por el Guía Sampiac. Nos decía que si la poníamos en práctica lograríamos un gran desarrollo físico, mental y espiritual, pero requería de una disciplina básica que nos acostumbrara a realizar una labor de forma consciente.

«Si deseo participar del viaje tengo que hacerlo». Me obligué con reuniones, salidas y prácticas mientras pasaban las semanas. Las comunicaciones de nuestros Hermanos Mayores o Guías se incrementaron; nos orientaban sobre las comunidades, la familia, el séptimo sello, los símbolos entre otros, y todo lo relacionado con el viaje se iba aclarando.

«16-5-1981... Sabréis que es cierto que las terminaciones de la variación RAHMA... AM, AR, RA, MA y AH, son las cinco que cierran la recepción definitiva y la llegada de los que se aguardan. Pero no creáis que todos, pues solo algunos están destinados a participar... y eso lo sabréis cuando al final solo puedan llegar los que debían... El viaje que haréis no debe durar más de 33 días y no menos de 13. Lo deberéis hacer íntegramente en agosto, para lo cual tomad las providencias del caso. Solo al cumplir y culminar el viaje y haber llegado a cinco lugares recibiréis algo que no merecéis, pero que fue para lo que se os preparó: la recepción final del Libro. Los Guías de Venus».

«18-6-1981... Los lugares a tocar son pues centros de acumulación energética, donde cada hermano encontrará una afinidad vibratoria. Es pues entonces que al viajar iréis sintiendo las pautas interiores que os iremos dando, no solo en comunicaciones, sino también a través de sueños, visiones, meditaciones y de todo mecanismo que pueda servir para vuestra preparación... todo se dará como ya está señalado, solo falta vuestra participación decidida y sincera para la complementación de RAMA en su etapa más importante, la del cierre y entrega de lo que ya os dijimos: el Libro de los de las Vestiduras Blancas... Sampiac y Rumilac».

El Consejo de Tierra de RAMA Misión organizó el viaje. El hermano Sixto estaba en la comunidad rural de Bella Unión. Cuando llegué a Lima había muchos hermanos con un entusiasmo desbordante por participar. Se comentaba que se recibirían tres planchas, una de oro, una de plata y otra de bronce de manos de tres ancianos en tres cavernas a las que se llegaría.

Suponía entonces que para esto habría hermanos ya preparados que cumplirían con creces esta gran labor. Me predispuse a apoyar y hacer todo lo que estaba a mi alcance para que se cumpliera todo lo planificado que redundaría en el bien de toda la Humanidad. Llevé lo que me sería necesario durante todo ese viaje, lo que estaba al alcance de mis fuerzas. Mi mochila la había confeccionado yo mismo, igual que mi saco de dormir.

Una tienda gigante, la primera prueba hasta Chivay

Un miembro del Consejo de Tierra me llamó aparte la noche que se viajaría a Arequipa y me dijo: «Vas a encargarte, desde este momento hasta que regresemos, de esta tienda; así como te la entrego ahora, deberás devolverla al regreso bajo tu responsabilidad». Dije que sí, no podía decir que no. En ese momento me dije «para esto no debí venir», pues conocía la tienda de la salida del aniversario, una tienda grande y pesada de lona color verde que llevaban a duras penas entre cuatro o más personas. Después recapacité: «si he venido a apoyar, esta debe ser la tarea que debo cumplir. Con esfuerzo, pero podré cumplir este encargo. Siempre habrá alguien que me pueda apoyar» me consolé. Revisé si la tienda estaba bien asegurada. Intenté alzarla; pesaba bastante. Si solo hubiese sido la tienda hubiera podido valerme solo, pero con mi mochila no podría hacerlo. «Como yo no tengo tienda, por este esfuerzo tendré un campito dentro de ella y estaré junto a los del Consejo de Tierra; así sabré de todas las experiencias que se vivan» me alenté a mí mismo.

A simple vista seguramente era el indicado, la persona ideal para esa tarea. A mis treinta años, era provinciano, un hombre tosco y recio a la vez, vigoroso y fornido, además de sincero y humilde a toda prueba; no podía eludir la responsabilidad.

Llegó el bus, empleé todas mis fuerzas y la tienda fue al portaequipajes. Llegamos a Arequipa y yo tenía que estar pendiente de la bendita tienda; solamente esperaba decisiones. El hermano Sixto, el Consejo de Tierra y hermanos de otros países estaban en constante diálogo. Al día siguiente, muy temprano debíamos estar embarcándonos rumbo a Chivay[4]. Era impresionante el vivo deseo que había allí de vivir estos viajes; había entusiasmo general. A mí también me hubiera parecido más interesante todo si no hubiera sido por la tienda, pues no conocía Arequipa, pero como tenía que cargar con ella me perdí el disfrutarla.

El trayecto fue de mucha alegría, el paisaje encantador. Admiraba lo grandioso de mi Perú; nunca había viajado tan lejos. Después de subir y subir, estando en lo más alto se divisaba Chivay, un valle hermoso. Al llegar se sentía un clima especial, se respiraba un oxígeno puro, su población de gente tranquila y feliz. Las mujeres tenían una vestimenta especial que no conocía, y esa gente gustosa nos señalaba todos sus atractivos. Sobre el río, que según nos dijeron llegaba hasta el famoso Cañón del Colca, había un puente; ese puente tenía una construcción de tres épocas: la incaica, la colonial y la republicana. A un kilómetro, el poblado contaba con unas aguas termales muy especiales, donde en cinco minutos se tenía un huevo pasado por agua listo para comerse. Nosotros por supuesto que lo comprobamos. Hablar de Chivay sería

---

4 Chivay: distrito capital de la provincia de Caylloma en la región de Arequipa.

extenso, y por ahora nos interesa más hablar del viaje más ambicioso señalado por nuestros Hermanos Mayores.

Felizmente no tendría que montar la tienda pues los hermanos de Arequipa habían acondicionado una casa propiedad de unos hermanos, Isabel (Chabuca) y Luis Bernedo, donde había grandes cuartos y un corredor que alcanzaban para todos, por lo que dejé la tienda en un lugar que a nadie incomodara.

Pensaba que desde allí todos nos dirigiríamos a Sillarhuasi. Los que estaban bien preparados tendrían el privilegio de recibir el libro, y los elegidos serían los que llevaban ya tiempo en la Misión. Nuestros Guías los designarían; yo solo apoyaría. Así, la primera noche seguí a todo el grupo a las afueras del pueblo para presenciar un avistamiento que se daría según una comunicación recibida en Arequipa. La noche estaba totalmente despejada y estrellada pero no apareció nada. Era algo grandioso ir todos con muchas expectativas, pero también doloroso regresar cabizbajos y en silencio.

¿Quiénes viajan?

Ahí es cuando advertí la grandeza del hermano Sixto Paz. Le vi hablar ardorosamente, explicando una y otra vez que había comunicaciones confirmadas que explicaban quiénes debían viajar pues, pese a la magnífica organización de los grupos de Arequipa, solo había un autobús. Admiraba sus dotes de líder; respondía con altura, energía y, aunque parecía estar solo contra todos, no se rendía. Por otro lado estaban los que habían llegado con la seguridad de participar en el viaje por haber hecho un esfuerzo económico grande. De hecho, también los que se sentían con derecho a ello por llevar tiempo trabajando con ese objetivo. Como eran los más, tampoco se rendían. A altas horas de la noche la tensión había hecho presa en todos y nos llevó a descansar con esa incertidumbre. ¿Qué podría opinar yo? Pues nada; no conocía mucho de los detalles de las comunicaciones (como quiera que estas no habían llegado completas a mi grupo, desconocía muchas cosas, aunque se hablaba mucho de la comunidad internacional que podría formarse a partir de esos viajes). Además, si hubiera tenido alguna idea no hubiera podido expresarla por mi timidez; me conformaba con apoyar en lo que me tocara. «He venido a apoyar; así lo haré y eso me basta» pensaba.

Al amanecer del segundo día no estaba definido cuándo ni quiénes viajarían, pero a mediodía alguien sugirió recibir comunicación. Se predispusieron dos «antenas» y se les entregaron las preguntas. Esto fue lo que recibieron:

Comunicación 29-7-1981, Chivay-Arequipa-Perú.
Preguntas:

1. *¿Quiénes deben ir a Sillarhuasi? Y a los cinco sitios, ¿quiénes viajan?*
2. *Apoyo o trabajo de los hermanos que no irán o se quedarán*
3. *Si algunas de las personas que no tienen iniciaciones están vibrando en las cinco terminaciones*

Primera comunicación:

«Sí, somos vuestros hermanos Guías de Misión RAMA prestos para entablar comunicación con vosotros. Comprendemos todo lo sucedido, pero esto os demuestra si cada uno está preparado o no. Que cada uno saque sus propias conclusiones. Nosotros apoyaremos en todo lo que sea necesario para que esta misión culmine.

Respecto a vuestras preguntas: pues ya está todo manifestado en comunicaciones anteriores, para esto fuisteis preparados en sueños, visiones, salidas astrales y a través de diversos mecanismos que usamos y seguiremos usando en el transcurso de este tiempo que durará el viaje. Hermanos, no es como vosotros queréis, sino como debe cumplirse esta misión, y las disposiciones no las tenemos nosotros, sino los Hermanos Coordinadores, los veinticuatro Ancianos de la Galaxia. En Velille se seguirán dando pautas y en cada lugar os ayudaremos con nuestra presencia. Dad el primer paso y todo vendrá por sí solo.

El apoyo se hace de muchas maneras, pero eso deberéis sentirlo; nosotros no podemos daros recetas. Si es un apoyo de entrega y sinceridad, que sea bien canalizada; si viajasteis hasta este lugar es por vuestra propia decisión y motivación; debéis saber dónde ubicaros y dar de vosotros lo mejor, pues ese será vuestro apoyo.

Los mecanismos se dieron para que todas esas personas se reuniesen y cumpliesen una determinada labor. A todos se os estimuló y dio lo que era necesario para estos momentos. Los hermanos que tienen las iniciaciones son porque así deberá ser; ellos cumplirán una de tantas labores. No os debéis preocupar por los hermanos que no las tienen; las tendrán a medida que vayan trabajando consigo mismos; las pautas ya están dadas.

Sobre la confirmación: sí, hermanos, esta comunicación será confirmada a las 19.00 h con presencia de nuestras naves. Pues sabed culminar lo empezado, tened fe, voluntad, sinceridad y disposición; todo se realizará como ya está escrito.

Con Amor Divino, Sampiac y demás hermanos y hermanas».

Segunda comunicación:

«Sí, somos vuestros hermanos Guías de Venus, acompañándoos en los momentos finales de la hermosa Misión que el Padre nos asignó. Es cierto que muchos de vosotros aún no habéis despertado interiormente, que movidos por

un impulso interior habéis llegado hasta aquí. Todo esto es muy loable queridos hermanitos, pero debéis comprender que esta misión es de hace 4.000 años y que nada está elegido o dispuesto al azar, ya está todo previsto. Os estamos esperando, no dudéis, tened fe y paz-ciencia.

Muchos de vosotros estáis esperando que se os diga quiénes deben ir; ¿es que acaso no os habéis dado cuenta de la trascendencia de esta sublime misión? ¿Por qué por unos cuantos retrasan más la entrega? Es ahora cuando todos debéis estar dispuestos a servir para que todo se dé conforme a lo ya previsto.

Hermanos, sabed discernir, todos vosotros estaréis presentes en el momento, todos aquellos que desde un principio os disteis íntegramente a los demás, de una u otra forma todos participaréis. Pero, ¿por qué impedís que los hermanos de las terminaciones partan hacia Sillarhuasi? Nosotros estamos muy apenados por vuestro comportamiento, aunque estaba previsto que así se iban a dar las cosas.

Queridos hermanitos, no perdáis más vuestro tiempo polemizando; conoceos, apoyaos mutuamente, haced meditaciones y oraciones, pues muchos de vosotros despertareis conscientemente y sabréis el porqué de haber venido a este mundo Tierra de tercera dimensión. Viviréis experiencias inimaginables.

Vuestros hermanos que viajan a Sillarhuasi os traerán pautas dadas por nosotros; una vez más os pedimos paz-ciencia, amor, fe y humildad. El día del conocimiento total está muy cerca, no demoréis más en trivialidades. Confirmación a las 19.00 h. Nos despedimos con infinito Amor, Anitac y demás hermanos y hermanas».

Como se verá, las comunicaciones coincidían y fijaban a las 19.00 h la hora de confirmación. El tiempo pasó rápido y a la hora indicada estábamos todos expectantes en el patio de la casa cuando seis naves a gran altura hicieron su aparición en perfecta formación. Pudimos verlas todos. Nos pusimos a descansar liberados de la incertidumbre de la noche anterior. Por la mañana había más ánimo en todos para hacer bien las cosas.

Tenía la terminación AM, pero nunca me había hecho ilusiones al respecto. Además ¿qué podría aportar yo? Solo mi presencia. Suponía que habría muchos hermanos más preparados que yo con esa terminación; todos nos preguntábamos cuál era la terminación de nuestro nombre cósmico, aunque los del Consejo de Tierra habían tenido toda la relación de nombres desde que nos anotamos en el registro de viajeros desde Lima.

Como siempre cumplidor, al ver a un hermano argentino preocuparse por el agua que por el uso continuo estaba haciéndose charco, busqué una pala para hacer una acequia y me puse a trabajar cuando mi instructor Zósimo Callupe vino a comunicarme que tendría que prepararme pues sería uno de los viajeros. Casi me desmayo. No podía creerlo; había conocido y visto a tantos hermanos con años de preparación... Los mismos del Consejo de Tierra eran claros ejemplos de virtud y desapego. ¿Qué podría hacer yo al lado de ellos? Ni hablar podía. «¿No hay otros hermanos con mi terminación que puedan ir por mí?» me preguntaba. Luego me buscaron para confirmarme por encargo del Consejo de Tierra, y me dijeron que estaba exonerado de integrar cualquier comisión de trabajo. Debía descansar y avisar de qué me faltaba.

Revisé mi mochila y la aseguré mejor con cuero en una tienda de reparación de calzado de Chivay. Consideré que tenía lo necesario y en lo económico también me valdría solo; austeramente había previsto y calculado no molestar a ningún hermano. Busqué al hermano que me había entregado la tienda en Lima. Cuando me vio me abrazó y me dijo que tendría que entregarle la tienda. «A eso vine» balbuceé. Sus palabras hicieron desaparecer la duda que aún tenía; iría en representación de la Humanidad, y no por mis méritos. Para algo serviría.

Se comentaba que solo había veintiún hermanos con la terminación cósmica requerida, pero faltando pocas horas para la partida, que debía ser a las tres de la mañana, llegó un hermano del grupo de Ilo Perú. Nadie durmió aquella noche. Sentí la hermandad de todos, dispuestos a apoyar a los que les faltaba algo; nos abrazaban transmitiéndonos alegría y deseándonos lo mejor.

Como queriendo esconderme, me ubiqué en el último asiento del autobús cuando este empezó a moverse. Todos los hermanos nos seguían linterna en mano, lanzando hurras, cantando, agitando los brazos en señal de despedida y gritando sus buenos deseos. Una sensación indescriptible recorría mi cuerpo. Con los ojos abiertos vi que todos los que nos seguían tenían puesta una túnica blanca y que cada uno tenía una antorcha en la mano y nos transmitía una sensación de triunfo. «Esta es la Hermandad Blanca» me dije a mí mismo y lloré de emoción en la intimidad. Se había producido un milagro, era mi primera visión clara y consciente.

¡Ah, Velille!

Partimos con el objetivo de llegar a Velille a la madrugada del 31 de julio de 1981, solo veintidós hermanos RAMA, aunque éramos veinticuatro, con el chófer y el propietario. «¿Qué pasará? ¿Cómo será?» me preguntaba. Todo el día el bus recorrió parajes desconocidos y peligrosos, cerros, quebradas y pampas de la sierra arequipeña y cuzqueña. «Sí, mi Perú es inmenso pero pequeño en comparación con mi planeta y el sistema solar» pensaba. Entonces mi mente no alcanzaba a comprender la vastedad del Universo. Al atardecer, a eso de las 16.00 a 17.00 h apareció en el horizonte un arcoíris, como si fuera una bandera, que nos alegró mucho. Cuando estaba oscureciendo llegamos a Yauri. El viaje estaba resultando duro; pensé que en Yauri descansaríamos, pues entendía que teníamos todo el mes de agosto por delante, pero estaba equivocado. Así cansados continuamos viaje. El coche corría ahora; me parecía que no lo conducía nadie, que conocía la ruta, pero era solo cosa mía. Ahora lo pilotaba el propietario. Como me parecía que flotaba aproveché para tratar de dormir. Me desperté cuando el chófer anunciaba que habíamos llegado. Eran las 04.00 h del primero de agosto, después de exactamente 24 horas de viaje continuo.

Velille estaba en silencio. Bajamos todos con nuestras cosas sin dar importancia al frío reinante. Sixto dirigió una relajación para apoyar la recepción de comunicación en paralelo con Elard, y nuestros Hermanos Mayores dijeron:

Comunicación: sábado 1-8-1981, Velille, Cuzco, 04:00 h:

1. *«Sí, aquí el comando venusiano contactando con vosotros; todo el viaje os estamos apoyando y lo seguiremos haciendo. Debéis acampar ahora en un lugar más adecuado fuera del pueblo para encaminaros hacia la montaña, la cual rodearéis por el noroeste y, siguiendo una línea recta de siete kilómetros, tendréis la señal adecuada. Lo que viviréis ahora será lo que jamás imaginasteis; tened fe que todo ya está cerca de cumplirse. Recibid el Amor y las bendiciones del Padre Celestial. Con Divino Amor, Rumilac, Anitac y Rampiac».*

2. *«Sí, somos vuestros hermanos Guías de Misión RAMA, dispuestos a compartir este momento tan importante, la Misión en la última etapa. Habéis escuchado bien la*

dirección a tomar, rectificad vuestros caminos y regresad por los otros que ya conocéis. Veréis que el tiempo os encontrará, así como los Maestros del Libro. Partid ahora mismo. Con Amor, las señales vendrán. Sampiac».

Ambos indicaban partir de inmediato y que las señales se darían. Mochila al hombro empezamos a caminar con la consigna de hacerlo en silencio. Sixto iba delante cuando Ronald de Chile acuñó la que sería su frase preferida durante el viaje: «Allá va uno», al tiempo que nos señalaba con su mano una nave brillante ligeramente a nuestra derecha que se movía lentamente como indicándonos la ruta que se mencionaba en la comunicación.

Mi alegría fue grande pues todo era cierto. «Todo es cierto» me repetía. Pasamos por la plaza del pueblito en silencio; solo nuestros pasos hacían ruido. Nadie nos percibió, ni los perros, y los gallos no cantaban aún; todos, todos dormían. Velille estaba en silencio total. En la oscuridad, al no hacer uso de nuestras linternas llegamos hasta unos corrales; tuvimos que trepar varios cercados de piedra mientras el firmamento se despuntaba con hermosos colores. Cruzamos a Velille sin molestar a nadie; tampoco nadie nos molestó a nosotros. Nos alejamos un poco más y junto a un río cristalino descansamos. Justo entonces los gallos cantaron y los perros ladraron. Entonces sentimos que hacía un frío terrible; había caído una helada pero eso no sería impedimento para que Sixto, dándonos un ejemplo de preparación, se metiera al agua a bañarse. Muchos lo hicimos también; nuestros cuerpos lo necesitaban, pues el baño nos tonificó y nos sentimos frescos, como nuevos para seguir el camino de los siete kilómetros señalados. Por un camino de herradura, por la margen izquierda del río, empezamos a caminar.

Los siete kilómetros

Cuántas ideas se habrían cruzado por nuestra mente en todo el trayecto, pues veía que algunos hermanos se iban quedando atrás por el peso de sus mochilas y el sudor que empezó a recorrer nuestros cuerpos, pues el sol en todo su esplendor caía directo. A medida que caminábamos los kilómetros de tierra seca, yo ayudaba al que no podía llevar su mochila. Ronald iba delante y Sixto lo seguía. Me ubiqué en el octavo lugar, desde donde podría alentar a los que iban delante y ayudar a los que se iban quedando atrás.

Francisco Javier de Chile tenía una mochila muy bonita. Al principio le vi caminar elegantemente, pero poco a poco se iba quedando atrás. En un alto del camino, sin decir nada levanté la mochila; pesaba demasiado y le propuse intercambiarlas. Con desconfianza aceptó. Al colocármela, necesitaba equilibrar el peso; en la parte baja había más peso que en la parte alta; desde luego que así te cansaba más. Hice alguna modificación y me la puse al hombro; aún me sobraba fuerza para ayudar a otros.

Alfredo de Argentina parecía ser el de más edad física y no podía caminar; se iba quedando rezagado. Al tener ocupadas mis manos le dije que se apoyara en la mochila para cogerlo. Otros hermanos jóvenes también ayudaban a las hermanitas que caminaban en actitud meditativa.

Calculamos que habíamos caminado ya los siete kilómetros cuando un cercado de piedra parecía cerrarnos el paso. Era mediodía. Sixto dirigió la recepción de energía cilial[5]. Por el esfuerzo que hice me quedé dormido un rato.

5 La energía cilial o solar es la que se capta exactamente a las 12.00 h del mediodía y se recibe a través de las palmas de las manos, que permanecen hacia arriba, una vez que estiramos ligeramente los brazos y luego los flexionamos hacia el cuerpo. Esta recepción también se hace en posición parada con los talones juntos y con los ojos cerrados por espacio de diez minutos. La energía cilial proviene directamente de las vibraciones solares, siendo su fuente directa el astro rey.

Las voces de los hermanos pronto me despertaron, pues varios, entre los que se encontraba Sixto, miraban a lo alto de la montaña a una persona con túnica blanca que agitaba sus manos y caminaba de un lado a otro. Los veintidós lo vimos.

¿Y quiénes eran aquellos veintidós? se preguntarán.

Me había provisto de una libretita donde anotaba el nombre completo de cada uno, su nombre cósmico, su dirección, teléfono, país o lugar de origen, y su firma de puño y letra. Conforme al orden en que caminábamos iba pidiéndoles que escribieran sus datos, y así están anotados en mi libreta que hasta hoy conservo como si fuera un tesoro:

1. Ronald Peter Swanston Dragicevíc: Aun-met-rAM, Santiago, Chile
2. Sixto José Paz Wells: Tell-elAM, Bella Unión, Perú
3. Alfredo Carluccio: ShildAM, Buenos Aires, Argentina
4. Javier Pariapaza P.: EmiocAM, Cuzco, Perú
5. Marilú Cesibel Cachay Díaz: Jeza-kAR, Cajamarca, Perú
6. Adriana Colana Gámez: GondiAM, Moquegua, Perú
7. Nery Luz Quevedo Galarza: SivarnAR, Tacna, Perú
8. Francisco Sosa Mandujano: AnitAM, La Oroya, Perú
9. Alberto Dávalos Cevallos, Nes-teAR, Arequipa, Perú
10. Manuela Espina Rawson: RenutAM, Buenos Aires, Argentina
11. Francisco Javier Del Valle: AimarAM, Santiago, Chile
12. Rodny Eduardo Monhhouse M.: AlumAR, Buenos Aires, Argentina
13. Martha E. García de Kubota: AbudAR, Tacna, Perú
14. Abelardo García Llaque: EerestAR, Lima, Perú
15. Elard Fernández Núñez del Prado: SarctAR, Tacna, Perú
16. Carlos A. Bracamonte Sibrián: NatAH, El Salvador, C.A.
17. Raúl Villamil López: JaspuRA, Popayán, Colombia
18. Víctor Núñez Chávez: Gon-teAR, Arequipa, Perú
19. María E. Saavedra de F.: MonitAR, La Paz, Bolivia
20. David Lupaca Zegarra: EriAM, Moquegua, Perú
21. José E. Saavedra B.: Sor-ertAR, La Paz, Bolivia

22. Onofrio Saúl Chávez Fuentes: Enon-kAM, Ilo, Perú

Al fin sabía con quienes estaba, pero como mi timidez no me lo permitía, poco era lo que podía hablar; para mí era increíble estar participando de algo así. Por las comunicaciones sabía que era uno de los viajes más ambiciosos de la Misión. Se habían quedado los mejores, y yo ¿qué hacía ahí? me cuestionaba. Podría ayudar, pues tenía fe y voluntad de sobra.

El ascenso, una purificación

Sixto tomó la decisión: teníamos que subir por esa alta montaña[6] que imponía respeto. Era muy empinada, casi vertical. Más de uno seguramente pensó que sería terrible, si llegar hasta allí había sido demasiado. Pero la señal esperada había llegado en forma clara y contundente: tendríamos que subir. «Vamos» dijo Sixto y empezó a trepar. Todos le seguimos. Javier del Cuzco y los más jóvenes empezaron a despuntar; yo no tenía ningún problema en alcanzarlos pero algunos hermanos y hermanas empezaron a quedarse; vi que sufrían ante semejante desafío.

Rodny de Argentina, cargado con su tremenda mochila, me hizo recordar mi niñez; levantaba sus pies lento pero seguro, caminaba concentrado en dónde daría el siguiente paso corto, pero avanzaba. Mi mente se proyectó a mi pueblo Masajcancha, cuando miraba a mi padre y a nuestros paisanos levantar solos, como si fuera poco, un tremendo fardo de cebada o de trigo que pesaba unos cien kilos que previamen-

---

6 Empieza a ascender a la montaña que te purificarás y allí encontraras el despertar. Lograr subir representa la purificación en los tres planos, conseguir el despertar espiritual, siendo lo esencial llegar a vencerse a uno mismo, en otras palabras: más importante que vencer a la montaña es vencerse a uno mismo, luchando, perseverando hasta alcanzarla mientras vivimos. En la cumbre verás otras montañas más altas, unos valles que tendrás que cruzar y ascender de nuevo a las alturas del conocimiento. «...La montaña física y la montaña espiritual os tienen reservados muchos secretos y experiencias, pero solo para aquel que está capacitado para ver... Sampiac».

te había sido atado con una soga, y cuando subían una cuesta lo hacían despacio pero sin detenerse, pues sabían que detenerse en una subida con tan tremendo peso era no poder seguir más.

Raúl de Colombia se había provisto de unas botas de goma que, desde mi punto de vista no eran adecuadas, pero Raúl era joven. Más de la mitad seguían a Sixto; los demás, ¡cómo describirlos! Yo les decía que no abrieran la boca, que respiraran solo por la nariz, ayudaba con todas mis fuerzas, subía, dejaba mi mochila y regresaba a ayudar, subía de nuevo y volvía. Sufrían de soroche[7]. Tenían que purificarse. Las chicas tenían mentol chino y otro ungüento. Mi instinto me hizo bajar más y allí me encontré a Alfredo de Argentina, último entre los últimos. Se sentía morir; seguramente pensó que le habíamos dejado. Le quité su mochila, me la coloqué e intenté levantarlo agarrándole de la mano, pero no podía pararse pues todo su cuerpo había entrado en convulsión. Alfredo no podía hablar, estaba desesperado.

–¡Tranquilo hermano! –dije. Deduje que era tarde para calmarlo, no hacía más que acelerarlo. Le hice descansar ordenándole que cerrara los ojos y respirase lento y profundo, mientras aprovechaba para acercarle mi axila derecha como alguna vez había aprendido. Fue efectivo. Vomitó todo. Luego le hice relajarse y descansar un rato más. Se sintió aliviado, le di agua y a seguir subiendo, tirando de él. Allí en el cerro había agua que salía por donde subíamos; era increíble, agua para tomar, agua para lavarnos y refrescarnos. Sin mochila Alfredo subió. Al llegar donde había dejado a mi mochila, ya todos habían avanzado, no se veía a nadie. Después supe que los hermanos jóvenes ayudaron a las mujeres. Así subí con dos mochilas y agarrando a Alfredo. ¡Ah Alfredo! Pensé que

7 Dificultad para respirar que, a causa del enrarecimiento del aire, se siente en ciertos lugares elevados. También es llamado «mal de altura».

alguna vez me escribiría una carta como me dijo al terminar el viaje. Nunca supe nada más de él.

La falda de la montaña se hacía interminable, pero tenía que coronarla, no me podía rendir. Al ver un saliente del monte me alegré pensando que aquella sería la cúspide, pero aparecía otro, otro y otro; parecía no tener fin. En un momento pensé que de verdad nos habían dejado. Cansado, a punto de rendirme alcancé el último promontorio. Todos lo celebraron cuando aparecí junto a Alfredo. Estaban descansando e intercambiando experiencias como esperándonos. El ascenso a la alta montaña nos purificó física, mental y espiritualmente, niveló nuestras vibraciones y nos unió como verdaderos hermanos. Solo faltaban unos cien metros para la cúspide, pero no había nadie. Al llegar solo vimos montañas y más montañas. En la que estábamos parecía la más alta. El sol de la tarde iluminaba solo las puntas de los cerros; era un espectáculo maravilloso. Tendríamos que bajar y acelerar el paso antes de que la noche nos impidiera avanzar.

Más allá nos topamos con tres jóvenes campesinos demasiado alegres, pues tenían cada uno una botella de aguardiente. Como hablaban quechua y estaban mareados se alegraron de vernos y nos ofrecieron un trago. Con cortesía nos disculpamos. Nos indicaron por dónde podríamos bajar rápido. ¿Qué hacían esas personas a esas horas en esa montaña? Eso es algo que quedó en el misterio.

Sillarhuasi, una prueba, otra dimensión

Cuando el viento helado de la puna empezó a silbar, acampamos lo más rápido posible. Desde allí miraba la montaña de enfrente. En medio había una luz brillante; pensé entonces que sería una de las cavernas a las que teníamos que llegar. El desgaste físico era fuerte y me dormí, pero parecía que estuviese despierto. Estaba todo iluminado. Creí que la luna estaba en todo su esplendor.

El domingo 2 de agosto de 1981 me levanté descansado. Sixto, Elard y otros hermanos contaban sus experiencias de la noche. Al escucharlos, pregunté: «¿No era la luna?» «Solo podré saberlo esta noche» me respondí. Abelardo, David, y Javier optaron por ascender al cerro bautizado por Sixto como Inimón. Solo por saber cómo de ligeros eran estos hermanos, pues habían hecho gala de fortaleza al despuntar el día anterior, cuando estaban lejos me animé a seguirlos. Con pasos largos y respiración controlada los alcancé. Más arriba Abelardo tuvo una revelación. En una roca que tenía un tragaluz me preguntó qué veía. Le dije que nada, pero él veía como una película. Incluso nos contó que habló con Dios, que le llegó a preguntar cuál de los nombres que le habíamos dado hasta ahora le gustaba más. La respuesta fue «Padre Eterno». Al salir de su visión nos describió con todo lujo de detalles lo que estaba en la piedra. Traté de concentrar mis ojos en ella y realmente «vi» como una multitud de gente que se dirigía a un altar donde estaba un rostro que Abelardo decía que representaba al Padre Eterno.

Subí a lo más alto y pude ver todo el valle, sobre todo donde había visto la luz en la noche. No había nada, ni caverna, ni corral de pastores, ni ichu quemado, nada de nada. Al regresar junto al grupo, Sixto señaló «allá está Sillarhuasi». Era el cerro de la luz. Me alegré de haber intuido cuál era Sillarhuasi. Descendimos felices de estar aparentemente cerca. El calor sofocante lo calmó el agua helada del arroyo; nos aseamos. Ahora tendríamos que ascender; no era nada comparado con el del día anterior. Por donde íbamos había agua y más agua pese a que en agosto la sierra peruana está desprovista de lluvias. Siempre ayudando a Alfredo iba retrasado cuando el grupo que iba delante me pareció que estaba en peligro: los perros de los pastores corrían con la intención de atacar. Pero se estrellaban en la nada, como si chocaran con una pared para volverse con el rabo entre las piernas. Yo no me explicaba lo que estaba pasando.

La dirección en la que íbamos era opuesta al lugar donde había visto la luz en la noche. Al juntarnos, Sixto reconoció el lugar que era hasta donde habían llegado en agosto 1976 y dijo:

–Estamos en Sillarhuasi. –Depositamos nuestras mochilas en el suelo para escuchar a Sixto, que empezó a informarnos de aquel viaje.

–Como en agosto de 1975 los grupos no respondían a las expectativas de ese momento, los viajes no se efectuaron ese año. Los grupos se habían desintegrado, haciéndonos olvidar el compromiso, pero reaccionamos corrigiendo los desaciertos. Trabajando fuerte logramos reactivar al grupo y para enero de 1976 había grupos en todo el país y en otros países, gracias a que Juan José Benítez estaba difundiendo su contacto en Chilca. Retomamos la marcha con fuerza para intentar cumplir las comunicaciones que ya estaban desactualizadas; se organizaron los viajes sin tener en cuenta si las condiciones se volvían a repetir. Nos apresuramos pensando que bastaba la información anterior; los viajes los hicimos parcialmente y este error fue censurado por los Guías. Tuvieron que pasar cinco años para que la oportunidad se repitiera y aquí estamos finalmente.

Esta era una información de primera mano que no conocía. Al descansar allí, Sixto sacó su cuaderno de símbolos y lo interpretó magistralmente. En los símbolos estaban escritos todos los pormenores del viaje. Los demás también lo corroboraron con sus experiencias; se estaba cumpliendo lo señalado años atrás. No quise quedarme rezagado; también tenía algo importante que aportar. Saqué mi libretita. Como había anotado los nombres cósmicos de los veintidós, me acerqué a Sixto para balbucear que habíamos llegado diez con la terminación AM, diez con la terminación AR, uno con la terminación AH, y uno con la terminación RA, pero ninguno había con la terminación MA.

–Esa la tendrán los dos que faltan –dije emocionado–. También, al unir las terminaciones, se repite diez veces la palabra AMAR. Además están con nosotros seis mujeres –finalicé. Sixto, con propiedad y en voz alta, analizó el significado de todo eso.

–Así estaba previsto por los Hermanos Mayores.

Se dispuso a avanzar sin mochila, lo que fue un alivio para todos. Cuando comenzamos a caminar, el ganado vacuno que pastaba en ese lugar al vernos se juntó rápido. Los animales levantaron la cola y empezaron a correr como si algo los hubiera espantado.

La tentación del maligno

Sixto tomó la delantera. Sin darme cuenta me quedé rezagado. No sabía por qué; cerca de un peñón, escuché una orden de forma clara, una orden demasiado impositiva[8]. Nunca ha-

---

8 Seguramente usted se preguntará, ¿cuál fue la orden? No lo soportaría si lo supiera. Fue muy fuerte. Solo le digo que la orden fue muy directa, dominante y extremadamente perversa. Infundía un miedo que obligaba a cumplir, pero yo no me dejé amilanar. Tuve el coraje de luchar y vencer. Me siento orgulloso de eso. Pasado el tiempo recuerdo siempre lo que repite Sixto, tomado de la Biblia: «La lucha del hombre no es contra seres de sangre y carne, sino contra los gobernadores de las tinieblas de este siglo, contra huestes espirituales de maldad que dominan nuestro mundo (Efesios 6:12). Según el principio de polaridad (la cuarta ley universal), todo es dual, todo tiene dos polos. A una fuerza se le opone otra contraria de igual intensidad. Esto significa que no serás probado más allá de tu fuerza espiritual: si se te presenta una prueba es porque tienes capacidad de poder superarla, dándote valor frente a la asechanza y dándote confianza a ti mismo. En Sillarhuasi comprobé que el Maligno existe; el enemigo oculto está al acecho y tratará de impedir todo avance espiritual. Pero sepa que «*...la única ventaja que poseen estas fuerzas satánicas contra la Humanidad, es que mientras ellas conocen sus debilidades, vosotros ni siquiera conocéis vuestras posibilidades... Por ello es tan importante que lleguéis a tomar conciencia de vuestras potencialidades, tanto mentales como espirituales...* Oxalc».

bía tenido semejante prueba o experiencia; pude distinguirlo claramente, no era nada positivo.

–¡Dios mío! –dije. Como si fuera un eco se repetía la orden:

–Tienes que hacerlo o te pesará –me amenazó.

Entonces lo identifiqué. Me puse fuerte y oré, oré, recé el Padrenuestro.

–Dios mío, no dejes que sea tentado por el Maligno –suplicaba. Como insistía, dije–: Conmigo no podrás demonio, no podrás vencerme, no podrás; he llegado hasta aquí para otras cosas, y así será. –Era una lucha con alguien cobarde que no se dejaba ver.

–Tienes que hacerlo, tienes que hacerlo –repitió.

–No y no –contesté–, te equivocaste conmigo, fallaste en tu elección. Yo estoy aquí para defenderlo, para amar. RAMA es amar. –Recordé todas las enseñanzas de RAMA. No sabía cómo defenderme o qué hacer para que me dejara.

–Dios mío, sálvame. Hermanos Mayores, ayudadme –reaccioné. El Maligno se jugó su última carta; me dio la idea de cómo hacerlo–. Si tan malo eres, ¿por qué no lo haces tú? –le contesté–. Preséntate aquí y verás que no podrás vencerme, no podrás, te venceré, maldito, no me importa tu amenaza. Te venceré –grité fuerte. No sé si alguien me escuchó, pero todo era silencio. El Maligno se rindió. Me envolvió una emoción de triunfo, luego vino la paz en todo mi ser. Los demás me sacaban un buen trecho de distancia, no me lo explicaba. ¿Por qué estaba al último?

–Hermanos, espérenme –dije. Mientras, oraba, oraba y rezaba de agradecimiento a Dios y pedía apoyo a los Hermanos Mayores...

El sello del triunfo

Todo el grupo llegó a una piedra piramidal. Sixto dirigió un trabajo de agradecimiento y luego empezó a abrazarnos llorando, tanta era su emoción. Yo desconocía el motivo, pero mi emoción era una emoción de victoria, de triunfo. Había triunfado. «He triunfado» me repetía internamente al abrazar a Sixto y a los demás hermanos y hermanas. Tenía motivos para emocionarme y esto también me llevó a las lágrimas.

Seguimos ascendiendo; entre tres llegamos a la cima del Sillarhuasi. Pensé que dando la vuelta a la cumbre encontraría la caverna que suponía señalaba la luz de la noche. Buscaba algo físico, algo palpable, algo que pudiera maravillarme, algo que podría ser la prueba de haber estado allí. No encontré nada más que divisar la grandeza de la naturaleza y el haber sido probado y haber triunfado. «Un momentito». Sí, sí había algo físico. Desde lo alto del cerro divisé en el lado este unos corrales de piedra. Exactamente como si estuviera hecho a propósito vi el número ocho. «Este es el símbolo del infinito –pensé–. ¿Quiere decir que el camino es entonces infinito a partir de aquí?» me pregunté. «Sí, es infinito», me contestó una voz sin voz. Estábamos también empezando el octavo mes del año, agosto.

Empecé a descender viendo que de nuevo todos me dejaban. ¿Debería contarles mi prueba con el Maligno o no? Pensando que tal vez otros puedan dejarse influir o pudiesen dejarse vencer opté por no hacerlo. Apuré el paso. El sol estaba a punto de ocultarse. Era de suponer que acamparíamos donde habíamos dejado nuestras mochilas, pero Sixto sugirió que debíamos regresar de inmediato, pues el encargo para Sillarhuasi se había cumplido. El desánimo cundió y se reflejó en los rostros de las hermanas. Alfredo gritó protestando: «¡Esto es una locura!» Para mí no era problema; estaba sereno y en paz. Alfredo, en su condición, tenía razón; nuevamente tendría que hacerme cargo de él. La decisión estaba tomada.

–Ganaremos un día para la Misión –dijo Sixto. Veríamos la luna y así se despejaría la pequeña duda que él tenía con respecto a poder andar por la noche. Empezamos a prepararnos. Con gorros, guantes y linternas en mano, nos despedimos de Sillarhuasi.

–¡Ah!, ansiada Sillarhuasi, qué dura has sido conmigo.

Ganando un día para la Misión

Mis dudas durarían poco pues la luna estaba a punto de ocultarse; brillaba, nos iluminaba el camino junto con Venus. ¡Qué hermoso espectáculo aquel! Descendimos en fila india. Alfredo tenía que estar a mi lado, si no se perdería.

–Es tu karma –me dijeron bromeando. Todos nos reímos mientras yo le daba instrucciones precisas a Alfredo. Le dije que respirara rítmicamente con la boca cerrada; solo así podría caminar al mismo compás que yo. De lo contrario nos quedaríamos sin saber dónde. Le indiqué que debía pisar con cada pie donde yo pisaba. Me había ideado una soguilla de medio metro para atarlo sin estorbarnos. Alfredo caminaría detrás de mí y debería pensar que podía.

La luna se ocultó y la oscuridad nos permitía ver solo la inmensidad del Universo. Las linternas cumplirían su función; el frío de la noche solo podíamos contrarrestarlo caminando, pues si nos deteníamos sería terrible. Así pensábamos, eso comentábamos, cuando el grito de Marilú de Cajamarca nos sobresaltó. Había dado un mal paso y cayó al agua heladita que había en unas pozas naturales, mojándose entera. Manuela, Nery y Adriana sacaros sus ropas de repuesto y la cambiaron, mientras Marilú tiritaba. Nosotros con nuestros cuerpos la cubríamos del viento. Nos enfriamos también; tendríamos que calentarnos acelerando el paso. Ronald Peter Swanston siempre iba delante. Con mucho respeto lo manteníamos en esa posición desde el día anterior.

–¡Allá va uno! –gritó. Nuestros Hermanos Mayores estaban en su nave acompañándonos.

Al rato parecía que nos disparaban. Aquietamos nuestro aliento para orientarnos y ver de qué se trataba y se escuchó nuevamente. Sixto se adelantó y gritó:

–No disparen, somos nosotros. –La actitud de Sixto me pareció peligrosa. Dejé a Alfredo y me adelanté. Lo hicieron también Javier, Carlos, Alberto y Víctor por si le podía pasar algo. Se trataba de jóvenes campesinos. Con ojos de lince miré si iban armados y cuánto peligro había. Vi que los dos tenían en la mano un látigo. Pensé que eran diestros en su manejo; no cualquiera lo hace sonar de un modo tan perfecto, pues en mi pueblo lo había manejado también y pensé que no me sería difícil reducirlos si el caso lo requería. Eso pensaba mientras investigaba si había otros escondidos que nos podían sorprender. Estábamos en una hacienda. Sixto y los demás les suplicaron que nos acompañaran hasta Velille. Uno de los jóvenes solo accedió a hacerlo hasta cierta parte. Pero la iglesia y las casas, ¿de dónde aparecieron? Yo había subido al Inimón. Desde allí divisé todo, pero no las había visto; solo había enormes piedras blancas que brillaban con el sol y que de pronto se habían convertido en una iglesia y en casas de sillar[9]. Era la puerta de ingreso y salida física a Sillarhuasi, y nosotros nos habíamos atrevido a ingresar por la puerta espiritual.

El joven lugareño nos condujo hasta lo más alto. De allí bajamos solos. Las pilas de las linternas se gastaron, no teníamos mucha visibilidad, las hermanas se tropezaban, otros caían; aunque rodando, bajábamos. Llegamos a Velille. Era media noche. Todo estaba en silencio otra vez, igual que cuando habíamos llegado. Hacía un frío bárbaro. Localizado el bus,

9 Sillarhuasi significa «casa de piedra» o «casa de sillar».

Francisco Javier armó su cocinita y preparó con paciencia cuatro veces una sopa caliente que disfrutamos por turnos.

¡Ah, Velille! Llegamos de noche y nos vamos de noche; no te conocimos, pero estás en nuestro corazón.

¡Adiós Velille! Gracias.

Angostura mágica

El duro asiento del bus sería testigo mudo de nuestro cansancio. Nos llevaron de vuelta por otra ruta, que de seguro los Guías también habían previsto. Era ya lunes 3 de agosto de 1981; la mayoría dormía. Iba amaneciendo mientras yo disfrutaba de los paisajes exóticos, majestuosos, increíblemente hermosos. El autobús recorría ligero los kilómetros, parecía volar sobre estos lugares encantadores. La carretera afirmada estaba en buen estado. Quería bajarme y quedarme allí; había magia, era un premio al esfuerzo. Pasamos varios pueblitos y en uno de ellos nos detuvimos a desayunar. Solo encontramos queso. Aproveché para preguntar a un lugareño con qué nombre se conocía a todos esos hermosos cañones que habíamos pasado. «Angostura» fue la respuesta. Esto lo explicaba todo, pues recordaba con nitidez una comunicación del 26 de noviembre del 1979 que tenía dibujada al principio una visión del «antena», que en el lado izquierdo empezaba con dos líneas paralelas amplias y las palabras HUMANIDAD, LLAMADO; las líneas se iban cerrando en la parte central y aparecían las palabras CAMINO, OBSTÁCULOS, para luego irse abriendo con las palabras TRASCENDENCIA, LUZ. La comunicación, entre otras, cosas decía:

«...pues la hora de pasar la angostura de la vida, como está en la visualización inicial, ha llegado y sois vosotros los que tendréis que echar fuera de vosotros mismos todo lo

que está de más y llegar a esa luz con lo puro que el Profundo os dio...»

Y se me quedó grabado ese nombre, Angostura. Siempre estará en mis recuerdos.

El bus anduvo todo el día y llegó a Arequipa de noche. Muy amablemente las hermanas habían preparado comida. Después de comer, teníamos que dormir.

El martes 4 de agosto de 1981, los hermanos que estaban en Chivay llegaban de manera atropellada; la expectativa era grande. ¿Dónde estaban los libros? Querían tocarlos ya. ¿Qué nos habían dicho los ancianos en las cavernas? Yo era un desconocido para la mayoría; al encontrarme con ellos no me reconocían, así que no me preguntaban nada. Buscaban a Sixto, a Elard de Tacna, a Carlos del Salvador, a Francisco Javier de Chile y a Abelardo de Lima. Tanto el interior del país como de los seis países presentes estaba representado. Desde luego el grupo de Lima era el más numeroso, y como Abelardo lo representaba, lo buscaban más a él. Yo representaba a los grupos del centro del Perú junto con mi instructor. Él se sentía el único merecedor de realizar el viaje; al no ser así, yo no existía para él. Así me libré de responder a las preguntas que hacían y pasé desapercibido. Pero ¿tendría el valor para contarles la prueba que pasé? Contarles lo que me había pasado en Sillarhuasi sería alterar el viaje, pensé, no debía hablar hasta encontrar el momento adecuado o hasta que alguien me dijera «vi lo que te pasó en Sillarhuasi», o tal vez lo haría al final del viaje; en ese momento ni hablar. Además, estaban encantados de escuchar a Sixto, que lo explicaba todo. Aproveché entonces para conocer un poco la llamada Ciudad Blanca, Arequipa.

Se organizó una reunión para la tarde. Allí se forzó una comunicación para que los Guías explicaran lo sucedido y se recibió esto:

Comunicación martes 4 de agosto de 1981 a las 3.15 h:

«Sí, somos vuestros hermanos Guías de Venus, a un corto tiempo-espacio de la culminación de vuestra primera etapa, que debéis dejar que pierda fuerza en un ambiente contradictorio hasta que se consolide.

Hermanos, partid hoy mismo de seros posible. Es importante que toméis conciencia de que se os aguarda, vencedores del velo akásico, ¿o creísteis que se podía penetrar tan solo con nuestras instrucciones?

Empezasteis a traspasarlo cuando llegasteis al pie de Sillarhuasi, lugar que desde hoy conoceréis como Anatot; allí empezasteis a llegar a culminar.

El descenso de vibración os hizo trasladaros a una adaptada situación de bajo astral, donde os encontrasteis luchando contra las fuerzas de la Naturaleza, que en Inimón recibisteis de forma nocturna. He ahí el secreto de vuestras fuerzas físicas. En lo moral recibisteis también otras fuerzas que llegaron a ayudaros, pero que se veían contrapuestas con otras bajas que salían del mismo seno de los grupos de hermanos, pues hay unos pocos que son vehículos del acosador, que los utiliza como maniquíes.

Deberéis... (se cortó la tinta del lapicero)... dedicaos a apoyar y dejad marchar a los lugares solo a los hermanos de las terminaciones que ya marcan la ruta del reencuentro cósmico.

Apoyad a todo nivel; esa será vuestra gran prueba de Amor y humildad.

Con Amor, Sampiac».

O sea, «¿hay hermanos que se dejan utilizar?» me pregunté. Al escuchar la comunicación, me acordé de que yo lo vencí, lo vencí. «Jamás seré utilizado por el Maligno, jamás». Esa fue mi promesa y al parecer los Guías tampoco quisieron decir nada de mi experiencia; secaron la tinta.

Más tarde se concretó una reunión general. Todos sin excepción querían escuchar las experiencias vividas. Carlos del Salvador detalló con maestría las rutas que habíamos seguido con ayuda de un croquis que había dibujado previamente. Hablaron también Elard de Tacna, Francisco Javier de Chile y al final Sixto informó de las experiencias. Entre ellos, en la mesa también estaba Alfredo, y cuando Sixto narraba toda la solidaridad que se vivió, Alfredo, emocionado, movía su cabeza en señal de que él lo había experimentado; le vi feliz. «¿Y usted dónde estaba?» me preguntará a mí, amigo lector. Pues me encontraba entre los oyentes. Escuchaba, conversaba y preguntaba; total no me conocían. Cuando Sixto habló de la pirámide trunca de Sillarhuasi, alguien a mi lado dijo:

–No me lo puedo creer, yo visualicé ese momento. Sixto, junto a la pirámide lloraba abrazando a los demás. Yo lo vi, yo lo vi.

–¿Cuándo y a qué hora fue tu experiencia? –le pregunté.

–El día 2 a las cuatro de la tarde; a esa hora estábamos trabajando, apoyando, y vi llorar a todos; era como desahogarse después de haber logrado triunfar –me respondió. Otro dijo que visualizó que caminábamos de noche y que alguien se caía a un río; otro que vio que habíamos penetrado una caverna, pero que todavía no se nos habían entregado los libros porque no estábamos preparados; otro que el camino estaba lleno de agua y flores amarillas... Así escuché muchas historias bonitas que corroboraban lo que se había vivido y que les motivaba a seguir apoyando, aunque también en algunos cundió cierto desánimo porque para ellos no se había cumplido nada.

Por la noche regresamos a Lima. Llegamos el 5 de agosto de 1981 a la comunidad urbana de Lince. En la tarde se forzó otra reunión; exigían escuchar a los demás y así se hizo. Hablaron José Eduardo de Bolivia, Abelardo de Lima y otros, pero la razón principal era enfrentar a Sixto. Lo consiguieron en parte, pero el viaje tenía que continuarse.

Huarochirí de regreso

El 6 de agosto de 1981, el bus, después de dejar Lima, ascendía por lugares desconocidos para mí. Pude ver plantaciones de manzanos y otras frutas, alcanzando la cima para luego descender a Huarochirí[10]. Llegamos ya de noche. Los hoteles del lugar estaban llenos de gente del grupo de apoyo y comida no había. Entonces se pidió orientación del trabajo a los Guías y esto fue lo que dijeron:

Comunicación: 6-8-1981. Hora: 08.30 h. Huarochirí:

«Sí, somos vuestros hermanos Guías de la Misión. En este lugar estáis a punto de descorrer un velo que os estaba impidiendo recordar cómo vinisteis a la Misión RAMA. El despertar final de cada cual, el velo interno se descorrerá finalmente y tendréis conciencia de vuestras últimas doce vidas y de las experiencias del akásico en lo personal.

Mañana mismo saldréis en dirección a la salida del sol. Lo haréis solo aquellos a los que su vibración así se lo pida, las de aquellos cinco, mientras los demás buscarán un lugar adecuado para apoyar.

El trabajo que haréis será localizar el tridente y allí sabréis lo demás, pues todo se dará.

10 Huarochirí: distrito de la provincia del mismo nombre, en le región de Lima.

A diferencia de Sillarhuasi, aquí lo más importante no es llegar, sino buscar dentro de uno y corroborar el despertar personal en el lugar donde se está irradiando la energía violeta.

No permaneceréis más allá del tiempo necesario en el lugar, pues prepararéis el viaje a partir de vuestra experiencia de mañana. Regresaréis llenos de luz interior que guiará vuestro encuentro final con los maestros de la caverna.

Partid mañana a primera hora y regresad una vez hayáis vibrado lo suficiente.

Con Amor, Sampiac».

A las 5.00 h del 7 de agosto de 1981, en la plaza de Huarochirí se leyó la comunicación para todos. Solo llevé la cantimplora con agua y descendimos hasta el río; el sol salía majestuoso y, a medida que se elevaban las sombras de los cerros, se formó al tridente. No tendríamos que llegar hasta allí pues estaba lejos, pero debíamos llegar al pie de esos promontorios; así lo señalaba la comunicación.

Pasando el río empezamos a ascender pensando qué sería lo que viviríamos. A cierta altura había como una pequeña meseta con siembra de alfalfa. Sixto sugirió trabajar en ese lugar. Martha de Tacna no podía ocultar su emoción al contemplar, no solo la energía violeta que aumentaba su intensidad, sino que le hacía vibrar como nunca lo había sentido antes. En verdad se veía claramente que la energía violeta envolvía todo el valle; era algo claro para todos. Claro que a mí también me apetecía mucho conocer y saber por lo menos una de mis vidas anteriores. Era consciente de mis limitaciones; en mi vida de hasta entonces mi alimentación había sido a base de carne roja, la educación de mi mente había sido incorrecta o nula y espiritualmente era un ignorante, aunque sí tenía interés en saber más y aprender.

El akásico y la visión de mis vidas anteriores

Me situé en una *champa*[11] que me servía de alto y suave cojín. Estaba muy cómodo para iniciar nuestro trabajo. Sixto dirigió el retroceso reencarnativo. Por primera vez sentí una indescriptible paz; nunca me había sentido tan bien como en aquella oportunidad. Empecé a respirar lenta, profunda y rítmicamente; apliqué todo lo que sabía hasta entonces, aspiré lo más despacio que pude, pensando absorber la energía violeta al máximo, inflando mi estómago primero, luego llenando la parte baja, media y alta de mis pulmones. En la tercera respiración estaba relajado; al fin sabía lo que era una relajación... Una sensación de electricidad recorrió todo mi cuerpo; seguía atentamente las sugerencias de Sixto pues sabía que eso no podría repetirse, cuando de pronto una pantalla se abrió en mi entrecejo y vi, como si fuera una película, aunque tenía todas las sensaciones y estaba consciente. Veía que me encontraba parado solo contemplando tres cerros piramidales; veía que se encontraban delante de mí, de color verde azulino. Tenían el mismo tamaño, como si estuvieran situados en una selva baja, como si los conociera desde hacía tiempo. Sabía que uno de ellos era el acceso a un monasterio secreto o Sangri-La. Mi mente lo deducía a una velocidad increíble. Sabía que yendo por un lateral de la montaña central estaba la entrada; ¡era tan fácil y difícil a la vez llegar! Fácil porque lo podría hacer, solo se necesitaba voluntad; difícil porque se emplearían por lo menos tres días de caminata. Tenía que decidir.

---

11 Pedazo de césped.

Imagen 2. Visión en Huarochirí.

La imagen cambió; me veía en un pueblo antiguo y extraño caminando. Pasaban imágenes rápido y en todas ellas estaba yo, pero eran de otras épocas. También vi que me encontraba en un monte alto pastoreando mis ovejas; vi que en otra época era un campesino. Estaba descansando a mediodía a la sombra de un muro de piedra; veía que al otro lado del muro había tres mujeres murmurando. Al prestar atención, oí que hablaban mal de mí: «es un egoísta», escuché decir a una de ellas; «es malo», decía la otra; «sí, sí» respondía la tercera... Mi corazón se puso triste «¿Cómo pueden hablar mal de mí?» me pregunté, ningún daño les había causado; mas, al contrario, a cada una de ellas la había ayudado, y mucho. Decidí no decirles nada; yo no buscaba reconocimiento alguno, solo vivía trabajando honradamente. Comprendí en ese momento cuánta ingratitud e hipocresía había en la gente. Mientras estaba pensando eso, la imagen cambió y me vi con una vestimenta de la época incaica corriendo solo.

La imagen cambió rápido. Visualicé que con una ira retenida estaba asesinando a un hombre. Le apliqué tres puñaladas seguidas con una velocidad que no puedo entender. Sabía por qué lo hacía[12] pero entonces me asusté y perdí la visión. Como esta era tan clara y nítida, desesperado abrí los ojos. Todo era silencio, todos estaban quietos. Reaccioné dándome cuenta de que era solo una visión y que los Guías lo habían dicho en la comunicación. Tal vez me estaba perdiendo lo mejor de mis vidas anteriores... Con empeño quise retomar la concentración, pero mi mente estaba turbada. Mi conciencia me repetía a gritos: «¡asesinaste a ese hombre!» Todo mi ser tembló, la desesperación se apoderó de mí; una vergüenza mayúscula se apoderó de mí, no sabía dónde esconderme o qué hacer en ese momento, tenía vergüenza de estar allí participando en una misión de amor.

Al salir de la meditación, todos empezaron a contar sus experiencias. Sixto preguntaba a cada uno. Yo agachaba la cabeza queriendo esconderme, pero al llegar mi turno hablé.

–Tengo vergüenza de contaros mi experiencia, hermanos –dije–. Fui un asesino. ¡He sido un asesino! –Eso fue todo lo que pude decir. El llanto me embargó. Me quedé muy apesadumbrado y por eso no presté atención a las experiencias de los otros hermanos, pero me di cuenta de que la mía había sido la más fuerte y desalentadora de todas.

---

12 Sí, fui un asesino en una de mis vidas pasadas; las circunstancias me obligaron a ello. El hombre al que asesiné era muy perverso; hacía mucho daño a todas las personas sin causa alguna y hacía sufrir mucho. Era demasiado malo; esto me hizo pensar que haciéndole desaparecer, la comunidad podría vivir en paz. Esa fue la razón en ese tiempo. En esta vida las circunstancias crearon la misma situación y la he podido superar antes de saber nada de vidas anteriores, de karma, ni de RAMA. Pude discernir que un asesinato no tiene ninguna justificación, ni en las peores circunstancias. Parece que serás probado una y otra vez en la falta que cometas hasta que puedas superarla. «Somos el resultado de esas vidas anteriores, nunca hemos sido menos de lo que somos ahora» dice Sixto. Puedo asegurar que todo está grabado en el akásico, cada pensamiento, sentimiento, palabra... Ahora te aliento a pensar en lo importante que para cada uno es nuestra vida actual, en la que podemos y debemos comprometernos por el cambio hacía lo positivo de nuestra Humanidad.

El apoyo de los Guías en este y otros tiempos

Las horas habían transcurrido rápido y, cuando nos disponíamos a regresar, todos vimos cruzar de un cerro al otro, de este a oeste sobre nosotros, sin hacer ningún ruido una nave. Un avistamiento a plena luz del día; hasta entonces solo los había visto de noche. Esto me devolvió la calma y, cuando de regreso ya, junto al río hicimos otra meditación, tuve también experiencias, aunque esta vez la sugerencia fue recordar el momento de nuestro compromiso con la Misión. Me vi que en ese mismo lugar pero en otra época que no pude precisar. La mitad de los veintidós nos encontrábamos con túnicas blancas, pensando y conversando acerca de qué deberíamos hacer, qué nos faltaba para comprometernos, cómo seríamos llamados por el Señor, cuando una nave de iguales características que la avistada físicamente cruzó en el mismo sentido. Mirábamos contentos pues sabíamos que empezaríamos nuestro camino espiritual.

El grupo de apoyo nos esperaba alegre pues habían visto también la nave en pleno día y desde luego querían saber de nuestras experiencias. Después de alimentarnos con frutas, nos dispusimos a regresar. El viernes 8 y el sábado 9 de agosto de 1981 lo pasamos en Lima, con la preocupación de que Elard no nos acompañaría más al haber fallecido su padre. Era una prueba muy dura para él, aunque no faltó quien opinara que continuaría el viaje. El domingo 10, partimos hacia Marcahuasi solo 21 de nosotros.

Treinta kilómetros al norte de Marcahuasi

Por los informes del grupo inicial y por el libro de Daniel Ruzo, *Marcahuasi, la historia fantástica de un descubrimiento*, me había hecho a la idea de que llegaríamos a la meseta. Deseaba conocerla y la oportunidad se había presentado, o eso pensé. Estaba equivocado. Cuando, faltando muy poco para llegar a San Pedro de Casta[13], tomamos el desvío que había, íbamos rumbo al lado norte hasta el pie de los nevados que brillaban con el sol. Ahora éramos veintiún viajeros. Allí acampamos y meditamos, y se recibió la siguiente comunicación:

Comunicación: 10-8-1981 a las 18.00 h. A 30 km al norte de Marcahuasi:

«Somos vuestros hermanos, los Guías de la Misión RAMA. Adelante hermanitos, estáis ya cerca de vuestro despertar de conciencia final. Ahora sí debéis estar juntos el mayor tiempo posible dialogando y fomentando la armonía vibratoria de la Misión. Estáis ya descorriendo el velo final. Se darán las cosas, pero como deben darse, a los niveles para los cuales os debéis haber preparado. Este es el lugar; no os imagináis lo cerca que os encontráis. Os costará esfuerzo, pero recibiréis la señal de vuestro interior para avanzar a un encuentro definitivo con los maestros de la caverna. Sabed manteneros firmes ante el esfuerzo requerido pues se os está tratando de distanciar y estorbar. Realizad en el menor tiempo posible vuestros viajes, para que así el cansancio no os estorbe la marcha. No estéis demasiado de paso en la ciudad y menos aún os distanciáis mucho.

Se recibirá lo dicho, pero como la Humanidad necesita el conocimiento auténtico y verdadero, no penséis que esto incluye objetos mágicos de apoyo. No necesitáis más de lo que lleváis dentro y esta vivencia del mes de agosto os define finalmente, os templa el espíritu y, sobre todo, da el giro a la misión grupal de integraros y amaros como hermanos. Ahora que este viaje os pidió todo, no os costará mayor es-

13 San Pedro de Casta: distrito de la provincia de Huarochirí, en la región Lima. En esta jurisdicción se encuentra Marcahuasi.

fuerzo liberaros de vuestros apegos y marchar por el camino de la común-unidad.

Dios es una realidad, así como el camino espiritual. Uno debe aprender a moverse en aquellos planos con la fe de estar ascendiendo hasta la jerarquía celeste.

Sí, hermanos, habéis dado con este viaje la apertura mental a los hermanos porque todo es mental. Con Amor. Sampiac».

Como la comunicación sugería estar cada vez más cerca unos de otros y el frío de la tarde nos obligaba a estar más juntos todavía para abrigarnos, fue una oportunidad para contar cómo cada uno había llegado a la Misión. Lo hicimos hasta muy avanzada la noche. Desde luego conocer un poco la historia de cada uno era interesante; eso nos unía más y más.

Los Guías de Venus aclaran el panorama

Llegamos al 11 de agosto de 1981 a la inmensa piedra donde había dibujos rupestres. Meditamos tratando de interpretar qué nos decían los símbolos. Después ascendimos más y más hacia una caverna que veíamos. Los más osados escalaron más; otros nos quedamos meditando dentro de la caverna, donde se recibió lo siguiente:

Comunicación: 11-8-1981 a las 10.00 h. a 30 km al norte de Marcahuasi:

«*Somos vuestros hermanos Guías de Venus, pudiendo contemplar cómo estáis pasando esta prueba de Amor, que resume todo este viaje en una verdadera odisea espiritual en la que demostraréis con vuestro esfuerzo que podéis ser receptores de los velos akásicos desvelados. Al término de todo este viaje recibiréis los conocimientos del registro de la Humanidad.*

El querer recepcionarlos físicamente es un error que se ha venido manteniendo en vuestras mentes por haber sido mentalizadas y, sobre todo, porque vuestra especulación no permite nuestro consejo.

Las planchas, que vosotros conocéis y sabéis que existen, se encuentran, igual que los maestros, los retiros y los ángeles de luz, en dimensiones paralelas a las vuestras pero en planos sutiles. ¿Qué es lo que deseáis ver? Los milagros de Amor como el don espiritual solo se producen a niveles de sacrificio desinteresado; al don de discernimiento y a la iluminación espiritual que trae consigo la apertura de conciencia, al conocimiento pleno, solo se puede llegar a través del sacrificio, en la muerte del ego. Aunque no lo parezca, estáis muy cerca de venceros a vosotros mismos.

Seguís esperando un descenso, un encuentro con tres ancianos y además una recepción física de planchas de incalculable valor. Pues sabed hermanos que nada nos costaría crear esa ilusión, pero en nada os ayudaría, ya que tendríais barro en vuestras manos, un trofeo de experiencias que os envanecería y cerraría al Amor.

¿Qué diréis a los hermanos? Por ahora contaréis vuestras experiencias a nivel humano, las cuales os enriquecerán a todos. Sobre el Libro dirán que los registros serán desvelados al final del viaje en una ceremonia de iniciación cósmica, para la que os estáis preparando. No os sintáis frustrados, ya que hoy por fin tenéis claro el camino hacia Dios en los hermanos.

Recordad que debéis depurar vuestra vibración para que vibre permanente en planos blancos.

La vida material es solo una prueba en la cual se os califica; estáis ahí en representación de todos los hermanos de la Misión y de la Humanidad.

La Misión no acaba este mes, sino al final de este año, cuando los acontecimientos toquen las trompetas al final de los tiempos. Ahora lo que debéis hacer es compartir y meditar mucho, así como orar por la Humanidad.

El sacrificio que estáis realizando llegará a su clímax cuando os entreguéis al resto por Amor, con la fe de que todo se cumplió, pues al final de todo esto veréis con los ojos del espíritu, más allá de vuestra visión física. Meditad, sabréis que hacer. Con Amor, los Guías de Venus».

Sixto leyó la comunicación. Estaba claro, lo resumía todo. Qué lejos estaba yo de alcanzar una vibración alta, aunque me consolaba pensando que no era el único que estaba errado, sino que la llamada de atención y las enseñanzas recaían sobre todos; nuestras experiencias a nivel humano eran las que tenían valor en ese momento de la misión. Al reunirnos todos nos dimos el abrazo de paz y regresamos. Me sentí frustrado de no haber llegado a la meseta, «aunque algún día llegaré», pensé. «Algún día será», fue mi consuelo.

En las Pampas de Nazca, Ica

El miércoles 12 de agosto de 1981, de noche salimos con rumbo a Ica, aunque no sabíamos a qué lugar específico; pero, como, siempre las señales se dieron. Sixto pidió que el coche se detuviera; estábamos en las pampas de Nazca. La luna llena y el cielo estrellado nos daban la bienvenida. Nuevamente nuestros doloridos hombros soportarían nuestras mochilas. Caminamos en dirección este; era como caminar de día, pero con fresco. Avanzamos un buen trecho y al pie de una colina sonó nuestra alarma. «¡Allá va uno!» Ronald nos señalaba una nave que nos hacía fogonazos y allí se recibió lo siguiente:

Comunicación: jueves, 13 de agosto de 1981 a las 04.30 h, Pampas de Nazca:

«Sí, somos vuestros hermanos de RAMA, estamos cerca vuestro. Sigue pendiente la prueba de Amor que culminará cuando cada uno se venza a sí mismo. La confusión generada por la vehemencia de algunos y la ceguera de todos no debe preocupar, todo fue dispuesto así desde el principio.

Hoy empezasteis a vivir la Misión de Humanidad y ahora es cuando debéis terminar de concretar vuestra opción espiritual que es la unión, garantía de la salvación humana. Que cada uno, consciente de su rol, asuma su responsable compromiso de realizarse como hijo de Dios. Aquí habéis llegado quizás producto del esfuerzo continuo con un deseo de cumplir.

Debéis tratar de aprovechar el tiempo y valorar este lugar donde ya se os aguarda. Abrid vuestra mente y vuestro corazón, que la experiencia de vida despertará aún más vuestra dormida sabiduría. ¿Sabéis acaso dónde estáis? Pronto lo descubriréis. Con Amor, los Guías».

Cual viejos caminantes nos acomodamos lo mejor que pudimos para tratar de dormir y hacer descansar nuestros cuerpos. Cuando amaneció seguimos avanzando más hacia el este, pensando que más tarde sería imposible caminar, pues el astro rey se alzaba en todo su esplendor. Aprovechamos para meditar; me parecía que mi mente se había cerrado. No tuve ninguna experiencia, pero el desierto, las queridas pampas nos mostraban las figuras y las líneas que se perdían. Me llenaba de admiración mirarlos desde el cerro, hasta donde habíamos llegado algunos. «¿Qué hacemos nosotros en esta soledad?» me cuestionaba. «¿Qué nos ocurrirá hoy?» seguía preguntándome.

Ingenio, nuestro oasis

La temperatura se elevaba, las sombras de las tiendas nos protegían del calor, el agua se iba agotando. Algunos decidimos bajar hacia el valle que estaba lejos para traer más agua. Al llegar, preguntamos dónde estábamos. «Este es el valle de Ingenio», nos respondieron. Estábamos en el paraíso. Teníamos agua a disposición, los frondosos naranjos estaban a nuestro alcance para coger las ricas y frescas naranjas... Nos identificamos y pedimos que nos las vendieran. Nuestra dicha fue colmada cuando nos dijeron que nos podíamos llevar lo que pudiéramos coger. Javier, David, Onofrio Saúl y yo nos repartimos equitativamente la carga para llevársela a nuestros hermanos que se encontraban sedientos.

Los ancianos de la caverna

Iba atardeciendo y aprovechamos para realizar una meditación en círculo. Había que guardar la armonía. El terreno desnivelado no me permitió la comodidad que deseaba; no pude relajarme pero oraba para que los demás tuvieran sus experiencias. Todo era un silencio profundo. Se terminó el trabajo. Yo no tenía nada que contar.

Sixto empezó a relatar su experiencia diciendo que había salido en astral. ¡Un viaje astral! Qué interesante. ¿Cómo sería eso? «¿Podré lograr yo alguna vez un viaje astral?» me preguntaba.

Indicando la caverna que estaba lejos, nos dijo que se había trasladado hasta allí, donde se encontró con los tres maestros y cada uno de ellos le habían dado un mensaje:

–Uno de ellos tenía como unos treinta años, otro unos cuarenta y cinco y cincuenta años y el último setenta, y todos ellos iban vestidos con túnicas blancas.

»El maestro más joven se presentó como el Rayo de la Voluntad, dirigiéndose a mí con un mensaje que podía expresarse así: *«Tuvisteis la fuerza de voluntad para llegar hasta aquí aún a pesar de vuestra preparación deficiente, caísteis una y otra vez pero seguisteis empecinadamente, tratando de superaros. Solo se equivoca quien realiza un trabajo de riesgo; lo arriesgasteis todo y todo lo recibiréis. La insuficiente preparación queda pues compensada en parte por el esfuerzo realizado. Hay en muchos de vosotros una voluntad personal de seguir adelante sobre vuestros propios pies, esa es vuestra fe, pero hay otra voluntad superior que procede de Dios, que señala vuestro camino hasta el día en que llegareis a recorrerlo. De la comprensión de ambas voluntades y de que sepáis congeniarlas depende vuestra decisión personal que es la libre opción, dando como resultado la verdadera paz interior. Cuando sepáis ser constantes en vuestra búsqueda, terminareis de llegar...»*

»Al dirigirse a mí el segundo Maestro, el que aparentaba tener unos cuarenta y cinco años, pude identificar en él al Rayo de la Sabiduría me enviaba pensamientos de profundo contenido, que traducido a palabras, podrían acercarse a lo siguiente: *«Al hombre le resulta más sencillo vivir por otros, acumular y coleccionar experiencias personales de otros hombres a los que califica de grandes maestros, dedicándose a imitarlos y, en el peor de los casos, ni siquiera eso, terminando por parecer un simple remedo de la parte idealizada de un personaje y solo de una parte de este, de aquella que convenientemente quisimos conocer de él. La importancia de ser auténtico en el camino espiritual viene de la percepción de que el camino a iniciarse se abre poco a poco ante nuestros ojos y ante nuestros pasos por expresa voluntad del Creador que eligió el momento de motivarnos a despertar, y que este camino es original y personal. Jamás recorrido antes no será caminado después. Su nom-*

bre es autorrealización. La autorrealización no depende de prácticas ni de ejercicios, sino de un proceso natural en el que el hombre se reconoce necesitado del agua viva y saciadora de la verdad única y universal. Es así que mientras no descubra esa necesidad vital espiritual, no buscará ni hallará, pues solo el instinto espiritual (intuición) lo conducirá a la fuente; no importa la forma de búsqueda sino la sinceridad y la constancia.

El camino recorrido de la autorrealización acerca a la sabiduría, que solo es la conclusión práctica de los ideales.

La sabiduría es la afirmación útil de las experiencias, consistiendo simplemente en ser consecuente y veraz con uno mismo para asumir las condiciones, los requisitos del propio camino. En los libros nadie encuentra nada seguro; todos son relatos y narraciones que alejan del tesoro de la vivencia personal, rica en enseñanzas de contacto humano y pródiga en realizaciones.

Serás sabio cuando actúes consecuentemente con lo que piensas, pero antes, siempre antes, sentirás intuyendo; así no equivocarás el camino».

–El tercer anciano, el maestro de setenta años, que identifiqué como el Rayo del Amor, dejó caer pesadamente su cuerpo sobre un asiento de piedra, desde donde –y recobrando su vida, como quien relata anécdotas al fin de su camino y búsqueda– volvió a mirarme levantando el rostro que también había inclinado y dijo algo que podría expresarse así: *«Solo el que ama puede sentarse al final del camino a contemplar lo recorrido y descansar o pedir algo del agua universal, que no será otra cosa que más fuerzas del Creador, más tiempo para seguir amando y seguir muriendo por los demás. El Amor empieza el día en que uno descubre a los otros, al prójimo, que no es solo el que está cerca, sino al que todavía uno no se ha acercado. El Amor llega a su madurez cuando solo quedan los demás, cuando el ego des-*

aparece finalmente en la cruz de la renuncia y el sacrificio. La cruz es el final de todo camino y el inicio de uno nuevo, es también la meta de toda vida plenamente vivida; allí se sella el Amor. Dios así marca a sus hijos y los reconoce.

Solo cuando se ha amado totalmente, sin guardarse nada para sí, solo en ese momento tendremos la visión de la plenitud del Señor, pues Dios es Amor y solo Amor.

Sabréis descubrir la verdadera felicidad cuando empecéis a amar, pero con todo vuestro corazón, mente y espíritu, así el Amor mismo os irá preparando para el momento de vuestro sacrificio final. Habrá muchas oportunidades de echarse atrás, pero una sola de seguir, y la tomará aquel que realmente ya empezó a amar.

Ama, pero con todas tus fuerzas; así descubrirás que nada hay más importante de conocer y hacer. Cree en el Amor y verás que es lo único capaz de transformar el Universo y con lo que nunca te podrás sentir defraudado, pues él no permite expectativa alguna. Empieza en ti y termina en los otros, acabando por despedazarte en una comunión santa, en la cual todos tendrán algo de ti que ya no serás tú, sino solamente Amor, porque en ese momento tú ya serás Amor.

La síntesis del Amor humano se traduce en la pareja, que representa el equilibrio universal, pero en lo divino lo representa el otro, el prójimo, en quien está Dios. En lo humano, la fusión de las dos polaridades complementarias dispone el momento de la madurez de conciencia. Dios te ha bendecido al permitirte conocer a la persona que te complementa; serás para ella su maestro, así aprenderás enseñando. Tu esposa será tu equilibrio y tú serás para ella su guía».

–Pregunté entonces si ya era tiempo de que recordase aquello que había visto en el xendra sobre el futuro de la Humanidad. Los maestros se hicieron inmediatamente a un lado, dejando ver en la roca una gran cantidad de imágenes que me resultaron penosamente conocidas. Vi continentes completos arder; vi montañas sumergidas en el mar en medio de gran estruendo; multitudes de personas se debatían en una desesperada lucha por la supervivencia, arrastrándose por las calcinantes ruinas de humeantes ciudades. Entre carrocerías de automóviles cubiertos de cenizas, figuras humanas se lamentaban de no haber conseguido morir. Vi también barcos de guerra con banderas rojas llevando su siniestra amenaza mortal a uno y otro lado del mundo, y después una gran nube como una gran coliflor con olores intensos.

»Inmediatamente después todo el planeta se agrietó y se escuchó un estruendo, como un silbato de tren que resumía los gritos de toda una Humanidad sin esperanza. Un gran desastre producto de un fenómeno cósmico había detonado la carga de soberbia humana sobre el cuerpo mismo de la Humanidad, disolviéndola hasta los huesos.

»Fue ahí cuando ya no pude retener las lágrimas; sentí que mi corazón se apretaba lleno de amargo dolor, pero en ese crítico momento las imágenes cambiaron y vi esperanza en unos niños que jugaban entre cabañitas de madera en medio de un vasto verdor. Finalmente, la imagen se trasladó a un lugar rocoso, donde me vi con las manos extendidas, de las cuales salía gran cantidad de energía, así como también de mi pecho y de mis pies. Pasado un momento me desplomaba al suelo como muerto; luego todo se desvaneció.

»Al término de la visión, pude volver conscientemente a mi cuerpo recordando claramente lo vivido, pero muy sobrecogido, hasta tal punto que las palabras salían dificultosamente de mis labios...[14]

---

14 Extraído del libro *Los Guías extraterrestres y la Misión RAMA de Sixto Paz.*

Escuchamos con profundo respeto y silencio. Sixto habló magistralmente, con todos los detalles. Había tanta enseñanza, sabiduría, y Amor en lo que decía que nos hizo vibrar. Para mí este había sido el encuentro con los tres maestros de la caverna. Estaba cumpliéndose todo lo señalado por los Hermanos Mayores. Qué lejos estaba yo de una experiencia así, me faltaba mucho.

Empezamos a movernos e instintivamente miramos hacia arriba todos; una gran estrella estaba sobre nosotros, pero de pronto se apagó para luego brillar empezando a moverse al lado norte. Era una nave. Una inmensa alegría nos invadió entonces. Supusimos que había estado allí durante toda la experiencia. Eran las 19.00 h.

El jueves 14 de agosto de 1981 nos dispusimos a regresar. Cruzamos la pampa inmensa, caminaba pensando que los viajes estaban llegando a su fin. Sentía que se habían vivido grandes cosas, pero físicamente nada era lo que se había encontrado. Todos los lugares visitados habían sido claves. Faltaba culminar el último. Solo pensar en esto me apenaba; me había acostumbrado. Estaba aprendiendo a relajar mi cuerpo, mi mente; empezaba a entender que me encontraba en un profundo letargo, inconsciencia e ignorancia espiritual. Aún no veía con claridad todo esto; tendría que esperar y tener paciencia, tendría que empezar a trabajar más. Era mi opción, nadie me obligaba a hacerlo. Así llegamos a la pista. En un vehículo pequeño nos dirigimos hasta la población de Nazca para coger un bus hacia Lima.

A Huarochirí de nuevo. Quinto viaje

Era el lunes 17 de agosto de 1981. El aire helado hacía que nos abrigáramos bien. Estábamos en lo más alto de los cerros por donde pasa la carretera para Huarochirí. Esta vez no llegamos al poblado. Estábamos contentos porque el campamento lo habíamos montado junto al grupo de apoyo, que se había ido reduciendo en cada lugar, que fielmente nos había acompañado y apoyado durante todos los viajes. Muchas cosas bullían en mi mente; nuestros Guías habían señalado que al final del viaje los registros serían develados en una ceremonia de iniciación cósmica. ¿Cómo sería? Pensaba que yo me encontraba allí sin merecerlo, ¿qué podría hacer? ¿Cuál sería mi aportación? Solo dejarme guiar. También nos habían dicho que compartiéramos con los hermanos que estaban ansiosos de unirse, y que nuestro trabajo era de irradiación, de dar ejemplo a nuestro alrededor. Sin equipaje ascendimos un poco más llegando a un gran peñón donde encontramos tres cuevas que habían sido utilizadas por pastores de ganado como vivienda y estaban cercadas por un muro de piedra a modo de corral para los animales; se notaba que había sido abandonado durante mucho tiempo. Cesó el viento. El atardecer se hizo interesante; al contemplar la puesta de sol desde esa altura, mágicos colores inundaron toda la cadena de montañas. Una experiencia privilegiada en nuestra vida que me hizo sentir muy pequeño, insignificante, pero lleno de vida para ofrecer.

Las cuatro clases de personas

Allí meditamos; no tuve ninguna experiencia. Luego, en círculo, nos tomamos de las manos para realizar una cadena de ayuda al planeta. Sixto dirigió una irradiación a toda América. Lo hacíamos con mucha voluntad, cuando Sixto cayó al suelo. Los que estaban junto a él dejaron la cadena y lo atendieron, los demás continuamos pero uno tras otro también caían. No me podía imaginar qué es lo que ocurría. Tratamos de que no cayesen pesadamente, los acomodamos y por primera vez apliqué una imposición de manos al igual que los demás. Sentí que de mi mano salía bastante energía mientras oraba, luego hicimos descansar a todos los que se habían caído.

Pasado el mal momento, Sixto nos contó emocionado, que al igual que en las pampas de Nazca, había realizado un viaje astral guiado por un ser vestido de blanco, que, en lo alto de un cerro mirándole a los ojos, le dijo:

«Hay cuatro clases de personas frente al camino espiritual. Los primeros son los que aún no han despertado a la necesidad de beber el agua del manantial de la vida. Aquellos aún no tienen sed del agua viva, del único agua que podría saciar todas sus necesidades; estas personas viven en el mundo y para el mundo, aman esa cárcel dorada que se han creado y que el sistema les asigna como cuota frente a su voluntaria inconsciencia. Estas personas tienen un dios y muchos dioses, creados a su imagen y a la medida de sus necesidades. No tienen más necesidad que de su fuerza para sobrevivir, como aves rapaces en la jungla de la civilización o como roedores que escarban entre las sobras de los reyes de este mundo. Evadirán una y mil veces la responsabilidad de descubrirse como seres humanos para no tener que apartarse del fango de sus bajos instintos en los que se revuelcan como cerdos cebados que algún día irán al matadero. Estos primeros, atados al plano, repetirán en otros mundos el ciclo que no supieron aprovechar por haber rechazado la oportunidad que este les brindó para definirse.

Hay un segundo grupo de personas que ya despertó a la necesidad de encarnar su camino espiritual, pero están tan oprimidos por el sistema y por sus bajas pasiones, por aquellas manifestaciones del ego que les impiden tomar su propio compromiso de realizarse, que se limitan a cuestionar a otros sin comprometerse ellos. Son aquellos que buscan a alguien que pueda garantizarles un desarrollo seguro, sin riesgo alguno; son los seguidores de mil y un grupos, pero son incapaces de sacrificar nada. Si hay alguien que esté dispuesto a vivir y morir por ellos, a ese lo seguirán y hasta lo ayudarán a morir. Estos están caminando en círculo porque aún no han desarrollado la capacidad de encarar sus errores, de aceptarlos y menos aún de superarlos; no saben perdonar, pues tendrían que empezar por ellos mismos y darse una oportunidad.

Este grupo de personas busca todavía colmar sus deseos, a los que falsamente denominan vivir el Amor.

El tercer grupo es el que conforman aquellos que continuamente se equivocan, aquellos que tropiezan por tomar iniciativas y por plantearse seriamente con prioridad un camino de decisiones, buscando en una u otra forma sinceramente la luz, pero allí donde se puede hallar, dentro de uno y en relación con el prójimo.

Este tercer grupo insiste tercamente una y otra vez, levantándose por encima de sus desalientos, porque ya ha desarrollado la capacidad de perdonar. Son estos los que a golpes aprendieron a aceptar y amar a cada cual, tal como es. Este tercer grupo posee una gran virtud y es la perseverancia, porque en la aventura espiritual solo está garantizado el triunfo del que llegue hasta el final. Hay aún mucha oscuridad y uno tendrá que golpearse mucho antes de que pueda andar definitivamente en la luz. Estas personas ya empezaron a morir a sí mismas, pues son conscientes de su tarea de abrir camino con el ejemplo.

El cuarto grupo es aquel que forman aquellos que murieron a sí mismos por el Amor; aquellos que crucificaron el egoísmo y negaron su vinculación con el mundo y el imperio de los sentidos. Solo cuando nuestro Amor sea más grande que nuestro apego a la vida aprenderemos a vivir plenamente y ya no necesitaremos pedir del agua viva, pues seremos como manantiales inagotables de una belleza sin igual...[15]»

15 Extraído del libro *Los Guías extraterrestres y la Misión RAMA*.

Para mí, esta era la iniciación cósmica que habían señalado nuestros Guías. Lo que manifestaban los demás era que habían visto seres de negro que fueron reemplazados por seres de luz; le daban la interpretación de muerte y nacimiento, recordando el pesebre de Belén y la tumba de Jerusalén. Claro que estábamos en un pesebre para el nacimiento y las piedras grandes parecían un mausoleo. Solo cuando los otros contaban sus visiones y experiencias pude percatarme de estos detalles. Yo solo estaba vibrando en tercera dimensión y desde allí solo podía apoyar y escuchar. Después se recibió la siguiente:

Comunicación: 17-8-1981. Hora: 20.46 h. Altura de Huarochirí:

«Sí, hermanos, somos vuestros Guías Oxalc y demás hermanos y hermanas.

Sí, soy Oxalc:

Todo tiene su tiempo. Hay un tiempo en que la semilla tiene que dar una plantita para que esta planta crezca, dé sus ramas y llegue el día en que dé su fruto.

Se escribió bastante sobre la historia de RAMA, La Humanidad entera estuvo pendiente de todo. Esto fue después de la gran destrucción de hace más de 6.000 años en que la raza humana quiso empezar a construir una nueva Humanidad, los pueblos se formaron, las naciones establecieron sus normas, sus leyes, sus códigos. Cinco continentes con sus respectivos habitantes trataron de establecerse, donde cada uno de vosotros tuvo oportunidad de vencer todo lo negativo y enrumbar caminos nuevos, se formaron muchas culturas. Pero al comienzo vuestro Padre (Dios) quiso que no sufrierais tanto.

Es así que, desde milenios de años, vuestros hermanos mayores estuvieron pendientes de vosotros, observándoos de cerca, y en esta última etapa de estos 6.000 años se trató de intensificar la ayuda a través de seres de distintos pla-

netas que vinieron. Y allí empezó a construirse el plan para estos años, contados desde la última destrucción.

La Gran Hermandad Blanca, a través de los veinticuatro ancianos, empezó a coordinar conjuntamente con todos los mentores. Desde entonces empezaron las misiones más grandes hechas por el hombre, misiones conjuntas, y las culturas no solo fueron de hombres de tercer plano; también fueron culturas de hermanos superiores de diferentes planetas. Al comienzo nos llamaron semidioses, ídolos, hijos de Dios, pues cayeron en confusión. Pero eso no importó tanto porque se logró lo indispensable para que vosotros aprendierais a caminar. Sí, realmente hace 4.200 años aproximadamente se empezó a buscar a los integrantes que fueron llegando poco a poco, cuando la sede de los veinticuatro ancianos ya estaba en Júpiter, en el satélite Morlen. La Tierra perteneció a Júpiter, no como satélite, ni tampoco como llamáis vosotros a algo de propiedad, sino que el planeta Júpiter tenía la obligación de velar por la Tierra. Los seres de Venus empezaron a ayudar para entonces; el gran Amor de muchos hizo que este plan continuase.

Después de la venida de Jesús El Cristo se intensificó esta labor de preparación del grupo al que dieron el nombre RAMA, un grupo que tenía su parte al igual que tantos otros. Se empezó a llevar a la práctica en años posteriores a la muerte de Jesús El Cristo. La Misión al comienzo fue buscar el equilibrio; posteriormente se les fue poco a poco revelando en todos los sentidos. Mientras la Tierra iba cambiando, La Humanidad entera perdía cada vez más su interés en llegar al Padre, pues el libre albedrío las consumió. Allí aparecieron lo que llamarían los falsos profetas. En esos años aparecieron más religiones que en una u otra forma fueron creadas para un fin divino. Todas ellas conducían a un solo lugar, todas ellas buscaban el Amor. Los hombres quisieron hacer de él un arma punzante para el enemigo, quisieron hacer de él tablas de salvación, quisieron hacer de él el dominio hacia sus semejantes. Utilizaron la religión para hacer daño, utilizaron la religión para pecar, y cada vez la religión pasaba a un estado pasivo pues sus fieles no continuaban lo que se les indicaba. Esas religiones dieron fruto a muchas religiones más y llegó el momento en que la religión se comportaría como ley de muerte.

A vuestro Padre jamás le gustó todo esto, pero a pesar de todo la Hermandad Blanca continuó con sus planes; los seres evolucionados con su fe, gracias a su ayuda; los pequeños hombres gracias a las religiones regresaron hacia el Padre; ayudando a sus hermanos se definió la Humanidad. Mientras tanto la Hermandad Blanca escogía a las personas que cumplirían en esta última etapa su función; se trató de prepararlos en el campo astral, hubo un momento en sus reencarnaciones en que se les hizo ver parte de la luz y allí empezó lo que ustedes llamaron «compromiso asumido». Se respetó el libre albedrío de cada uno de vosotros, fueron 144 seres distintos. Representaban civilizaciones distintas como si fuesen mundos distintos, pero todos habitaron en la Tierra.

Los días pasaron hasta que llegó el momento en que tenían que dar el paso definitivo. Se trató en la formación interior de cada uno de sus integrantes, se continuaron las fases para que cada uno viviese, recordase y actuase en cada una de ellos.

Se dieron los momentos, lo que se llamaría posteriormente los «Siete Sellos», se empezaron a vivir los años físicos.

A partir de 1974 empezaron a llegar, desfilaron varios, se les dio oportunidad a todos, muchos no quisieron reconocer pero pocos asumieron la responsabilidad, se trató de someterlos a prueba, muchos pasaron y se volvieron fuertes, fueron descifrando las cuentas, se les preparó en los tres campos y allí se cumplió la primera fase del llamado. Se trató de hacerles vivir experiencias a todos por igual y a todos tal cual lo merecían.

Cada vez la Misión se hacía incomprensible pues se trató de que llegasen los hombres decididos, y así muchos de vosotros empezasteis a reconocer, a dar lo mejor de vosotros, a dar lo mejor de cada uno, hasta que se os dijo que tendríais que cumplir vuestra misión. Se os dieron misiones específicas, se os sugirieron tareas específicas y se os habló de los Siete Puntos. Pasaron los días y, gracias a sus integrantes, las misiones y la Humanidad entera caminó.

Se os dio la oportunidad de que llegaseis al final, se os dio la oportunidad de que actuaseis como sentíais y se os ofreció, y todo llevó hasta donde estamos ahora. Hermanos, ha sido una reseña simplemente. Continuaremos...».

Escuchamos atentamente esta narración. Al fin vi contento a Sixto, que nos contagió a todos. Nos decía que todo se había dado como debía darse, que las vivencias eran a nivel espiritual y que teníamos que compartirlo con nuestros hermanos que estaban ansiosos de unirse a nuestras experiencias. Así, cerca de las diez de la noche bajamos a unirnos con el grupo de apoyo, que en vez de preguntarnos, nos abrazó, nos felicitó. Había un sentimiento que no se puede explicar con palabras; habíamos cumplido humildemente el encargo de realizar estos viajes sin comprender su porqué, tal vez más adelante lo entenderíamos. No existía el tiempo, no había frío, nadie estaba cansado pese a estar en ayunas. Todo era paz y tranquilidad, cuando Ronald, con su acostumbrado «¡Allá va uno!», nos hizo mirar hacia arriba: una nave con luces de todos los colores había pasado silenciosamente sobre nosotros a baja altura y estaba encima de las cuevas. Esto confirmaba todo, era un apoyo contundente.

Hasta altas horas de la noche Sixto explicaba, contaba sin cansarse a quienes querían saber de sus propios labios las experiencias de su viaje astral. Esto continuó al día siguiente y los demás días que estuve con él; era admirable escuchar contar de forma casi idéntica las dos experiencias, que de tanto escuchar ya me sabía hasta de memoria. ¡Qué capacidad de retención y desprendimiento repetirlas a cuantos hermanos le preguntaban! «Pero, ¿en cuál de las cuatro clases de personas frente al camino espiritual encajo?» me preguntaba yo al escuchar hablar a Sixto.

«Exceptuando eso de seguir a mil y un grupos, exactamente encajo en el segundo grupo», me respondía. Era el mes de agosto de 1981. Me hubiera gustado pertenecer al tercer o cuarto grupo, pero me faltaba mucho, mucho. Estaba tan lejos para mí, por no decir que era algo imposible. ¿Se podría lograr? Algún día tal vez, eso era un amargo consuelo.

El periodo del 29 de julio hasta el 18 de agosto de 1981 se concretó en veintiún días de viaje; lo culminamos también veintiuna personas. Habíamos dado cumplimiento a comunicaciones iniciales; sin duda fue un revés muy duro para los que tenían grandes expectativas y desde luego se sentían merecedores de todo ello. Según mi entendimiento de entonces tenían razón, pero las cosas se habían dispuesto así. Los veintidós fuimos representando a todos, representando a la Humanidad, decían los Guías, algo incomprensible para personas como yo, pero que en todo caso íbamos con voluntad de cumplir, de dar lo mejor de nuestra parte.

A los que me preguntaban les conté lo que me correspondió pasar.

El Consejo de Tierra de entonces coordinó bien los trabajos, pusieron todo de su parte. Durante los viajes estuvieron juntos; así debía ser. Después se separaron y ese consejo acabó. La prueba había sido dura, muy dura; hubo deserción en los grupos.

1982 transcurrió para mí recordando y analizando todo el viaje. Por mis limitaciones de entendimiento espiritual, solo me parecía «bonito» pero me cuestionaba. «No creo que los Guías hayan hecho un esfuerzo tan grande sin sentido. Tiene que haber algo», me decía.

Imagen 3: el autor y el contactado Sixto Paz Wells en las alturas de Huarochirí (agosto 1981).

Capítulo 3
22 de enero de 1983, una salida en el Paraíso

El estructurar la Misión en sus bases comprendía hallar claramente sus necesidades; accionar RAMA sería para muchos su clave esperada, y para otros que no lo supiesen ver, una pared en su camino.

Historia de RAMA, por el Guía Oxalc

Recién unido a mi esposa, acudimos a una invitación de los grupos de Lima. Llegamos a un lugar llamado Paraíso. Allí nos volvimos a encontrar siete hermanos de los veintidós que habíamos participado en el viaje de 1981. Es indescriptible todo lo que nos tocó vivir en aquella salida de reencuentro; hubo experiencias muy bonitas, en las que nuestros Guías se manifestaron y más cuando al mediodía se tenían una serie de preguntas. Los Guías escogieron a los «antenas», un total de ocho, y a través de ellos contestaron a más de veintisiete preguntas que se plantearon, para nosotros importantes por aquel entonces. Las respuestas generaron más preguntas que fueron contestadas los días 23 y 24 de enero. Las preguntas relacionadas con el viaje de 1981 no podían faltar y estas son algunas de las respuestas:

Pregunta: Relación de los veintidós con los grupos de veinticuatro que reciben el Libro de los de las Vestiduras Blancas.

Respuesta: *«Con respecto a la relación de integrantes del grupo de los veintidós con los que recibirán el Libro de los de las Vestiduras Blancas, realmente no interesa saber quiénes fueron, ya que no todos están presentes. Lo que sí podemos manifestaros es que nos alegra que de los veinticuatro que debieron estar en esa fecha de los viajes, la tercera parte se encuentre reunida en este día...»*.

Pregunta: ¿Qué pasó en Anathot (Sillarhuasi), la famosa hacienda?

Respuesta: *«En Anathot obró la Cuarta Dimensión. Fuisteis separados en el tiempo de tal forma que estabais solos, pues vibrabais más rápido que todo lo demás. Por ello de ida no os percatasteis de lo que realmente existía, pero ya de regreso bajasteis vuestra vibración y captasteis lo denso y material que siempre estuvo allí, pero que tampoco lo podíais ver a la ida. Solo la gente sencilla y los animales, que son muy sensibles, se dieron cuenta de vuestra presencia pero ellos os olían y no os podían ver. ¿Es que acaso no recordáis cómo huían al acercaros vosotros?»*

Pregunta: Interpretación del sentido de los viajes a los cinco puntos. ¿Por qué veintidós a dos lugares y veintiuno a tres lugares?

Respuesta 1: *«Los viajes tendrán que colocaros en los lugares donde tiempo atrás en el mundo astral fuisteis reunidos para conocer la gran labor y Misión que os liga a los Registros. El primer lugar (Sillarhuasi) tenía que afirmar y fortalecer vuestra voluntad y fe, venciéndoos a vosotros mismos. El otro lugar (Huarochirí) debía despertar el deseo y la necesidad de sensibilizaros al máximo para apreciar el estímulo sutil que os exige ser conscientes de los detalles. El viaje a Marcahuasi os quiso mostrar que las paredes de roca están los símbolos que hoy día recibís. Y que miles de años guardaron su información y conocimiento para este momento. Cerca estáis de descifrarlos, porque el asunto no es familiarizarse con ellos, sino llegar a identificarlos como la clave del momento. En Ica recordasteis lo importante que es vuestra preparación completa y que esto ya estaba fijado y previsto desde antes, así como el lugar que captasteis bien, pues os llamaba a trabajar en él como un día os pedirá reencontraros en él. Finalmente, la experiencia de Huarochirí fue vuestro intento en nombre del grupo de entrar de lleno a ver la dimensión del paso hacia los registros y las experiencias definitivas del hilado.*

Fueron veintidós porque solo ese número podrá ser cumplido en la Tierra cuando llegue el tiempo del cambio. No os desaniméis, que todo obedece a la imperfección del medio que os rodea. Cuando todo se cumpla, esos veintidós serán reunidos y algunos no serán los mismos: dos completarán para recepcionar y serán los que se aguardaban.

Veintidós es la clave de dos lugares; veintidós más dos es igual a veinticuatro; veintiún más tres lugares es igual a veinticuatro.

Veintidós significa los regidores del destino. En tales lugares estuvisteis sujetos a contratiempos que, a pesar de estorbaros, os enseñaban el camino. Los veintiuno estabais ligados a los tres últimos lugares porque allí el destino cada cual lo habría de construir. Los lugares formaban parte del equipo de trabajo.

Era tan simple como aceptar y tan difícil como llegar, por ello fuisteis y nunca estuvisteis más cerca que en aquel momento. Ahora la prueba continúa y esta sí es seria. Consiste en aguardar y prepararse sin más estímulo que ver como, alrededor nuestro, todo se cumple movido por los hilos de artesanos de la Confederación. Sampiac».

Respuesta 2: *22+2=24*
21+3=24
43+5=48
48:2=24

Estas respuestas aliviaron la sensación de intranquilidad que tenía de los viajes; todo estaba calculado por nuestros Hermanos Mayores. Pero aún quedaban muchas cosas por aclarar, interpretar y de las que sacar conclusiones. Eran matemáticas.

En ese lugar llamado Paraíso, nuestros Guías nos dieron mucho material para analizar y compartir. Esa salida de reencuentro me alentó a la preparación. Tenía que seguir preparándome.

RAMA Centro

1983 y 1984 fueron el momento de RAMA Centro. Con nuestras limitaciones dimos lo mejor y la comunicación para nosotros llegó:

Comunicación del 18-2-1984:

Pregunta: ¿Cómo definen ustedes a un hermano ya preparado?

Respuesta: *«En estos momentos no hay un hermano preparado; están en camino hacia el Supremo. Ya os dijimos que el camino es estrecho. Muchísimo cuidado al mirar atrás que el tiempo es corto. Avanzad y olvidaos de la elevación, que llegará a su tiempo. Anitac».*

Comunicación del 30-3-1984:

«La esperanza es el gozo de aquellos que labran su porvenir pensando en las distancias interminables del trabajo RAMA.

Pocas son las horas en que el mundo se verá ya colmado de paciencia y Amor. Mañana pudiera ser el día más bonito, pero pasado horripilante. Por lo tanto, no os quedéis a contemplar a la gente de paso.

Seguid buscando lo que es menester; pudiera ser que en el momento dado encontréis con razón, más Amor y más confianza de aquellos que han de ayudaros.

Suyo es el camino, suya la solución y el Amor es de todos.

Sed listos en las horas postreras cuanto todo y nada tuviereis que hacer. Anitac».

El 1 de septiembre de 1984 nos llevaron a un lugar que no conocíamos en Jauja (en la región de Junín en Perú). Se lo resumo pidiéndoles que se imaginen una fotografía tomada desde una nave, para que se hagan una idea del camino que recorrimos. Duró tres horas de constante ascenso en ayuno silente. Se presentaba para mí muy especial, místico, de una hermosura incomparable. Recordé entonces que había leído una comunicación que decía que la Tierra era uno de los planetas más hermosos.

Todo ese lugar se encontraba cubierto de una energía azul violeta que le daba un aspecto impresionante, indescriptible; cada vez más alto y a más altura, más profundo se hacía el abismo. Al pie del cerro corría agua limpia y con el sol de ese momento parecía un hilo largo de metal brillante. Mis pies empezaron a flaquear; me sentía caer sin poder explicarme qué me pasaba. En silencio me daba valor para no alarmar a Teófila, mi esposa, que sentía alegría en esa salida y siempre iba delante. Nos acercábamos a una mina abandonada; eso explicaría la flaqueza de mis pies. En un momento resbalé y estuve a punto de caer al abismo. Al dar una curva un viento fuerte me hizo perder el equilibrio. Empleando mis fuerzas me salvé nuevamente de caer. ¿Y si de verdad caía? Pues caería al abismo profundo y sería hombre muerto.

Llegamos a una choza de pastores. Estaba deshabitada. Allí trabajamos y se recibió una comunicación donde el hermano mayor Kulba nos decía *«...el camino emprendido es y será pesado. Meditad en el camino venido hasta este lugar, meditad si es que caéis a esos abismos»*.

Medité sobre lo que nos decía Kulba trasladando la experiencia física al camino espiritual. El abismo se presentaba más profundo cuanto más ascendíamos, y si caíamos éramos hombres muertos, muertos espiritualmente. ¿Qué podría hacer? Allí recordé haber leído una comunicación al respecto.

Comunicación del 26-12-1979:

Pregunta: ¿De qué forma un hermano RAMA muerto puede ayudar a los demás?

Respuesta: *«Cada uno se puede ayudar en vida ayudando a los demás. Ya muertos sabed que la ayuda ya no es de este mundo físico; tal vez su ayuda será tomar y llevar a cabo la misión que la Divina Conciencia solo da cuando se cumple con los planes cósmicos. En la muerte todavía no hay misión. Por tanto, todavía no podéis ayudar a aquellos hermanos muertos hasta que tengáis una nueva misión y sepáis valorar y llevar a cabo, que dentro de ellos está para esa vida dada. Rosinac»*.

1985. Se repite el año semiótico

En enero de 1985 sentía la necesidad y a la vez intuía que debíamos reunirnos, por lo menos la gente de todo el Perú. Así lo habían señalado los Guías desde abril. Ese año, también año semiótico, se señalaba para agosto una reunión en Arequipa para sellar la recepción de lo más importante del Libro de las Vestiduras Blancas y que ya había empezado a recibirse en los viajes de agosto de 1981. Nuestros Guías especificaron los nombres de los participantes al viaje, lista en la cual yo no estaba incluido, aunque era posible que en la primera salida pudiera participar como apoyo.

El 10 de agosto de 1985 grande fue mi desilusión al no encontrar en Lima a los hermanos de RAMA Centro que habían sido designados por los Guías; también al comprobar la ausencia de la mayoría de hermanos que participaron en el grupo de apoyo de 1981. Desde luego estaban algunos, pero yo me encontraba nuevo entre todos, dispuesto a compartir mi experiencia y a comprender que esa Misión de Amor era para los humildes y sinceros de corazón y a los que les nacía de dentro entregarse a los demás.

Sisicaya

El grupo de Lima llevó adelante la organización. Por propia experiencia de los viajes de 1981 sabía que uno debe dejarse guiar y estar predispuesto a las experiencias sutiles, así nuestra fuerza de voluntad se impondría a los desánimos y pesimismos.

Llegado antes del mediodía al lugar, en la primera meditación a mi mente vinieron tres imágenes. Al cotejar las experiencias con los demás, las suyas distaban mucho de ellas y pensé que tal vez no me encontraba en igual frecuencia vibratoria. El calor abrasador de la una de la tarde menguaba nuestra fuerza física por el ayuno estricto que nos habíamos impuesto. El grupo designado por los Guías anunció la partida con la debida anticipación. Los que nos quedamos entramos en meditación de apoyo. De pronto me vi cerca de un río cristalino con cuya agua me refrescaba la cara, la cabeza; sentía como si lo estuviera haciendo físicamente. En ese momento el roce de una mano me sacó de la meditación; era el hermano Sixto Paz, que en voz baja me dijo:

–Vamos. –Sin vacilar tomé mis cosas y lo seguí. Caminé buen trecho cabizbajo y en silencio, preguntándome qué se esperaba de mí pues los designados eran otros y no habían llegado. Éramos once hermanos. Seguíamos el derrotero intercambiando nuestras inquietudes. De repente me encontré comprobando la primera imagen de mi visión, sin saber que estaría entre los designados; las imágenes se me habían adelantado. Seguimos caminando cuando a mitad del recorrido, según calculé, enfrente nuestro en las rocas estaba verificando la segunda imagen. «Entonces ¿debía estar aquí?» me pregunté. Tras una meditación la mayoría había intuido que aún faltaba mucho para llegar al lugar y cuando lo hicimos comprobé la tercera imagen. Las tres imágenes visualizadas en la mañana me daban seguridad de que debía estar allí sin buscarlo, solo dejándome guiar.

La tarde la empleamos en trabajos de concentración, meditación, visión de auras, viajes astrales, retroceso reencarnativo, todo dirigido por Sixto; jamás pensé que podría ver el aura de una persona, pero allí comprobé que sí es posible y lo mismo ver las vidas pasadas de otros. Manteniendo la mirada en el entrecejo del hermano Luis del Salvador vi algunas de sus vidas pasadas. Al comentarlo con él coincidía con lo que había descubierto por sí mismo; realmente increíble.

Vale la pena hacer un comentario respecto de las experiencias. Con perseverancia es posible lograr experiencias sutiles a las que muchos como yo no habíamos dado la importancia debida. En este nivel cada persona logrará descubrirse a sí misma. Las prácticas constantes de respiración, relajación, concentración y meditación son la garantía de nuestro avance. Sinceramente para esa salida yo no había tenido constancia y por eso tuve muy pocas experiencias.

Cuan grande será la misión de nuestros Guías que con paciencia soportan algunas indisciplinas nuestras mientras tratan de mostrarnos por distintos medios la grandeza divina. Allí, en ese lugar llamado Sisicaya (que se encuentra entre Marcahuasi y Huarochirí, según nuestros Guías) pude percibir claramente una vez más, tanto física como espiritualmente, la energía violeta con tanta intensidad que, cuando respiraba, sentía que hacía vibrar todas las células de mi cuerpo y mente. Sentía una gran alegría y satisfacción, pensando que por mi intermedio mucha gente, así como hermanos, también estarían viviendo la experiencia. La energía violeta era clara a los ojos y se sentía, traía mucha paz cuando nuestro organismo entraba en purificación, empezando a vibrar, vibrar, vibrar en Amor.

Esto hizo que la vibración fuera un tanto uniforme entre todos y que pudiéramos vivir experiencias. En la meditación vi, como desde de la altura del cerro, innumerables esferas de luz del tamaño de balones de fútbol que bajaban en línea recta y al estar cerca de nosotros en completo orden y alternadamente se dirigían a uno y otro lado. En se momento no sabía de qué se trataba; abrí los ojos y allí estaban, iguales a cómo las estaba visualizando.

El Maestro Jesús

Los otros hermanos tuvieron experiencias más claras. Las narraban satisfechos y con convicción manifiesta. También habían visto las esferas de luz. Pero la experiencia mayor la vivió el hermano Sixto. Nos explicó que a esas esferas de luz se las conoce como «caneplas» y que son sincronizadores magnéticos, llamados también «ojos de gato», como cámaras de televisión controladas a distancia y que son soltadas por las naves extraterrestres que se encuentran relativamente cerca. Después nos habló de su encuentro con el Maestro Jesús El Cristo. Con su alegría característica nos dijo que pudo hacerle algunas preguntas. Sixto lo relató así:

«En la meditación, de repente me sorprendí con su presencia y aproveché para preguntarle cómo era el Padre o qué era el Padre Dios.

Y el Maestro me respondió diciendo que él (Jesús) era el punto de referencia para la Humanidad que trataba de comprender a Dios, que él era una manifestación de Dios dentro de un mundo ilusorio (un mundo de Tercera Dimensión como el nuestro).

A su vez El Maestro me preguntó si creía en él como Cristo, que era Uno con el Padre, a lo que respondí:

'Sí, creo en ti, en lo que me dices, creo por tu intermedio en el Padre, en su inmensidad y su grandeza'.

Y, Jesús el Maestro, me afirmó que: 'El Padre y yo creemos en ti'. Luego se alejó sin darme la oportunidad de reaccionar por estar tan asombrado».

El 11 de agosto de 1985, cuando amaneció, totalmente felices nosotros y los hermanos del grupo de apoyo nos dimos un abrazo fraterno y antes de regresar se recibieron comunicaciones que confirmaban todo lo vivido. Dijeron que *«irán a Pozo Santo los que de esta salida sientan completar su trabajo y apoyar estas realizaciones»*. Decían también *«que las hermanitas esposas de los hermanos deberán sentir acerca de su presencia en Pozo Santo y estar allí con sus esposos solo si comprenden la naturaleza del Plan»*. Agregaban que *«el tiempo ha dejado de ser tiempo para ser conciencia crística»*.

Estas experiencias las compartí a la vuelta con los hermanos de los grupos y con mi esposa Teófila y, gracias a su comprensión y dedicación, pude elevar la vibración requerida. Mi alimentación fue dietética y hacía meditación por la mañana, mediodía y por la tarde. Teófila sintió la necesidad de apoyarme y juntos viajamos para estar presentes en Pozo Santo.

El abrazo de Sampiac y la nave en Pozo Santo

El 17 de agosto de 1985, ya en Pozo Santo (en el desierto de Ica) sentí otra vibración. Mi emoción creció al encontrarnos con los hermanos de El Salvador con quienes habíamos compartido experiencias en 1981. Nos quedamos mudos en medio de desierto al juntarnos en un abrazo. Éramos una familia grande compuesta por hermanos venidos de distintos lugares con ánimo de sentir y vivir lo que cada uno se había propuesto en el fondo de su ser. Por mi parte no tenía ninguna idea preconcebida, sino que esperaba que los acontecimientos se dieran como debían darse. Iba aprendiendo y experimentando que para hacer una buena relajación era necesario hacer antes una buena respiración, y no podía concentrarme bien si no lograba una buena relajación en un estado totalmente cómodo. Descubrí que mientras no estuviera cómodo, jamás haría una meditación correcta.

Así, para apoyar la recepción de comunicación me senté cómodamente y empecé a respirar. Me iba relajando. Sentí vibrar mi cuerpo y elevé mi pensamiento a Dios con una oración mental pidiéndole que a través de la comunicación nos aclararan más ese camino de Amor. No pensaba ni esperaba otra experiencia; solo tenía intenciones de apoyar la recepción y oraba; sin buscarlo, Teófila y yo nos habíamos sentado en la última fila de los círculos dando al este.

Grande fue mi sorpresa al sentir y comprobar que alguien nos cuidaba a todos. Caminaba a nuestro alrededor tan amorosa y sutilmente que pensé que algún hermano del grupo lo hacía. Se detuvo detrás de mí; contuve la respiración. Cuando su mano derecha se posó sobre mi hombro izquierdo por mi cuerpo corrió como una electricidad muy agradable; un Guía estaba parado detrás de mí. Lo intuía o no sé cómo pero en ese momento sabía que era Sampiac; lo sabía, todo fue muy rápido. Se iba, dejándome con tremendo deseo de poder decirle algo. Entonces protesté: ¿así se iba, tan poco merecía de él? En esa incertidumbre, cuan vehemente sería mi reclamación que por respuesta recibí un abrazo tan suave y cariñoso que sentí sus brazos estrujarme con amor; no era físico.

Todo fue muy rápido. Este acto sin lenguaje me había contentado todo, absolutamente todo lo que anhelaba en la vida hasta entonces; sentía que era mucho premio sin merecerlo, nunca lo pensé ni lo busqué. Se me quedó un interrogante: ¿por qué? ¿Por qué a mí? El momento sublime me emocionó tanto que no pude aguantar y lloré; en medio de ese llanto mi esposa se dio cuenta y me preguntó qué me pasaba. Al enterarse me dio valor para seguir. ¿Hasta dónde? ¿Cómo? Gran misterio para un ser humano con sus limitaciones, pero yo había comprendido la realidad palpable de nuestros Hermanos Mayores y el porqué de las experiencias sutiles y no físicas. Sampiac me dejó una huella imborrable.

Ahí, para mí había terminado la salida y también los viajes. Aquello lo viví tan intensamente que lo único que deseaba era colaborar y ayudar a mi esposa y a los demás hermanos a que también tuvieran sus propias experiencias. Teófila lo estaba viviendo; he aquí su relato:

«En el preciso instante en que Francisco vivía su experiencia yo había abierto mis ojos sin saber por qué y vi que, como a 800 metros del grupo, había una luz extraña. De inmediato lo relacioné con que un hermano estaría caminando por allí con una linterna, cuando me percaté de que la luz era como una ventana grande y que cambiaba de color; allí vi moverse a varias personas. Asimismo otra luz tenía su origen en la parte inferior; pude comprobarlo luego en la recepción de los cristales de cesio cuando miraba al lado oeste y absorta contemplé que una nave física se encontraba al frente, cerca del cerro, donde veía las luces anteriores de colores. Dentro de la luz caminaban personas altas; la

nave lentamente bajaba y subía. Ahora sabía que los Hermanos Mayores nos estaban apoyando tan cerca; cerré mis ojos a la orden del instructor para recepcionar mis cristales. Pasado el tiempo rememoro y me digo: no hubieses cerrado los ojos para ver mucho más».

Sí, yo también vi la nave, igual que lo describe Teófila, y cuando me lo contó, solo me quedaba agradecer esta experiencia. Alegre les contaba a todos los hermanos nuestras experiencias, comprobando que todos habían vivido muchas cosas hermosas. Luego vendrían las comunicaciones:

Comunicación: 17-8-1985 19.25 h. Pozo Santo-Ica-Perú:

«Hermanos de provincias: venís del corazón de Perú a través de muchas pruebas para algunos y de puertas abiertas para otros. Esto no indica merecimiento o calidad, pues cada uno de vosotros os debéis ver en verdad como sois. No os juzgamos, sino que nuestro Amor es para todos, pero ya es momento de que aumentéis la fe. Venís del norte, oriente, centro y sur, y ahora vibraréis en conjunto llevando la verdad sobre experiencias sutiles que algunos menospreciabais y que queríais ver confirmadas con naves; las vivencias tan cercanas, de muchos lugares os hacen ver lo útiles y necesarios que sois todos, hermanos de RAMA. Ahora llevad esa luz a vuestros lugares y, como dijimos antes, os reafirmamos. Estamos con vosotros; aunque no recibís mensajes por no tener antenas, creéis y vibráis en RAMA...»

«...Sobre la experiencia del hermano Francisco, hermano amado, la humildad y la fe que tienes son la invitación que nosotros te hacemos para estar presente en Arequipa; sabrás pronto el por qué. El abrazo de Amor de tus hermanos Guías es para ti y para todos tus hermanos del centro, que, aunque pocos, luchan por vibrar en la Misión. A ti y a ellos nuestro Amor... »

«Las experiencias de todos los hermanos que se han dado cita serán contundentes para unos y sutiles para otros; cada uno de vosotros sabéis el por qué, no os engañáis a vosotros mismos. Cada experiencia no es igual para todos, sino la que cada uno necesita o merecía... Sampiac, Rosinac, Sordaz y demás hermanos Guías, en compañía y coordinación de nuestro amado hermano Oxalc».

El 24 de agosto de 1985 en Arequipa concluían los viajes. Debo decir que 1985 fue para mí el año que más símbolos se recibieron. Asimismo se recibió mucha información, donde nos recalcaban que estábamos representando a muchos y a la Humanidad. Asimismo el maestro Joaquín, nos dejó su mensaje:

El final es el origen.
El camino fue al principio
siempre difícil, purificador
cuan cerca y cuan lejos.
El Amor único medio
Amor es humildad sincera,
comprensión misericordiosa,
corrección justa, señal de victoria.
El Amor es la única puerta de entrada
sin el cual se esta fuera y jamás dentro
Solo el Amor salvará a la Humanidad.
Vosotros lo sabéis.

Joaquín

1986, año de grandes acontecimientos para la Humanidad y la Misión RAMA

Del miércoles 22 al domingo 26 enero de 1986 se realizó la I Convención Nacional, celebrando el XII Aniversario, con un resultado exitoso gracias a la organización y coordinación del nuevo Consejo de Tierra, donde no faltaron las experiencias con los Guías.

El 28 de enero de 1986, la Humanidad entera fue testigo del estallido del Challenger, que no duró más de un minuto en el aire, en el que viajaban siete tripulantes; meses después supimos que el Challenger se destruyó solo y que sus tripulantes estaban vivos.

La nueva visita del cometa Halley (del 6 febrero al 12 de abril de 1986) fue otro acontecimiento importante del año; como se sabía que durante su último paso en 1910 su manifestación causó pánico, aparecieron muchos agoreros diciendo que sería el fin del mundo pues se creía que chocaría con nuestro planeta.

Para la Misión RAMA el 18 de abril de 1986 sería un acontecimiento especial pues Sixto fue invitado y abducido físicamente por una nave en el desierto de Chilca, en donde Oxalc personalmente le aclaró muchas cosas, entre ellas la explicación del significado de los viajes de agosto de 1981, que durante tantos años no lográbamos entender. En aquel tiempo nos habían pedido humildad y entrega con fe sincera. Pero vayamos a lo que Sixto explica en su libro *Contacto interdimensional:*

«...Me percaté de que Oxalc hacía buen rato que no apartaba su vista del cuaderno de los símbolos que yo llevaba bajo el brazo, el cual había cargado conmigo precisamente a petición de los mensajes. Reaccioné tomando el cuaderno y acercándoselo para ver si quería revisarlo, pero en cuanto hice esto, inmediatamente el Guía se hizo

a un lado. Apareció entonces uno de aquellos seres que lo acompañaban vestido con una malla similar. Pero este era más pequeño, como de 1,60 metros, muy delgado y pálido. Su rostro era ovalado con pequeños ojos alargados de forma horizontal, con dos orificios por nariz y el lado superior cubriendo el inferior, dando la impresión de no tener boca. Todo él parecía un monigote dibujado por un niño.

El ser que entró en la habitación portaba entre sus manos unas grandes láminas rectangulares a modo de gran libro con grandes anillos a un lado.

Oxalc me explicó que yo debía cotejar la exactitud de los símbolos, confrontando el cuaderno de nuestras recopilaciones de símbolos con las láminas que lucían repletas de los mismos caracteres.

Me sorprendió observar cómo el ser delgado y pálido cargaba sin mayor esfuerzo el extraño y aparentemente pesado registro de informaciones. Y, mientras lo observaba, él sacó una mano de debajo del bulto que formaban las amontonadas láminas y aprovechó para cambiar con ella, que estaba ligeramente palmeada de dedos largos, una tras otra las láminas de reluciente metal que a pesar de parecer delgadas no se doblaban.

Después verifiqué que la mayoría de los símbolos que nosotros teníamos eran una fiel reproducción de lo existente; me preocupó el hecho de que lo que guardábamos en nuestro cuaderno era nada comparado con el volumen de lo que se nos mostraba. Era como tener unas pocas páginas de una enciclopedia de varios tomos.

El Guía se apresuró a consolarme mientras el otro ser se retiraba hacia el fondo de la habitación, precisamente por el lugar por donde había aparecido. Oxalc me quiso levantar el ánimo, diciéndome que con fe y trabajo constante recibiríamos el resto.

Con el fortalecimiento de la voluntad mediante la disciplina interior, tendríamos la capacidad de recibir, entender, proteger y saber aguardar el momento de compartir, administrando sabiamente el conocimiento.

Oxalc me explicó que en aquellos textos había una parte que trataba específicamente del proceso de Misión RAMA en la historia terrestre. Señaló entonces hacia el cuaderno que con mayor cuidado que nunca seguía sujetando entre mis manos; hizo que lo abriera una vez más, y rebuscando con el dedo, señaló un grupo de símbolos recepcionados en comunicaciones del 1 de enero de 1980. Me dijo luego:

–Observa bien... Activa tus cristales para que estos símbolos despierten en tu mente el recuerdo y el sentido que tuvieron las experiencias vividas.

Mi mente se transportó al recuerdo de los viajes de agosto de 1981, que describí en mi libro anterior. Puse la atención debida a la explicación que se me estaba suministrando. Era una sucesión de imágenes en mi mente, muy nítidas, que procuraban darme el significado real de aquellos viajes. Visualicé cavernas, una en cada lugar en donde estuvimos aquel año y empecé a escuchar.

–Las puertas entre las dimensiones son halladas por quienes se sensibilizaron para ello. El poder para cerrar lo inconvenientemente abierto está en el mismo lugar donde el poder para abrir y establecer la conexión adecuada...

...Las imágenes se iban dispersando, cuando por mi mente desfilaron un grupo de números que se asociaban con los nombres de lugares a los que habíamos viajado en agosto de 1981.

–Ahora comprendo los números que señalaban el programa de los viajes a Marcahuasi, Nazca y Huarochirí –manifesté entusiasmado al producirse en mí una pequeña expansión de conciencia.

Las comunicaciones y los mensajes habían estado plagados de números como el 1, 2, 3, 3, 5, 6, 7, 8, 9, 10, 12, 22, 24, 33, 120, 144, etc., y no podían ser solo cifras caprichosas. Tenían un sentido profundo más allá de un orden.

Los números pueden llegar a ser activadores de la conciencia, verdaderas ideas-fuerza con utilidad y significación propia. Los números vienen a relacionar entidades, a identificarse como símbolos y a actuar como llaves de compuertas para contactarnos con realidades superiores y trascendentes.

En los inicios de RAMA, los mensajes decían que, para el cumplimiento de los objetivos finales de la Misión y como forma de evaluación general del nivel de conciencia adquirido que debía reflejarse en el desapego y la superación del afán de protagonismo, había que realizar unos viajes. Habría que llegar a Sillarhuasi en el Cuzco y a Huarochirí de regreso (en la sierra central de Perú) y después prepararse para el encuentro con los tres Ancianos de la Caverna, en Marcahuasi, Ica y Huarochirí.

Según las instrucciones, se habrían de conectar dos lugares, tener un encuentro en tres, llegar a cuatro sitios diferentes en cinco viajes.

El número dos representaba del enfrentamiento de la dualidad por la cual nuestro mundo está sujeto a un círculo vicioso de autodestrucción. También significaba una etapa de madurez en la que se pueden ligar los opuestos, buscando la complementación y rechazando el enfrentamiento.

En Sillarhuasi, de una manera más clara que en Huarochirí, se trabajó con la dualidad y la polaridad, abriéndose la puerta a otra dimensión, al subir la montaña y encontrarnos con otra puerta abierta por la negatividad del medio.

Con el tres llegamos a la síntesis espiritual, que es la superación del dualismo mediante la vivencia del equilibrio.

También significaba la ubicación del justo punto medio. Con el tres veíamos la aparición de la unidad restaurando el orden armónico de la dualidad.

El tres se relaciona con la caverna, depósito oculto de la sabiduría eterna que es a la vez nuestro propio interior, y se proponía también un encuentro místico con un rol comprometido en el Plan Mayor.

Serían tres lugares, tres cavernas y tres maestros, lo cual nos sugería el 333, o sea el 9, número del nacimiento.

Eran cuatro lugares a visitar, y cuatro era el símbolo de la cruz de lados iguales y a la vez símbolo de la Tierra, lugar en donde los cuatro elementos se manifiestan de una forma armónica y constructiva. El cuatro es el número de la preparación e instrucción, de la organización y de los puntos cardinales. Este número plantea la necesaria ubicación para que se pueda ingresar en la cuarta dimensión.

En los cuatro lugares a donde se había llegado había montañas que poseen contenido simbólico, por cuanto la preparación del hombre se encamina a escoger su propio clima espiritual.

El cinco tenía sentido pues representa al hombre, a la presente Humanidad y a la protección de la que podría echar mano, al darse cuenta que esta existe.

Por un lado, estábamos conectando las montañas que significaban el ascenso espiritual y el vencerse a uno mismo; por otro, estaban las cavernas que simbolizaban la interiorización y el auto-conocimiento; y luego el desierto, que hablaba de soledad y silencio.

La simbología del desierto se relacionaba con la mención bíblica de que es en el desierto donde Dios forja a sus profetas, donde los hace receptores de su revelación. También el desierto es el reino del sol y la luz, el lugar donde el fulgor solar ayuda a que uno pueda llegar a abstraerse de todo menos de la Presencia Divina.

En el desierto de Ica están las líneas de Nazca, la huella de la presencia foránea que marcó un lugar y un tiempo que ahora volvía a acoger a los contactados.

Con todos estos elementos se podía comprender que los viajes de agosto 1981 poseían un significado más que profundo. El realizarlos había supuesto cruzar el umbral desde la conciencia humana temporal a la supraconciencia. Con una humildad propia del ascético peregrino nos habíamos expuesto a todo peligro, revestidos por la fe y la confianza en el hasta entonces incomprensible Plan Mayor, para demostrarnos a nosotros mismos que merecíamos ser tomados en cuenta en el nuevo contingente de 'servidores'.

En la medida en que fuimos ascendiendo las montañas físicas, se fue produciendo en nuestro interior, de una manera proporcional al esfuerzo físico, un ascenso espiritual, por cuanto nuestra motivación principal era servir a la Humanidad. Llegados a la cima, se nos ofrecía el panorama amplio de un horizonte vastísimo, que debíamos también recorrer con nuestra visión interna. Debíamos llegar a abarcar lo 'inabarcable', renunciando a una comprensión inmediata del significado de la parte para poder entender en su momento la globalidad. Mientras, habíamos tenido que conformarnos con intuir que el proceso era bueno y trascendente.

Pregunté entonces a Oxalc:

–¿Por qué 144 personas? ¿Qué significa ese número?

–Una llave... –respondió aquel robusto hombre de otro planeta, mientras sonreía dejando entrever una dentadura completa, fuerte y blanca.

–¿Qué clase de llave? –pregunté, no queriendo desaprovechar la oportunidad.

–De reconexión..., volviendo a enlazar los tres Universos, restableciendo la movilidad fluida entre las doce dimensiones; también es la llave de paso entre la tercera y la cuarta dimensión.

»Ocurrirá que, en su momento, cada grupo de doce personas de aquellas 144 seleccionadas serán conectadas por diferentes entidades de cada universo para que se produzca el puente completo. Siete grupos en el universo material, tres grupos en el universo mental y dos en el espiritual.

–Ahora entiendo menos que nunca... Pero será acaso, y lo digo por intuición, que los 24 de los 144 ¿son los que tendrían a su cargo el nexo con lo espiritual? Y allí habría otras claves numéricas. Por ejemplo, están el 7, 3, y 2, y por otro lado el 7x12=84 que suman 12; 3x12 = 36, sumando da 9; y el 2x12=24, que sumado da 6.

–¡Ya empiezas a intuirlo Tell-Elam!

»En estas claves numéricas que tú has mencionado están las pistas que necesitáis descifrar para localizar las terminaciones cósmicas, las que les permitirán trabajar con las conexiones de los tres planos.

Ahora podréis empezar a entenderlo todo, como que los viajes de agosto (mes identificado con el número 8) en el año de los símbolos, representan el camino inicial repetido una y otra vez en las escuelas del conocimiento oculto. Un camino donde se halla inmerso el rol sagrado otorgado al hombre de este planeta y las dificultades que le fueron impuestas para llevar a cabo su misión. La Misión es recordar, y las condiciones estuvieron dadas desde el principio para que cada paso los obligara a interpretar y sentir...

–Pero en aquella ocasión (agosto 1981), no completamos el número 24. Solo se reunieron 22 personas cuyas terminaciones coincidían con las variantes de la palabra RAHMA; no estaban todos los que debían.

–¡Ni eran todos los que estaban! –acotó el Guía–. Por eso se marcharon algunos y otros solo lo vivieron como una aventura.

»Operativamente cumplieron con los requisitos de aquella tarea, pero a un nivel profundo dejaron varias co-

sas pendientes. Entre ellas, un nivel de conciencia que aún no madura en vosotros, una difusión que aún no ha relacionado ni atraído a todos los que son, y finalmente un puente que aún no se ha terminado de construir para que se relacione definitivamente con la Hermandad Blanca de los retiros interiores».

Cuando me llegó el informe de la experiencia de Sixto me alegré mucho; empezaba a comprender que aquellos viajes tenían sentido. Estaba seguro de que yo era uno de los que no debía estar, pero cumplí aquella tarea con entereza sin saber por qué.

1987. Otro año importante

Del viernes 21 al domingo 28 de enero de 1987 se llevó a cabo la II Convención Nacional en la ciudad de Trujillo, a donde por motivos de trabajo no pude asistir.

El miércoles 31 de enero de 1987 fue otra fecha inolvidable para nosotros, ya que Sixto fue llevado físicamente a una base submarina donde conoció personalmente a varios de los Guías, todo lo cual se encuentra detallado magistralmente en su libro *Contacto interdimensional*, que contiene numerosas enseñanzas.

Walki Enoc

El lunes 30 y el martes 31 de marzo de 1987 fueron fechas importantes en las que Sixto viajó físicamente a Ganímedes por invitación de los Guías después de una preparación personal muy fuerte. Allí viviría una nueva y extraña experiencia en un lugar desconocido, que era la colonia que alberga a seres humanos de todas las razas, zonas y épocas de la Tierra.

Los grupos RAMA Centro sabíamos de este trascendental viaje. Para apoyarlo hicimos una salida a la altura del distrito de Los Molinos en la provincia de Jauja, que consistió en orar mucho, visualizar y proteger al hermano Sixto para que estuviera a la altura de las circunstancias y desearle lo mejor en esa nueva aventura, cuya experiencia está relatada en su libro *Contacto interdimensional.*

Por esas fechas mi esposa estaba en estado de gestación avanzada. Yo estaba feliz; soñaba con una hermosa niña de unos doce años de edad. En mis sueños siempre nos encontrábamos y disfrutábamos contentos. Al despertarme me quedaba la seguridad de que mi esposa daría a luz una niña y, como todo padre, me imaginaba, proyectaba lo que podríamos vivir en familia con las enseñanzas que iba adquiriendo en la Misión RAMA. Además, como estaba seguro, buscaba el nombre para esta hija; no tenía ningún nombre de varón. Tenía que ser un nombre poco común y ya barajaba algunas ideas.

Nuestro trabajo en la salida fue muy duro desde que llegamos al campamento hasta la media noche, cuando debido al frío y al cansancio nos pusimos a descansar. Aquella noche del lunes 30 de marzo de 1987 tuve un sueño extraño. Me encontraba solo en una casa muy bonita en una ciudad al parecer europea esperando a una persona a quien quería mucho, a un amigo entrañable que era para mí como un hermano al que no veía desde hacía mucho tiempo. Al fin llegó. Nos dimos un fuerte abrazo con una emoción indescriptible. Luego me dijo que no podría quedarse más tiempo; había venido rápido solo para invitarme a su concierto que daría esa tarde en esa ciudad. En ese sueño yo sabía que este amigo era un gran músico, un maestro con mucho prestigio y yo me preciaba de ser su amigo; estaba contento pues iría a su concierto. Me entregó una tarjeta de invitación y le aseguré mi asistencia. Al darnos el abrazo de despedida le dije:

–Walki, gracias por venir, que te vaya bien en tu presentación, luego conversaremos… –Algo se movió y me desperté con ese nombre Walki, Walki, Walki. ¿Quién eres, dónde te encuentras? –me pregunté. No obtuve respuesta. «Este amigo es lo que deseo tener», pensé. Así lo soñé, así se lo conté al grupo y eso se quedó grabado en mi mente.

El viernes 8 de mayo de 1987, después del almuerzo, a Teófila le vinieron los dolores de parto y como vivíamos frente al hospital de la Seguridad Social de La Oroya fuimos allí caminando. Se apresuraron en atenderla. Me dijeron que el alumbramiento demoraría hasta la noche y no me dejaron permanecer a su lado. De pronto todo mi ser se puso tenso, estaba triste. «¿Qué me pasa? Debería estar contento» me cuestionaba. Trataba de alegrarme, de imaginarme que pronto tendría en mis brazos a mi hija, que la cuidaría, que la amaría mucho, mucho, pero al poco rato estaba triste; mi espíritu presentía algo malo.

Regresé al hospital llevando lo que me pidieron. Alrededor de las 18.00 h escuché los gritos de dolor de mi esposa; al parecer estaba pasando mucho tiempo, fue un parto difícil. El médico que la atendía salió y me dio la noticia de que ya había nacido mi hijo. Era un varón, pero tenía un defecto. Pedí explicaciones pero no quisieron dármelas ni tampoco me permitieron entrar a ver a mi esposa; solo me dijeron que al bebé lo pondrían en la incubadora. Eso fue aterrador para mí, mi corazón lo sabía. Pero ¿cómo? La explicación era la tristeza que me había inundado. ¿Qué había ocurrido? ¿Qué había pasado? ¿Por qué Señor, por qué?

Era viernes y todos los médicos viajaban a Lima como cada fin de semana; solo se quedaban los que tenían guardia y los interinos. Al parecer el médico que atendió a Teófila era un internista. Esa noche no dormí, solo lloré y lloré; de nada me había servido tanta preparación. El destino me daba el golpe más duro donde más me dolía.

El sábado 9 de mayo de 1987 fui temprano al hospital. Mi esposa me recibió llorando; me dijo que las enfermeras y el médico le habían dicho que el niño no viviría mucho tiempo y que eso sería lo mejor pues sería un sufrimiento permanente en el futuro. Debíamos dejar que sucedieran las cosas; la habían convencido de que no hiciera nada, que no reclamara nada y eso fue lo que me comunicó.

Sentí una gran amargura y entendí que el hospital no quería hacer ningún gasto que para ellos era inútil. Además, el sábado y el domingo los administrativos descansaban y no se podía hacer ningún trámite. Yo no me dejé convencer; mi hijo viviría, no podía dejar que muriera, haría todo lo que estuviera a mi alcance para que así fuera. Me llené de fuerza interior.

El día lunes 11 de mayo exigí que de inmediato se trasladara a mi hijo a Lima, pues era la única manera de poder salvarlo.

Los trámites se hicieron lentamente; trataron de que mi esposa me convenciera para no trasladarlo, pues para ellos todo era inútil. Entonces me rebelé y grité que tenían que respetar mis derechos; yo no aceptaba sus conclusiones y si no querían hacerlo que me entregaran a mi hijo para llevarlo por mi cuenta bajo responsabilidad del hospital. Solo entonces empezaron los papeleos de traslado.

Teófila se quedaría sola, eso era terrible; tenía que avisar a su hermana mayor Ninfa que se encontraba en Huancayo y pedirle que viajara urgentemente a La Oroya, pues yo tenía que ir a Lima. Así se enteró y sufrió también el duro golpe toda la familia; mi hijo, que debía traer la alegría, se convirtió en un sufrimiento para todos. En una ambulancia con un médico fue trasladado al hospital Almenara de Lima. No se me permitió viajar con él.

Llegué a la casa de la familia Chi Kam-Masías, hermanos RAMA. Allí desahogué mi tristeza. No sé cómo agradecer todo lo que hicieron estos hermanos hasta la recuperación de mi hijo. En el hospital lo que me importaba era ver a mi hijo. Cuando me hicieron pasar, estaba en la incubadora totalmente desnudo en posición de cúbito ventral, con la médula espinal vaciando como en una bolsita a la altura de la cintura. Me desesperé ante esa situación; entonces busqué al especialista al cargo. Me hizo muchas preguntas igual que yo a él. La operación tenía que ser cuanto antes. A este mal técnicamente lo conocían como «mielominingocele». Tenía que firmar la autorización; me explicaron las secuelas que podría conllevar que serían inevitables.

La operación duró tres horas que fueron una eternidad para mí. Durante todo ese tiempo estuve en meditación rogando a Dios que saliera bien. La doctora salió del quirófano y me comunicó que la operación había sido buena. Regresé a La Oroya para explicar mi ausencia en mi trabajo y justificar mis faltas; me dieron permiso para viajar en días alternos. En uno de esos viajes me encontré a mi hijo totalmente descuidado; no tenía control fisiológico y tenía escaldaduras, por lo que reclamé; la solución era llevar allí a Teófila para que pudiera atenderlo y amamantarlo. Así que viajamos y la casa de nuestros hermanos Chi Kam-Masías fue de mucha utilidad al estar situada cerca al hospital. Debo mencionar que la familia entera me demostró con hechos lo que es la solidaridad y la hermandad en una situación de necesidad como esta. Que Dios bendiga a papá Guillermo Chi Kam, a mamá Aída Masías, a sus hijos Edgar Concha y Carlos Chi Kam, y a sus hijas Delma, Katia, Solange e Ivette a quienes considero mi familia.

Tenía que regresar a trabajar; mañana y tarde llamaba por teléfono a mi esposa. En una de esas llamadas me comunicó que se necesitaba urgente la partida de nacimiento de mi hijo; hasta ese momento estaban atendiéndolo con el seguro paterno y era necesario que tuviera su propio seguro. Hice las gestiones correspondientes; con la ocupación y la preocupación de todo no había pensado, ni habíamos comentado mi mujer y yo qué nombre le pondríamos dado que solo teníamos nombres de niñas. Al expedirme el certificado de nacimiento me preguntaron el nombre de mi hijo; allí reviví mi sueño del 30 de marzo en el que el hermano Sixto había sido llevado a Ganímedes igual que a Enoc y a Elías de la Biblia, con la diferencia de que a Sixto lo devolvieron, mientras que a Enoc y a Elías no.

Dije entonces: «Escriba usted Walki Enoc Sosa Vilca, que nació el viernes 8 de mayo de 1987».

Cansado y triste sería relatar toda la historia; solo diré que Walki Enoc fue operado nuevamente. Le colocaron una válvula en la cabeza dado que la secuela de todo ello fue la hidrocefalia. Ahora vive con la válvula, siendo la siguiente secuela la inmovilidad de sus miembros inferiores. Con esta amarga experiencia transcurrió rápido el año.

1988 y el quinto de RAMA

Del jueves 21 al domingo 24 de enero de 1988, en la ciudad de Piura se llevó a cabo la III Convención RAMA donde Sixto, en una conferencia magistral, nos dio un mensaje denominado «el quinto de RAMA», «el despertar de la conciencia» o «la llamada de la Misión RAMA»:

«...Se ha establecido poco a poco, debido a la madurez adquirida a través del caminar dentro de la Misión, el concepto de lo que es la comunidad mental, que es simplemente sintonía: sintonía con el Plan, con la Llamada y con el Despertar. Todos nos hemos puesto de acuerdo con despertarnos a una misma hora, a pesar de que cada uno se encuentra en su propia casa, dentro de sí mismo; en este caso utilizamos todos un reloj de una misma fábrica, el mismo modelo; este reloj, la llamada de la Misión RAMA, está

fijado para que suene a una hora, pongamos a las 6.33 h de la mañana para que nos despierte.

»Algunos reaccionamos como reaccionamos habitualmente cuando el reloj nos despierta por la mañana; simplemente lo apagamos y seguimos durmiendo; hay quienes pondrán el reloj debajo de la almohada y tratarán de estrangularlo para que no suene; hay quienes tal vez tengan muy desarrollado el sentido de la responsabilidad; hay quienes dejarán que se agote la cuerda, pero de puro aburrimiento, por lo mismo que no les deja dormir tendrán que levantarse de la cama; hay quienes harán oídos sordos a esta llamada para la cual ellos mismos se comprometieron hace miles de años. Y ¿qué significa el que podamos hacer caso o no a esta llamada? Comparémoslo con nuestra vida diaria.

»Si nosotros no nos levantamos a la hora indicada o fijada por nuestro reloj, ¿qué pasará? No tendremos tiempo de ducharnos, no tendremos tiempo de arreglarnos, no tendremos tiempo de tomar el autobús, llegaremos tarde a nuestro trabajo, que es un compromiso libremente adquirido sobre el cual ya tenemos otras responsabilidades familiares, responsabilidades de gastos; eso es lo que a algunos de nosotros nos hará definitivamente levantarnos de la cama, el hecho de saber que si yo sigo durmiendo, simplemente no llegaré a cumplir todo ello y después me preocuparé, estaré angustiado y llegaré tarde... Pero ¿a dónde podríamos llegar tarde en todo esto? Podríamos llegar tarde a estar totalmente conscientes, a ocupar y asumir el puesto que nos toca a cada uno de nosotros.

»Ciento cincuenta años antes de Cristo, un grupo de seres humanos, todos inquietados a través de la misma comunidad mental, abandonó diversos lugares de Israel y se reunió en el desierto cerca de la salida misma del Mar Muerto, para lo cual todos ellos tenían que estar prepara-

dos. Estas personas eran los esenios; sabían que algo venía, lo habían logrado interpretar de las Escrituras y de alguna manera sabían que se seguía recibiendo información y que tenían que cumplir un plan.

»Hoy día nosotros nos encontramos todavía siendo llamados por una fuerza misteriosa que nos obliga a ir al desierto, al desierto de nuestro interior, al aislamiento interno de tener inicialmente un contacto con nosotros mismos y luego buscar cuál es el origen de esa llamada que estamos recibiendo, una llamada que es producto de una Misión Cósmica, de algo que viene inspirado desde 'arriba'. Ya sabemos la fuente; no son precisamente los 'ángeles', aunque la palabra ángel significa 'mensajero'. Llamémosles ángeles, llamémosles mensajeros. Los mensajeros están haciendo la llamada. ¿Por qué? Porque nuevamente de alguna manera nosotros estamos preparando el camino y, en medio de nosotros quizás también se esté preparando alguien más, que tendrá simplemente que avisar a todos de que el camino ya está preparado o ya llegó, que allí está y que en algún momento ocurrirá todo cuanto se había programado que habría de ocurrir, y lo único que podría realmente ser problemático es que no todos estuviéramos preparados, que no todos hubiéramos asumido nuestros puestos y que no estuviéramos allí cuando se nos necesitara, que no llegáramos a creernos algo especial.

»Sepamos que si nosotros no vamos a nuestro trabajo, después de esperarnos un tiempo obviamente encontrarán a otro para nuestro puesto. Todos somos necesarios pero ninguno es indispensable dentro de esta Misión, que es una entre tantas que se están preparando para asumir un puesto, un rol.

»La vivencia comunitaria de los esenios, 150 años antes de Cristo, la redacción de los escritos sagrados; allí, en medio de la soledad, era una forma de anticipar, delegar o

recibir y transmitir la información que de alguna manera había degenerado, se había perdido o extraviado.

»Hoy en día nos encontramos en la misma situación cuando en Marcahuasi tuvimos acceso a la caverna y vivimos aquella experiencia que hemos relatado en el Libro y estuvimos con el anciano. Él nos dijo que la Hermandad Blanca necesitaba miembros, que se necesitaban receptores de la posta, que se necesitaba gente que sirviese de puente entre la Hermandad Blanca del Universo y la Hermandad Blanca de la Tierra. A partir de ese momento nosotros asumimos que Misión RAMA debía establecer aquella comunidad de esenios del siglo II A.C.

En la actualidad, sin tener que irnos necesariamente al desierto, nos encontramos que estamos en el desierto, en el cual es como si estuviésemos solos, ya que, en muchos casos, la inconsciencia general nos permite estar solos en medio de la muchedumbre. Es por eso que ahora, aunque no estuviésemos necesariamente juntos en un mismo santuario, recinto, comunidad física o local, lo primero que estaríamos estableciendo sería el puente que nos estrecharía a todos y nos relacionaría para que en un determinado momento afirmemos que hay una comunidad física concreta y material a la cual un grupo grande de nosotros, o de muchos que vendrán a través nuestro, tendrá que amoldarse. Donde se recibirán también los materiales dados por estos Hermanos Mayores, Guías, ángeles o mensajeros simplemente, que nos enseñarán a descubrir que estaban guardados para que nosotros les diésemos curso, para que los hiciéramos llegar a la gran comunidad humana, preparando el inminente retorno, ya no la venida, la encarnación, el nacimiento de un Cristo, de un Mesías, sino simplemente EL RETORNO, porque todo esto obedece al Plan de programación del retorno, del regreso.

»Que venga sobre nubes o que venga sobre naves, eso no importa; lo importante es estar preparados al despertar de conciencia, la transformación. Volviendo al despertar de conciencia, tanto el que RAMA genera como el despertador del que hablamos, nadie nos va a despertar; ya somos gente madura, gente adulta, nadie nos va a sacar de la cama; nadie nos va a echar agua fría como cuando nos querían hacer que fuésemos al colegio. Si nosotros nos levantamos iremos y asumiremos la responsabilidad que libremente hemos elegido, que hemos decidido tomar; si no simplemente la hora pasará y ya no nos aceptarán, ya no podremos entrar, ya no podremos ocupar nuestro puesto; probablemente la hora pasará inexorablemente, pasarán las horas y simplemente nosotros no estaremos en la cuenta, no seremos tomados en cuenta.

»Que tengamos que ser o no tomados en cuenta, eso depende de nosotros; será lo que nosotros decidamos hacer y lo que nosotros queramos ver materializado. Estoy hablando así, no les hablo directamente todavía porque los que nos encontramos aquí tenemos una preparación heterogénea. Quien pueda captar lo que estoy diciendo, lo captará, sabrá de lo que le estoy hablando. No os puedo decir otra cosa porque la mayoría quizás no me va a entender; lo único que os puedo decir es que esa comunidad ya existe, que los 24 RAMA ya están ubicados, que los 144 RAMA de la Misión están funcionando ya en una vibración cada vez más ascendente y que cada uno está ocupando el puesto poco a poco, y por ello los Guías, el 30 y 31 de marzo del año pasado en Ganímedes me dijeron optimistamente: '¡Se está cumpliendo el Plan!'...»

Pensando en aquellos que no tuvieron la oportunidad de estar en Piura o no tuvieron la ocasión de conocer o leerlo, he insertado lo que se grabó en su momento; tal vez el «despertador» pueda sonar lo suficientemente fuerte como para que cada uno reaccione de acuerdo al compromiso asumido.

La muerte

El primero de junio de 1988 de su cama no se levantó más. La cirrosis endureció su hígado y su corazón no resistió más. El alcohol se cobraba una víctima más. Mi padre, de quien tengo los más amargos recuerdos, falleció. Mi madre y mis hermanas lloraron; habían aprendido a vivir en el sufrimiento, a los maltratos físicos y verbales, a sobreponerse ante la adversidad, a perdonar... Yo no lloré, pero sí pensé en la muerte.

Los últimos años cuando lo visitaba le hablaba de lo que había aprendido y le hacía reflexionar; él se resistía en sus costumbres y le era muy difícil cambiar.

–¿Existirá el infierno? –me preguntaron.

–Lo que he aprendido de los Guías extraterrestres es que Dios no es injusto, ni castigador; que la muerte es solo como hacer el último examen al término del año escolar para luego gozar de unas merecidas vacaciones que nos preparan para volver con nuevo entusiasmo al año o curso siguiente, o tal vez repetir el mismo curso si hemos suspendido.

»Dicen ellos que la vida es una rica experiencia, una escuela, un aprendizaje; es como la escuela donde, si el alumno aprende y desarrolla sus tareas, su examen final será fácil y él pasará al curso siguiente, y si suspende repetirá curso, en otra clase, con otros compañeros, con otro profesor y de nuevo a hacer el último examen al término de ese otro año escolar y superarlo.

»Según los extraterrestres ocurre algo semejante con la muerte: tenemos que nacer de nuevo o llegar a la escuela nuevamente, sin que esto signifique un castigo, sino una nueva oportunidad, una nueva experiencia y, según nos han dicho, deberemos pasar por todas las experiencias humanas para aprender que la solidaridad es una demostración de Amor y de conciencia.

»Todos y cada uno de nosotros podremos comprobarlo cuando nos llegue el turno. Por ahora debemos estudiar, aprender y practicar todo lo bueno que nos enseña la vida.

Primer encuentro mundial

Los días 5, 6 y 7 de agosto de 1988, en los arenales de Chilca, entre los grupos RAMA del mundo se realizó el primer encuentro mundial, un evento extraordinario y maravilloso para mí. No diré más; está detallado por Sixto en su libro *Contacto interdimensional.*

1989. Año de acontecimientos trascendentales

La organización de la cuarta convención RAMA para 1989 quedó a cargo de RAMA Centro, pero por motivos de la violencia desatada en el Perú a última hora se la trasladó a los arenales de Chilca. Es por eso que los que los visitan encontrarán «IV CONVENCION» escrito en el cerro con plantas del desierto.

Misión RAMA cumplía quince años. Como organizadores le pusimos nombre a cada día: Día del Re-encuentro, Día de la Unidad, Día de la Común-unidad y Día del Amor.

Para el 22 de enero de 1989 –Día del Amor–, preparé una exposición motivadora de lo que creía entender en ese tiempo sobre el Amor, y fue esta:

«Desde 1974 hablamos de RAMA. Los que no lo conocen me preguntan: ¿qué es RAMA? Tal vez yo mismo no haya entendido a plenitud lo que es RAMA y por tanto no pueda explicárselo bien a otros, por eso sin pretender tener la razón y solo por motivar a esta plenaria en este día que hemos denominado 'Día del Amor', expongo lo que he empezado a entender sobre el Amor.

Si RAMA es amar o amar es RAMA.

Me vienen a la mente las preguntas y las respuestas también:

¿Cuál es el significado de amar?

¿Qué es lo que significa amar en Misión RAMA?

¿Qué es RAMA?

RAMA es amar

¿Pero qué es amar o qué significa amar?

Amar es tener y dar amor. De inmediato viene otra pregunta:

¿Tenemos Amor? O sería mejor cuestionarme: ¿Tengo Amor?

Me criticarán con razón, pero mi respuesta por ahora es que no tengo Amor y eso me hace preguntarme:

¿Qué es el Amor o qué entiendo por Amor?

Este interrogante me llevó a preguntar a cuantas personas de toda condición que pude y me encontré con muchas respuestas sorprendentes.

Algunos burlonamente me contestaron que debía ver novelas y películas para saber lo que es el Amor; otros me respondieron que es el quererse entre dos personas; otros me dijeron que es amar a personas, animales, plantas y cosas; otros más prudentes me dijeron que no sabían lo que es el Amor; los sensatos me dijeron que al Amor no se puede definir; alguien me preguntó ¿de qué clase de Amor hablas? ¿Del amor filial, del amor maternal, del amor platónico?

Me di cuenta de que los hombres nos hemos dado el lujo de clasificar el Amor bajo el pretexto de comprenderlo mejor. A mí eso me confunde más.

A quien me dijera: '¡Yo tengo Amor!' yo lo observaría y tendría que verle haciendo –desde luego guardando las distancias– lo que hizo el Maestro de maestros Jesús El Cristo. Esa persona estaría haciendo lo que hizo Jesús cuando estuvo en la Tierra.

Me parece comprender al fin que Jesús-Cristo es el ejemplo de lo que es el Amor. Entiendo que en nuestro planeta está haciendo falta el Amor. Pienso que si hubiera solamente diez personas que tuvieran el Amor de Jesús nuestro planeta sería distinto.

Nuestros Hermanos Mayores dijeron: 'El Amor es la puerta mágica que nos permitirá entrar al Reino por mucho tiempo esperado'.

También nos dijeron que el Amor no es humano, sino divino; se manifiesta a través de los humanos sí, pero no es humano.

Sabemos que Jesús El Cristo, como hijo de Dios, como unigénito nos dio ejemplo a todo nivel. Me pregunto nuevamente:

'¿Qué entiende por Amor un RAMA?'

El Amor es divino, el Amor es Dios mismo y Dios es Amor, es el Todo, por su Amor existimos todos los seres vivientes, todas las cosas, por su Amor está el aire que respiramos, por su Amor tenemos las moléculas, átomos y células desde lo pequeño a lo grande en todo el Universo. El Amor (Dios) es esa energía que mueve todo y sostiene todo.

Acabo de empezar a sentirlo, a descubrirlo conscientemente; no se puede ver con nuestros ojos físicos. 'El trabajo es el Amor hecho visible' dicen nuestros Guías. Entonces voy entendiendo que el Amor es luz, y a la luz del ejemplo, a la luz de la práctica de vida, a la luz del trabajo de servir a los demás, veremos y viviremos el Amor.

No podremos hacerlo solo llenándonos de conocimientos, ni hablando, sino haciendo como hizo Jesús por nosotros. Empezaré por algo. Repasaré la vida ejemplar del Maestro para comprender el ejemplo que nos dejó y que nos recuerdan nuestros Hermanos Mayores desde hace quince años que se cumplen hoy. RAMA (el Amor) es para muchos su clave esperada mientras que para otros, que no lo supieran ver, una pared en su camino.

Deduzco entonces que Misión RAMA es misión de Amor y que no es necesario todavía irse a otro planeta, ni pertenecer a un grupo especial, ni cumplir un día y otro no; para amar no existen limites. El Maestro nos enseñó ese Amor desinteresado e ilimitado: lo que hizo con el pobre, lo hizo con el rico, con el flaco y con el gordo, con el blanco y con el negro, con el varón y con la mujer, con cada niño y con cada anciano, con el conocido y con el desconocido, con el amigo y con el enemigo; lo hizo sin distingos de ninguna clase y perdonó. ¿Cumplimos eso nosotros?

Sinceramente soy el primero en reconocer y decir que no tengo Amor; lucharé por tenerlo. ¡Cuánto me falta! Poco a poco aprenderé a amar.

Hermanos participantes de la cuarta convención, tratemos de entender más con nuestro diálogo en esta convención, esperando que este humilde trabajo contribuya al buen propósito. El Señor Dios bendiga a todos. Gracias».

Un avistamiento anunciado para periodistas

Después de la IV convención, el 21 de febrero de 1989, en la República Dominicana, nuestro Guía Oxalc comunicó a través de Sixto que:

«...se viajará a Egipto y al Alto Paititi... En marzo asistirán invitados los periodistas para que el día 24 los compenetréis con el mensaje, y el 25 por la noche –muy tarde– y luego, al día siguiente, verifiquen nuestro respaldo y la presencia de la Misión. Esto busca alentar en el mundo una voz de verdad y de alerta. El avistamiento será lo suficientemente contundente como para que sepan que RAMA es la Misión que desde el Cosmos y la Tierra integra y establece el puente de unión interplanetario, en un tiempo cumplido y realizado. Confíen con humildad y sencillez, que el Plan se manifiesta tal cual debe concretarse. Oxalc».

No detallaré los pasos que se cumplieron con carácter previo al avistamiento programado, puesto que fue ampliamente difundido por los medios de comunicación y escrito en el libro de Sixto, *Contacto interdimensional.*

A este singular acontecimiento, sin tener la comunicación en la mano llegué invitado por el consejo zonal de RAMA Lima, que tuvo a su cargo la organización. Una vez en Lima, asombrado vi llegar a numerosos periodistas y delegaciones de los grupos RAMA de otros países a la conferencia de prensa el día viernes 24 de marzo, la cual fue muy motivadora y en la que Sixto respondió a todas las preguntas y dio certeza de semejante experiencia en presencia de periodistas de todo el mundo.

Sábado 25 de marzo de 1989

Me cuestionaba cuál tendría que ser mi aportación en esta oportunidad. Mientras cavilaba en el trayecto al desierto de Chilca decidí que esa noche no dormiría sino que estaría atento a los detalles. Pero no era por esto, sino que en mi interior sabía que por el entusiasmo y la vehemencia con que hablaban, y por los sofisticados equipos de grabación que llevaban los periodistas, no se daría el avistamiento como los periodistas querían, sino como nuestros Hermanos Mayores lo tenían planificado. Sabía que la tensión y el cansancio los vencerían, pues la comunicación hablaba del 25 por la noche muy tarde.

Esto lo tuve presente. Sería igual a lo que se narra en la Biblia cuando el Maestro Jesús en Getsemaní les dijo a sus apóstoles: *«Mi alma está muy triste hasta la muerte; quedaos aquí, y velad conmigo, velad y orad».* Y al regresar los encontró durmiendo. Este pasaje llegó a mi mente y me prometí que, así se durmieran todos, yo velaría.

Ya en el desierto los periodistas grababan todo al detalle. Los miembros de RAMA teníamos que atenderlos. Estaban acostumbrados a comer y beber bien; resultaba trabajoso en la incomodidad poder exprimir naranjas en cantidad ante las miradas y resecas y sedientas gargantas de los periodistas; un vaso de jugo era nada en el calor reinante. Nosotros hacíamos ayuno para armonizarnos y armonizar el ambiente, manteniéndonos firmes en el trabajo continuo de concentración, visualización y debates.

Los fotógrafos y los camarógrafos tenían sus equipos dispuestos y listos para ser accionados. A medida que pasaba la noche, ansiosos caminaban de un lado a otro buscando alguna explicación. Pasó la media noche; nosotros seguíamos trabajando la armonización. Cuando el cansancio hacía mella a eso de las tres de la madrugada, detrás del cerro más cercano apareció una luz a ras del suelo; todos los periodistas corrieron hacia allí atropelladamente. Lógicamente eran nuestros Hermanos Mayores, pero el ambiente no era el adecuado para que se diera la experiencia. El desaliento cundió y la mayoría optó por descansar cuando el alba despuntaba.

Yo tenía que cumplir mi promesa. Todos dormían. Para que no me venciera el sueño caminaba buscando algo. Buscaba al hermano Sixto; pensaba que él no dormiría y que yo tendría la oportunidad de acompañarlo. La mayoría habían tendido sus sacos de dormir y sus ronquidos denotaban el profundo sueño en el que estaban cuando me sorprendí al ver al hermano Sixto, en medio de la gran estrella, rendido, tumbado en mala posición y boquiabierto, sin cobertor alguno; comprendí que el desaliento, la incomprensión y el cansancio lo habían vencido. Pero para eso estaba yo, para apoyarlo y protegerlo. Me fui a traer una manta para cubrirlo cuando vi que un periodista, queriendo seguramente cerrar su nota y ser el primero en marcharse, cámara en mano se levantó buscando a Sixto. Comprendí la situación, estaba atento. En mi carrera encontré al hermano Miguel Morales que estaba despertándose. Le avisé del peligro; no permitiríamos que lo filmaran en esa situación, Miguel, como un resorte, reaccionó rápido y despertó a Sixto mientras yo «ayudaba» al periodista a encontrarlo. Me alegré de haber valido para algo; la noche en vela sirvió.

Enseguida todos los demás periodistas entrevistaban a Sixto para luego emprender el retorno a Lima con la amargura de haber pasado una noche tan larga sin resultado. Para muchos periodistas la Misión RAMA había muerto aquella noche; así lo expresaban sin tapujos. Muchos hermanos de los grupos de Lima y del extranjero, seguramente por motivos justificados, también nos dejaron.

Domingo 26 de marzo de 1989

Quedamos pocos, pero los suficientes como para continuar trabajando. Transcurrió el día entre conversaciones de autocrítica y exámenes de conciencia que nos iban devolviendo la armonía. Cuando el sol estaba por ocultarse, llegó de regreso en su Volkswagen Edilberto Alvarado, jefe de fotografía del diario Expreso de Lima que fue recibido con mucho entusiasmo por todos los que nos habíamos quedado, y en agradecimiento nos dijo que por intuición pidió permiso a sus superiores para regresar argumentando que el grupo RAMA se había quedado en el desierto. En el fondo de nuestro ser sabíamos que esa era una señal de que esa noche se daría algo grande, así que le dijimos que había hecho muy bien en regresar y lo alentamos para que tuviera confianza. Y no nos equivocamos.

Una hora después volvieron también reporteros del Canal 23, Univisión de Miami, y del Canal 2 de Argentina. Al anochecer Sixto nos dirigió más al fondo del campamento para empezar a armonizarnos cantando, mantralizando para la recepción de cristales de cesio y el paso xendra, ya que él estaba seguro de que las condiciones se daban para esa noche. Debíamos formar grupos de siete. Desde luego invitamos a participar a los periodistas, pero ellos estaban más atentos a lo que hacíamos nosotros. Edilberto Alvarado estaba junto a nosotros; también Rolando Vera de Argentina, y ambos se pusieron a descansar muy cerca nuestro. Yo formé el grupo para ingresar al xendra con Juani Santos, Elsa Quiñónez, Yolanda Ugarte, Alfonso Ugarte, Abelardo García, todos de Lima y Joaquín Goyenechea de España. La noche estaba oscura y prometía mucho.

Esta era mi segunda oportunidad de entrar a un xendra. Al hacerlo tomados de la mano haciendo cadena, empecé respirando para relajarme y, al tratar de concentrarme, escuché un murmullo a la vez que me apretaron la mano por ambos lados. El murmullo se convirtió en voces, en griterío. Con ese ajetreo el xendra se diluyó. Abrí mis ojos. Los que no estaban en el xendra se desesperaban para alistar sus cámaras; desde donde nos encontrábamos pude ver que la nave se desplazaba por el borde de los cerros, de norte a sur brillando. Estaba sobre el cerro que coronaba nuestro lugar de salidas y de tantas experiencias, donde la víspera habíamos estado todos. Vi que desaparecía entre las puntas de los cerros para luego aparecer y elevarse a la altura del lugar en el que la noche anterior habíamos visto un gran resplandor. Los flashes abundaron desde distintos lugares. Edilberto Alvarado, experimentado fotógrafo, les decía que no usaran el flash, que no les iba a salir nada. Él se estaba despistando; reaccionó entonces y tomando una de sus cámaras empezó a fotografiar con lente normal para luego tomar la cámara con teleobjetivo, usando el disparador varias veces, cuando la nave expandió su brillo para luego desaparecer, quedando su resplandor un rato. Muchas veces había sido testigo de las evoluciones de los Hermanos Mayores en distintos lugares, experiencias importantes que tan intensamente nos comprometieron con RAMA, pero esta era especial al haberse invitado a periodistas.

Terminado el avistamiento nos acercamos a Edilberto. Estaba emocionadísimo; repetía que había hecho fotos y tenía fe en que saldrían bien. Entonces buscamos a Sixto; lo encontramos feliz y todos nos fundimos en un gran abrazo.

Los Guías no fallaron. Una vez más habíamos sido probados, y según ellos, los periodistas iban a ser ya de los nuestros. Lo que pasó después es muy conocido.

Lunes 27 de marzo de 1989

Al despertarnos estábamos descansados y alegres. Al encontrarme con la hermana Yolanda Ugarte le pregunté sobre el futuro viaje al Paititi y ella me respondió que la invitación y la preparación eran para todos. Sin duda 1989 era un año trascendental e importante para la Misión y para la Humanidad.

La noticia del avistamiento en Chilca dio vuelta al mundo y Misión RAMA se hizo más conocida.

Walki Enoc cumplía dos añitos y sus pies empezaron lentamente a tener movilidad. Ahí estaba para mí la ayuda de los Guías extraterrestres. Para los médicos era increíble. El clima frío de La Oroya no le era favorable; tenía que intentar trasladarme a otro lugar más cálido.

La intuición me decía que Huancayo sería el lugar y en el mes de julio de 1989 decidimos, trasladarnos por el bien del niño. Teófila se adelantaría con Walki Enoc hasta que yo encontrara un trabajo. Ella se dedicó íntegramente a él; yo tenía que seguir trabajando para mantener a mi familia. La prueba era muy dura pues tenía un trabajo por cuenta ajena. Cada semana viajaba de La Oroya a Huancayo a verlos; así pudimos irnos adaptando a nuestro nuevo estilo de vida.

EXPRESO ESTUVO PRESENTE

NAVE EXTRATERRESTRE APARECIO EN CHILCA (PAGS. 2—8 9)

Esta es la nave extraterrestre en el instante antes de desaparecer. La cámara de Edilberto Alvarado, usada a muy baja velocidad, permite ver una parte de la trayectoria del luminoso objeto.

Concretará ayuda (PAG. 2)
VILLANUEVA ACOGE PROPUESTA PARA ARMAR A RONDEROS

Con esta edición
escolar
A TODO COLOR

Senador Bernales revela: (PAG. 2)
TERRORISMO PERUANO TIENE SU CENTRAL DE PROPAGANDA EN PARIS

COMIENZA PURGA (PAG. 4)
IPSS despedirá 7 mil empleados

Larco Cox: (PAG. 3)
CANCILLERIA DESTITUYO A DIPLOMATICO NARCO

CONCILIAN SUS DEMANDAS
No habrá paro de bancarios hoy

NO FUE ALAN GARCIA (PAG. 3)
Inician exploración de segundo pozo petrolero

Expreso
El Diario de Mayor Circulación Nacional Certificada
Jr. Ica Nº 646 - Teléfono 287470
Director: Manuel d'Ornellas I/. 250.00
Nº 10067 — Lima, Martes 28 de Marzo de 1989 — Año XXVIII

Imagen 4. Noticia del avistamiento en Chilca.

Capítulo 4
El primer viaje al Paititi

...Los viajes no consisten solo en unir lugares, sino en despertar la dormida sabiduría que reposa en el planeta, activando la conciencia en cada lugar para aprovechar cuanto ha sido dejado allí...

OXALC

Cuando en Chilca, la mañana del 27 de marzo de 1989, me llegó –sin poder explicarme– la certeza de estar y participar en ese viaje que había sido anunciado por la comunicación recibida en República Dominicana, que decía que «*...se viajará a Egipto y al Alto Paititi*[16]*...*, una silenciosa inquietud se apoderó de mí y en mi interior revivieron dos cosas:

Primero, lo que había visualizado en los viajes de 1981, y específicamente en Huarochirí. En ese viaje, en mi pantalla mental claramente vi tres cerros cubiertos de vegetación que tenían un color especial verde azulino. Por eso donde iba, ya fueran salidas u otros viajes, buscaba esos tres enigmáticos montes sin encontrarlos.

16 Paititi o *Paykikin Qosqo*, en quechua, es una ciudad inca gemela a Cuzco situada en la meseta del Pantiacolla en las inmediaciones del departamento de Cuzco y Madre de Dios. Paykikin Qosqo significaría el «corazón del mundo», o «el mismo corazón».

Segundo, lo que había leído en el *Libro secreto de los Andes*, que decía que para llegar al Paititi llevaríamos únicamente nuestra alma.

Unos sueños, la confirmación, la designación y la preparación

Antes del viaje sabía que el Paititi era, por un lado, la legendaria ciudad perdida de los incas en la selva amazónica que escaparon de los conquistadores. Un sueño de arqueólogos y buscadores de tesoros, que desde 1541 han buscado y siguen buscando, y del que existen muchas historias y, por otro lado, uno de los retiros internos de la Gran Hermandad Blanca terrestre o Gobierno Interno Positivo de nuestro planeta, con el cual entraría en contacto la Misión RAMA. También sabía que era uno de los lugares del planeta donde se encuentra una base extraterrestre llamada Base Azul del Alto Paititi, custodiada y apoyada por seres de Venus.

Nuestros Guías extraterrestres nos aclararon la inquietud general sobre el viaje anunciado en enero.

Comunicación (simultánea cinco «antenas») 12-4-1989:

Pregunta: Viaje al Paititi, ¿en qué fecha?, ¿quiénes? Especificar lugar.

Respuestas:

1. *«El viaje al Paititi, lugar de la Base Azul, es parte del Plan. De vosotros depende que ahora se dé. Pero pocos serán los que recibirán la señal para partir hacia allá; no os hagáis complicaciones. Solo poned vuestra disposición y preparación; vuestra fe canalizará y posibilitará este viaje. Este viaje y el de Egipto están ligados entre sí. Oxalc y Kulba.*

2. *«El viaje a Paititi se hará antes de que el año termine, tomando como rumbo el lugar donde los ríos adquieren en sus cruces el símbolo conocido; esto es entre los departamentos de Cuzco y Madre de Dios. El lugar se precisará poco antes de que todo esto se cumpla en los tres meses del año. Irán igualmente siete hermanos, todos ellos de RAMA Perú; esa es su responsabilidad. Serán seleccionados previamente. Sampiac y Lertrad.*

3. *«El viaje a Paititi se dará, pero no deberéis forzar las cosas ni apresurar nada; octubre será el mes indicado partiendo del Cuzco, y participarán en este viaje solo cuatro hermanos cuyo compromiso demostrado con la Misión los lleve a tomar contacto con los emisarios de la Hermandad Blanca. Oxalc y Ossim».*

4. *«Sí, os lo dijimos, los viajes en este año concretizarán el avance de la Misión en sus objetivos más fundamentales; el viaje a Paititi ofrecerá la ansiada información para los RAMA, la cual deberá exigir gran cuidado y discreción en su difusión, especialmente para evitar la confusión y el desequilibrio de los hermanos. Los días 2 y 3 de agosto son las fechas que debéis dejar abiertas para el viaje al Paititi. Los caminos se abrirán según vuestra disposición y preparación. Los que deben viajar se reunirán sin saber siquiera el motivo; juntos lo descubriréis. Iréis antes al Cuzco y os encontraréis también con la Hermandad Blanca de la forma más inverosímil. Sabed daros cuenta de que estar preparados es ser conscientes del camino en todo momento.*

   Amados ramitas, la luz no la encontraréis buscándola, sino amando. El Amor abre las puertas al contacto y a la comunicación. Amaos y la luz brotará de la unión para alumbrar el camino de la verdad. El Profundo os guíe por siempre. Desde el comando de la Base Azul os apoyamos y esperamos pronto; preparad vuestros espíritus y no os desaniméis por las pruebas que debéis afrontar, son parte de la preparación. Oxalc y Titinac».

5. *«Octubre será mes de alegría, grandes satisfacciones, aunque estaréis expuestos a reveses que nunca faltan; debéis ser cautos y vigilar vuestra organización.*

   Noviembre es un mes de elevación y diciembre de concretización para una nueva fase y un posible cambio significativo acorde al trabajo desplegado. Oxalc, Sampiac y Antarel».

En junio y en julio de 1989 soñé que me decían que debía prepararme para el viaje. Sabiendo esto quise postergar mis vacaciones programadas de agosto para noviembre, pero, por esas cosas de trabajo que ocurren en toda municipalidad, la conveniencia se convierte en ambición por la política, y pese a que el alcalde verbalmente ya me había aceptado, el primero de agosto por orden suya el jefe de personal me retiró la tarjeta de ingreso para facilitar que su recomendado trabajara en mi puesto. Así salí de vacaciones. En Chilca, el 27 y 28 de agosto de 1989, en la salida de instalación del Consejo Nacional de RAMA Perú, al preguntarle a una hermana «antena» me dijo que los Guías nos estaban evaluando y que la salida había servido para eso. Al no darse las cosas como pensaba, veía truncada toda posibilidad de participación; las inquietudes y los sueños eran cosas mías y debía olvidarme de participar en el viaje y limitarme a organizar el apoyo a los hermanos viajeros, que sabía que eran peruanos. Así lo comuniqué en Huancayo y en La Oroya.

Pero los Hermanos Mayores y el profundo Amor de la conciencia cósmica lo saben todo. Traté de olvidar todo lo que ocurrió en mi trabajo pero lo veía imposible; la inquietud seguía. Obtuve una invitación para viajar a Huánuco el

23 de septiembre donde se formó el grupo RAMA Huánuco. El hermano Alex Marín que se quedó a cargo del grupo me pidió que escribiera a Sixto y a Willy López, coordinador nacional de RAMA Perú, contándole la formación del grupo RAMA Huanuco. Aproveché el viaje de un compañero de trabajo, pues la empresa de correo estaba en huelga, para remitir adjunto el boletín que habíamos editado, *Mensajero de Luz N° 2*, así como todo lo correspondiente al coordinador de RAMA Lima, el hermano Pedro Santos. El lunes, a su regreso, mi compañero de trabajo me dijo que el teléfono de Willy se había estropeado; al no poder comunicarme con él, llamé a casa de Pedro. Me contestó su esposa Juani. Allí me encargó que todos nos preparásemos como si fuéramos a viajar al Paititi. Así lo hice. Esto hizo que la inquietud reviviera con fuerza sin desearlo ni buscarlo. Al mismo tiempo pensaba que el viaje al Paititi me confirmaría un presentimiento que tenía desde que había entrado en la Misión RAMA: que tendría que prepararme para hacer morir mis egos y decir la verdad.

Quería que alguien de Misión RAMA Centro participara en el viaje para que pudiera informarnos en detalle, pues, aunque en el fondo de mi ser sabía que debía viajar, no lo aceptaba ya que las condiciones no se presentaban favorables: me faltaban dinero y tiempo y no podía arriesgar a mi familia, ya que los Guías siempre nos recordaban el libre albedrío.

Llegó octubre con la preocupación de si Willy habría recibido o no la carta. Llamé nuevamente a casa de Pedro. Su esposa Juani me respondió que ya habían recogido lo enviado; me dijo también que se habían recibido nuevas comunicaciones en simultáneo el 12 de septiembre de 1989 y que estaba enviándomelas con la hermana Liliana Ito, que iba a pasar por La Oroya. Como no fue así, pensando que de repente le había ocurrido algo en el trayecto, llamé de nuevo y Juani me comunicó que Liliana las había dejado en Tarma.

No sé por qué le pedí a Juani que me leyera parte de la comunicación por teléfono. Cuando escuché que las fechas clave eran los días 23, 24, 25, 27, 29, 30 de noviembre y el 2 de diciembre, una voz sin voz me dijo: *«Para esa fecha se dará todo; no te preocupes, pero pon de tu parte»*.

Mi preparación era intensa, las fechas eran propicias; no sé cómo ni por qué sabía que viajaría y que todo se arreglaría. Pero necesitaba una confirmación contundente. Yo sabía que llegaría; hasta cierto punto lo exigía, no fuera a ser que fuera cosa mía o de mi vehemencia. Así se lo comunique a Teófila, mi esposa. «¡Ya lo sabía! –fue su respuesta–. Sé que irás» afirmó.

Algo ocurría en Lima. Habían recibido otra comunicación en simultáneo y Sixto se ausentaba. Recibí una llamada de Juani. Me preguntó qué les había comunicado a los hermanos de RAMA Centro respecto al viaje, pues habían llamado a Lima y la lista de suplentes aumentaba. Solo contesté que les había dicho que se preparasen todos como si fueran a viajar.

Luego me preguntó cómo me encontraba, qué sentía. Le respondí que en junio y en julio estaba seguro pero que lo ocurrido en mi trabajo me demostraba lo contrario, aunque esperaba una confirmación.

Juani me comunicó que Sixto, al partir a Alemania, había dejado una lista de viajeros titulares y suplentes. Ella no sabía cómo la había elaborado. «Estás considerado entre los titulares y hay seis suplentes listos para asumir el encargo en el caso de que no pudieras ir». Se lo agradecí.

Sufría y mucho. No supe controlar mi emoción, no tanto por poder viajar, sino porque la confirmación había llegado de forma contundente. ¿Cómo eligió el hermano Sixto? No lo sé. Esta lista se dejó en manos del hermano Pedro Santos, coordinador de Lima, con el fin de que él organizara el viaje conjuntamente con el hermano Willy López, coordinador nacional de Misión RAMA Perú.

Según supe, todos los hermanos de Perú y del extranjero deseaban participar. Juani me había dicho que Sixto nos esperaría en Cuzco entre el 15 y el 17 de noviembre y que debería prepararme convenientemente. Estaríamos en comunicación.

Hice todo lo que estuvo a mi alcance. Hubiera querido que algún hermano me apoyara y así prepararme más. Deseaba tener a todos los hermanos trabajando a mi lado, pero Mary Meza se enfermó, Angélica no podía y los demás no tenían tiempo.

Por eso pensé: «¡qué duro será lo que tengo que pasar, pero lo que siento desde que ingresé a RAMA lo veré confirmado en este viaje!» Sentía temor, pánico y ganas no me faltaron de comunicar a Lima que rehusaba viajar. Pero volví a llamar por teléfono a la semana para confirmar mi participación pues el 30 de octubre era el último día de plazo y necesitaban saber cuándo llegaría a Lima.

Quedamos con la hermana Juani en que el jueves 9 de noviembre de 1989 la llamaría para que me confirmase cuándo partiríamos de Lima y en qué medio de transporte.

Mi preparación iba en aumento, sin poder creer que faltaba poco para viajar. ¿Yo en el viaje al Paititi?, qué ironía. ¿Por qué? ¿Cómo haría para viajar?

RAMA Huancayo ya me había ofrecido ayuda, lo que agradecí de corazón. Avisé a los grupos del centro sin exigir nada material, aunque lo necesitaba. ¿De dónde sacaría lo demás? ¿Cómo sería mi permiso de trabajo? ¿Era correcto lo que había decidido? Los esposos Gamero de La Oroya me regalaron un par de zapatos y con ellos entrenaba; eso fue muy importante.

Cuando los hermanos de Huancayo, Felicita y Edi, a su regreso de Tarma me trajeron la comunicación del 12-9-89, no pude leerla sino hasta el momento de viajar a La Oroya. En el coche la leí con viva entereza, muy concentrado. Sin darme cuenta lloraba pues leía lo que yo había pensado y sentido desde que supe del viaje; era un sentimiento muy profundo e interno. Los pasajeros se dieron cuenta. «Era esto» me dije, y lo era; había que asumir una actitud diferente y una responsabilidad. Mi presentimiento o intuición se veía cumplido: tenía que viajar; los hermanos Guías lo tenían todo calculado.

Comunicación (simultánea cinco «antenas») 12-9-1989:

«Pregunta 3: Viaje al Paititi, pautas, características del viaje y de los que asistan, duración, lugar y fecha de partida, recomendaciones. ¿Para qué el viaje?

Respuestas:

1. *«De ahora en adelante mucho del viaje dependerá de vosotros los 'antenas' pues la comunicación deberá ser constante y por todos los medios posibles: sueños, visualizaciones, experiencias, etc. Recordad ante todo que es una experiencia de entrega e integración para la Humanidad entera, por ello deberéis ir ya integrados con la mayor conciencia posible. No importan los detalles tanto como parece, pues os veréis claramente guiados desde el principio; será una experiencia en la que reviviréis muchas experiencias que tal vez hayáis olvidado y que no supisteis entender en conjunto. El viaje al Paititi estaba programado por los Ancianos de la Confederación y será un primer contacto con la jerarquía de la Hermandad Blanca terrestre a través vuestro, los emisarios de la nueva Humanidad. Solo os recomendamos ser conscientes de cada experiencia, volcando el in-*

terés en desvelar el significado de cuanto os ocurra; sed transparentes, sin tener que especular. Los hermanitos que deban acudir a este viaje ya están determinados y todos deberéis ser solidarios con ellos, pues son los lazos de unión los que os llevarán a todos a una vivencia común en el Plan dispuesto por el Profundo. Seguiréis el rumbo que os indiquen las señales físicas en el camino desde Cuzco. Allí obtendréis mayores pautas para continuar el viaje. Os acompañaremos en todo el camino; no temáis rectificaros. Oxalc, Xenon y Xendor».

2. *«Acerca del viaje al Paititi os volvemos a recordar que deberéis estar preparados en los tres planos y predisponeros por vosotros mismos a comprobar si estáis en las condiciones de realizar esta magnánima empresa. Vosotros debéis prepararos mucho, no en vano nosotros estamos en constante comunicación con vosotros a través de sueños y comunicaciones; muchos habéis visualizado los lugares y el momento de cómo será este trabajo. El por qué de esta tarea, vosotros mismos lo sabéis ya que durante milenios hemos estado esperando el momento de desarrollar esta empresa, esta misión, y vosotros siempre lo retrasáis con vuestras dudas y temores. A pesar de que observéis que poco a poco se van armando las cosas, de cómo encajan situaciones que vosotros mismos estáis viendo, todavía no os sentís capaces de realizar dicha misión. Recordad que es en beneficio de toda la Humanidad y que por eso vosotros os encontráis en ella, porque el hecho de ser RAMA es ya un compromiso con la Humanidad. Hermanitos, debéis asumir la debida madurez de esta Misión; no penséis en los obstáculos o problemas del viaje. Si estáis trabajando en los tres planos, esos no deberían ser vuestros obstáculos y preocupaciones, sino predisponeros para que*

las cosas se desarrollen por sí solas. Recordad: nunca limitéis vuestras sus ideas, todo se puede realizar; las cosas se manifestarán y está en vosotros saber cuándo y cómo se darán y aprovecharlas. No lo olvidéis: ¡Decisión! La salida se dará en Cuzco y de allí enrumbaréis a pueblos que a su debido tiempo os iremos diciendo. El transporte se dará según las condiciones del lugar; eso vosotros lo sabéis bien, y cuándo llegaréis, eso dependerá del esfuerzo y el Amor que pongáis al emprender esta Misión; nunca olvidéis que la fe es la forma y el tesón en vuestras vidas. Las fechas se darán cuando hayáis alcanzado una preparación y madurez bien desarrolladas ya que esta Misión es de suma importancia para la Humanidad. Sampiac, Rumilac, Rosinac y demás hermanos en constante apoyo».

3. «*...deberéis tomar en cuenta, además de lo ya señalado en anteriores comunicaciones de abril, mayo, junio del año que avanza, lo siguiente: ayunos metódicos, equilibrio emocional, humildad ante toda negatividad. Llevad lo necesario e indispensable, ni mucho ni poco; comprended lo agreste de la zona por la que tendréis que caminar. Qué fácil será transportaros bajo una determinada experiencia, si vosotros mismos sentís en cada acto, en cada paso la vibración de Amor y entrega por la Misión. Seréis siempre protegidos... En cuanto a las características de la zona: es una zona de exuberante vegetación al principio; luego veréis una gran meseta en donde descubriréis tres puertas de piedra que serán la antesala a nuestra, vuestra común-unidad. Asistirán quienes por sus posibilidades, no tan solo económicas sino de entrega a la Misión, hayan despertado la conciencia de lo vivido hasta ese momento; ya ellos sienten y saben que irán. Los que os quedéis apoyad con ma-*

yor unción contra las fuerzas negativas que con mayor intensidad impedirán el trabajo, la segunda quincena de noviembre, de doce a quince días desde el primer encuentro de los doce en Lima, aunque el trabajo en sitio durará de tres a cinco días, sin desfallecer. El retorno deberá producirse sin mediar pormenores antes del 5 de diciembre. Recomendación a los hermanos RAMA: prudencia, mesura y discreción; es importante para quienes, por su entereza, equilibrio, fe en la Misión conozcan que la verdad del viaje será comprender y difundir los cambios que sufre y sufrirá la corteza de la Tierra, la desaparición de una gran parte de la Humanidad, pero en esencia para comprender que el tiempo siserático que vivió la Tierra y en el estado en que hoy la encontramos fue consecuencia de las dudas y los errores cometidos. Por eso, de ahora y del esmero que pongáis los que viajáis en la salida dependerá que se alcance el cambio de conciencia sobre el origen y evolución de la Tierra y su Humanidad. Sabed entonces actuar reflexivamente y llevad el mensaje con más Amor a vuestros semejantes. Oxalc, Sampiac, Titinac, Anitac, Oscim y Rosinac».

4. *«Con relación al viaje al Paititi ya sabéis que serán siete los hermanos y todos de Misión RAMA Perú o que hayan participado en algún momento de la Misión en Perú. Este trabajo está reservado para un grupo porque existen responsabilidades kármicas con esta tierra y con el continente. El viaje se iniciará a fines de noviembre y continuará los primeros días de diciembre, durará el tiempo que sea útil y necesario para culminar los objetivos, que son recibir un conocimiento que permita el que cada cual sea consciente de su particular misión y responsabilidad personal en el proceso del*

Plan. Viajarán hacia el Cuzco y de allí partirán, para lo cual las fechas clave serán 23, 24, 25, 27, 29, 30 y el 2 de diciembre. Este viaje permitirá que la Humanidad llegue a saber un poco más de sí misma y del Universo que la rodea. Oxalc».

5. *«...el viaje al Paititi es el primer paso del cómo. En este viaje recibiréis más precisiones y muchas de ellas os será necesario callarlas y guardarlas en reserva, porque como ya os dijimos, las labores son específicas, como específicos y comprometidos serán los que tengan que ir... Con el inicio de estos viajes de contacto, de los cuales el Paititi será solamente el primer paso, se estará marcando otra etapa de la Misión. Si no estáis atentos no podréis ver de qué manera se marcan las etapas y los procesos en RAMA, y si a la vez no manejáis los conocimientos de acuerdo y en paralelo con el momento, os estaréis quedando al margen del Plan aún cuando creáis que estáis trabajando dentro de él. Ya os dijimos anteriormente que sobre todas las cosas RAMA tiene una Misión particular, que es la de 'salvar al hombre', entendiéndose esta como el rescate de la humanidad interior que lleváis dentro... No esperéis grandes espectáculos; mas bien estad abiertos para poder vibrar en niveles más altos, que allí es donde recibiréis la información que necesitáis. Tendréis en todo momento nuestro apoyo. Estaremos en esto tanto como vosotros, pero vosotros sois el puente por el que la alianza se dará, no podéis fallar. Oxalc, Sampiac, Anitac, Titinac y demás Guías de Misión».*

Estaba dispuesto a sacrificarme por servir a la Misión y a los demás pues sabía que Dios no nos olvidaría si era en bien de todos. Pasaban los días. La preparación me hacía vibrar más y más fuerte pero noté que algo me faltaba. Física y espiritualmente estaba bien pero en lo mental no estaba del todo óptimo; tal vez el ambiente que tenía en el trabajo no era el adecuado. Pero confiaba en que eso lo superaría con un poco de esfuerzo por mi parte. Me hacía falta prolongar las meditaciones; lo haría mejor con otros hermanos. Pensaba que solo estaba limitado y así fue.

En mi trabajo ocurría algo que no me gustaba pero que soportaba, pues los Guías habían dicho: «humildad ante toda negatividad». Con pretexto de mis vacaciones contrataron a otro para cubrir mi plaza. Cuando regresé trabajé normalmente pero después me trasladaron a la biblioteca con el fin de que el recomendado continuara en mi puesto. Les hice notar la injusticia pero al mismo tiempo me alegraba; esa gente no sabía que me hacían un gran favor, pues allí me daba tiempo a buscar y leer sobre la Amazonía y el Paititi. Me grabé algunos nombres de los ríos y los lugares por donde suponía que iríamos y leí algunas historias de expedicionarios desde la época de la Conquista. Sentí temor pensando de que tal vez no volvería, más aún cuando Teófila me dijo que temía perderme. Vi su desapego y apoyo; también ella sufría junto con Walki Enoc, y se privaba de muchas cosas para apoyarme.

El jueves 9 de noviembre de 1989 por la mañana llamé a Lima y Juani me dijo que el hermano Sixto había comunicado desde El Salvador a través de Marina, su esposa, que el viaje se suspendía hasta agosto de 1990. Me dijo que esperaban a Sixto para saber las razones de la cancelación del viaje, que debían ser muy poderosas para haber tomado tal decisión.

Al saber eso me alegré mucho, aunque no era una alegría normal, sino la alegría de zafarme de una responsabilidad que no había buscado. En agosto serían otras las condiciones y también las personas o los hermanos. Qué peso me estaban quitando de encima sin haber tenido que intervenir, pensé.

Se suponía que el motivo de retrasar el viaje podía haber sido la noticia del supuesto descubrimiento del Paititi que emitieron en la TV y en los periódicos a nivel mundial (Diario Expreso del 29-10-1989). Tal vez no era su momento. ¿O sería que como yo los demás hermanos estaban que temblaban al pensarlo? ¿Y, sin el hermano Sixto, quién nos dirigiría? «Será mejor dejárselo a los hermanos Guías» pensé. Abandoné mis prácticas y viajé a Huancayo ese mismo día. El ambiente político era tenso. Los días 10, 11, 12 y el lunes 13 estuve tratando de poner en orden mi libreta electoral (ahora DNI), ya que por falta de movilidad no pude votar.

Mi interior me decía otra cosa, pero ahí mismo respondía: «¿Qué es lo que pretendes, Francisco? Ya te dijeron que no; seguramente no somos los indicados para llevar adelante esta magnánima empresa»; quizás no era el momento o tal vez era una prueba a nuestro ego.

Al llegar a Huancayo mi esposa me hizo saber la ayuda que los hermanos nos habían hecho llegar. Inmediatamente fui a devolverla y a agradecer el interés demostrado en apoyarme y así de fácilmente me quité un peso de encima.

«¡Qué falso y qué fácil fue pensar 'estoy volando' –me decía–; todo lo que tuve y tengo de intuición y lo que sé en mi interior son cosas mías, una mala pasada de mi ego. ¡Olvídalo!» Así pasé esos días sin insistir en la vibración que había alcanzado hasta entonces, y lo peor de todo es que era consciente de ello, pues mi fuero interno me decía «viajarás». «Pero, ¿cómo? Yo no llamaré a Lima». «Te llamarán» me contestaba la voz sin voz. «Tonterías mías –pensaba–, total ¿sí o no?» me cuestionaba. Pero, ¿cómo saberlo exactamente?

Bueno, en La Oroya dejé mi equipo de viaje y noté que mi madre se alegraba y Teófila también. Pero en Lima ocurrían otras cosas. La Comisión de Análisis de Comunicaciones había analizado con rigor las comunicaciones y todas daban por hecho el viaje y todos los viajeros estaban preparándose (para escalar montañas, yoga, supervivencia en la selva) asistidos por personas especializadas. La preparación era intensa y ellos contaban con la ayuda de hermanos dispuestos a apoyarlos.

En paralelo a esto, los especialistas aconsejaban llevar las medicinas y los equipos adecuados; algunos habían tenido interés en leer algunos libros relacionados con el Paititi, e incluso habían contactado con personas que habían llegado a la «Ciudad de Oro», tenían un mapa aéreo, etc. Aparte de todo esto, todos los grupos trabajaban visualizando cómo sería el viaje y tenían visiones que daban miedo a los que se preparaban, y a aquellos hermanos que deseaban participar les entró más temor todavía, pues los libros hablaban de muchas expediciones que habían tenido infinidad de inconvenientes en sus intentos por llegar.

Pero el grupo expedicionario que se preparaba en Lima, presentes ya Eduardo y Chabuca, había acordado antes de la reunión con Sixto que el viaje se tendría que realizar dando cumplimiento a las comunicaciones, con o sin el hermano Sixto, siendo la única condición el que deberíamos salir en armonía total y en completo acuerdo con él. Después se escucharon las razones de la suspensión, que se suponía debían ser muy poderosas.

Al parecer la única razón era que el hermano Sixto pensaba que nada estaba preparado. Además, él había estado ausente de su hogar más de cuarenta días y si viajaba lo haría de veinte a treinta días más. Con todo esto esperaban a Sixto. Cuando llegó se sorprendió y al mismo tiempo se alegró mucho de que RAMA Perú hubiera tomado ya conciencia, y se lo hubieran tomado por fin con seriedad y pudieran caminar; él pensaba que no estaban haciendo nada y que los viajeros le estaban esperando a él para empezar a prepararse, pero al ver que todo estaba listo dio su aprobación y su bendición para que partieran sin él.

Me contaron que Sixto les preguntó uno a uno a los hermanos viajeros presentes que si estaban dispuestos a arriesgarse y si estaban preparados para hacer el viaje sin él y todos contestaron que sí.

Todo esto sucedía en Lima mientras yo me recriminaba por no haber sido constante en mi preparación. «Pero, Francisco, ¿qué pensabas? te dijeron que no», me decía tratando de acallar mi conciencia que me gritaba, pues las comunicaciones explicaban que el trabajo estaba reservado para un grupo peruano porque existían responsabilidades kármicas con Perú y con el continente. Ni siquiera llevé los zapatos para el entrenamiento.

Por otro lado, aseguraría mi puesto de trabajo ya que el martes 14 entregaba el puesto en la biblioteca y volvería al centro de cómputo y, sabiendo que había sido elegido nuevo alcalde, tendría razones para enfrentarme al actual. ¡Qué falsedad la mía, desear ser misionero RAMA y estar apegado a un trabajo!

Así, el martes 14 de septiembre de 1989 por la mañana, entregué mi plaza de la biblioteca y por la tarde preparé el terreno para no herir susceptibilidades. Tendría que enfrentarme al alcalde, que no llegaba; no debía dejar que pisotearan mis derechos como lo estaban haciendo. A eso de las 15.00 h me comunicaron que tenía una llamada telefónica desde Lima. Lo sabía todo en mi interior.

–Francisco, ¿cómo estas? ¿Cómo va la preparación? –me preguntó Juani, al otro lado de hilo telefónico.

–Bien –respondí.

–Debes seguir preparándote, se viajará. El hermano Sixto dio el visto bueno, prepárate.

¡Qué cosa más trágica! Lo sabía y no lo quería aceptar... ¿La Misión o mi trabajo?

–Juani, no te puedo contestar ahora. Ya he perdido un valioso tiempo y no sé cómo voy a hacer. El jueves 16 por la mañana te aviso.

–¿Estaremos aún a tiempo?

–Dios dispondrá; espérame hasta el jueves por favor.

¿Cómo haría para conseguir un permiso? ¿Y el dinero? El grupo de Lima me ayudaría, pero no sabía con cuánto. El billete de avión lo conseguiríamos a mitad de precio; eso no sería problema. Mi problema era el tiempo. ¿Cómo haría, cómo? En meditación les planteé a los Hermanos Mayores que, si tenía que viajar, necesitaba tres señales. Era consciente de que no debía forzar nada pues había hermanos dispuestos y preparados para reemplazarme; al fin y al cabo yo no era indispensable. Estaba en mi cuarto. «Si se cumplen las tres señales viajaré» meditaba. En eso sentí una voz sin voz que decía: *«sal y nos verás»*. Salí a la azotea. El cielo estaba estrellado. Miré y una nave apareció de sur a norte, intermitente. Primera señal cumplida. «Entonces viajaré si así está planificado».

Con empeño me seguí preparando y empecé a meditar de nuevo. De repente un haz de luz que llegó desde arriba me sobresaltó. «Hermanos, esto no lo voy a tomar como una señal sino como un anticipo; una señal de ustedes solo puede hacerme sentir bien». No sé por qué, pero estaba muy seguro de que con ese anticipo a la mañana siguiente sabría definitivamente si viajaría o no. Soñé varias cosas. Al recordarlas me di cuenta de que mi cuarto estaba inundado de una energía violeta que me era familiar y oí un mantra profundo y hermoso de un *«Sííí, Sííí, Sííí»*. «Entonces voy a viajar y, ¿cuál será la próxima señal?» *«Tú lo sabes»* me respondió la voz sin voz. «¿Qué yo lo sé?, ¿cuál?» Sabía que tenía que poner de mi parte, pero ¿cuál era? «Presento la solicitud para mi baja (además era la única forma, no tenía otra). Si encuentro una traba hermanitos, no viajo, pues no puedo arriesgar a mi familia; tengo que viajar seguro de que nada podrá perturbarme en el camino».

Pasaban las horas y el alcalde no llegaba. Entonces expuse mi caso al teniente alcalde. Me comprendió y aceptó sin mayores pegas. Era miércoles 15 de noviembre de 1989. Por la tarde la secretaria del alcalde me dijo que tenía una suerte única pues el alcalde había llegado. Pensé que con su prepotencia habitual echaría por tierra la decisión del teniente alcalde, como siempre había hecho; era el momento de enfrentarme a él, y rápido. Busqué la oportunidad y, cuando la tuve, noté que él estaba enterado de todo y que se disponía a seguir incomodándome para favorecer a algunos empleados de su confianza, pero eso me ayudó sin querer. Le expliqué que necesitaba un permiso y que el teniente alcalde ya lo había aceptado.

Dejó notar su satisfacción de que yo hubiera llegado a lo que él quería sin haber tenido que intervenir y me dijo: «Señor Sosa, si ya se ha tomado esa decisión, no tengo nada que decir, vaya usted tranquilo». Pero, ¡cómo es la vida! Ese señor aceptó con mucho gusto y el jefe de personal se alegró también y rápido me entregaron constancia de la baja. Claro, les convenía dar trabajo a sus «enchufados». Las tres señales se habían cumplido.

Tendría que viajar. Ese mismo día hablé con Lima para confirmar y conocer el día y la hora de partida. Me dijeron que podría viajar el lunes 20 con toda comodidad. Aproveché ese fin de semana para viajar a Huancayo, comunicarme con todos y llevar mis útiles de viaje. También retomé la preparación.

Los viajeros en Lima

Lunes 20 de noviembre de 1989. Había leído las comunicaciones que tenía una y varias veces y no sé por qué sabía que no serían siete las personas o los hermanos que llegarían al lugar sino que serían cuatro. Como confirmando mi intuición, en Huancayo me despidieron mi esposa, Raúl, Edi y Alfredo.

¿Qué pensaba del viaje?

Pensaba que sería muy duro, que pasaríamos muchas pruebas, que tendría que ser un sacrificio lograr cumplir los objetivos, pero que al fin lo lograríamos. Como había leído algo sobre las expediciones que se habían realizado desde la época de la Conquista, sabía que nuestra primera meta era llegar a Pusharo cuanto antes; de allí suponía que caminaríamos por el Pantiacolla, previa indicación de nuestros Hermanos Mayores. Casi al final de la caminata podría comprobar la visión que tuve en 1981 durante los viajes de ese año en Huarochirí, donde visualicé tres cerros en forma piramidal en paralelo que tenían un color verde azulino y estaban cubiertos de vegetación.

Suponía que en uno de estos cerros estaría la entrada a la Base Azul. Nuestra intuición nos ayudaría a decidir si lo haríamos por el cerro del centro, por la izquierda o por la derecha. Como indicaba la comunicación, hallaríamos antes las tres puertas de piedra: una de ellas sería el acceso a la base. Pensaba entonces que el viaje debía concretarse así: Lima-Cuzco (en avión), Cuzco-Shintuya (en coche), Shintuya-Pusharo (en lancha); Pusharo-Base Azul o Común Unidad de la Hermandad Blanca (a pie).

A Pusharo pensaba que debíamos llegar «enteros», es decir, lo más rápido posible, sin agotamiento físico y en completa armonía. Hasta la Base Azul había que realizar el trayecto a pie, algo que con el calor reinante, los mosquitos y los peligros en plena selva virgen sería dificilísimo.

Pensaba que el Paititi en sí era un lugar muy especial; las construcciones de piedra de los incas estarían perfectamente adaptadas para la común-unidad que suponía que vivía allí. ¡Qué emocionante sería encontrarse con miembros de la Hermandad Blanca! «¿Cómo será realmente el Paititi?

Cuántos sueños, cuántas búsquedas ha habido, qué privilegio poder participar». También pensaba que era un riesgo hasta cierto punto. En fin, el viaje había sido generado por los Guías y ellos sabían lo que hacían, me decía.

Al llegar a Lima y llamar por teléfono, me contestaron que a las 19.00 h nos reuniríamos todos para ultimar detalles. Pude comprobar que los hermanos aún no estaban listos, ni se sabía cuándo se viajaría pues el hermano Víctor Pacheco se desplazaría a Cuzco desde el 16 de noviembre para poder ver el asunto del transporte hasta Shintuya, el clima y otros aspectos del viaje. Todavía se esperaba el aviso, sobre todo del clima.

Sixto no viajaría y se suponía que el que conocía la zona era el hermano Dieter Gerlach. En la reunión no estuvimos todos los que viajaríamos, sino solo unos cuantos. Me comentaron algunas cosas como el asunto de la preparación en yoga y otros; me informaron acerca de que se necesitaría durante el viaje y pude ver planos, aerofotos y hojear algunos libros que tenían.

Salimos tarde quedando en que a partir de las cinco de la tarde del día siguiente nos reuniríamos a dormir con todas nuestras cosas. Allí conocí al hermano William Gómez, que según me dijo también era de la partida. La compenetración en el microbús en el que viajamos fue muy rápida.

Martes 21 de noviembre de 1989. No me sentía bien. ¿Se viajaba o no? Aún no estaba decidido y, si era así, ¿cuándo sería? Salí a hacer algunas compras como una linterna, plástico, un puñal, un encendedor, etc. Al comunicarme con el hermano Sixto por teléfono, me ofreció ayuda con el equipo que había traído. Le comuniqué que teníamos planificado reunirnos a las 17.00 h todos. Me prometió estar.

Llegué a las 16.20 h a casa de los hermanos Santos, pero al ver que no había nadie, salí a comprar cosas que me faltaban. Mientras, el hermano Sixto había llegado. Como no encontró a nadie se fue. Me dio pena pues consideraba necesario que habláramos con él. Así pasaban las horas y llegaban los hermanos, pero ninguno traía sus cosas como habíamos acordado.

No estaba tampoco la hermana Juani. En eso sonó el teléfono; llamaban de AeroPerú. Melina, la hija de Juani, contestó y luego me preguntó que para cuándo se necesitaban los pasajes. Decidí que se viajaría al día siguiente muy temprano.

Al oír el sonido del timbre de la casa salí. Al no conocer a la persona que llamaba le pregunté quién era:

–Soy Dieter ¿y tú? –me respondió.

–Francisco, de La Oroya.

–¿Participas también? –me preguntó con asombro.

–Sí.

–¿Sabes lo que significa esto? Realmente no saben a qué nos estamos exponiendo. A donde se piensa ir es otro mundo, otro mundo.

William me había hablado de Dieter el día anterior. Me quedé mirándolo, mientras hablaba para mí mismo. «Eso lo sé, para eso vine». Se notaba a las claras que Dieter tenía un desánimo que quería contagiar a los viajeros y convencer tal vez al hermano Sixto de que el viaje se postergara. Me solicitó su número telefónico, insistió en llamarlo y llamarlo pero no lo localizó.

Llegó William, listo para viajar con mochila y todo. Al rato apareció Juani. Al encontrarse con Dieter, este le preguntó cosas como que qué se sabía de Cuzco. Hasta ese momento solo se tenía referencia de que Víctor había llegado a Shintuya y que había comunicado que estaba bien para viajar. Esto no era suficiente para Dieter y Juani llamó a Cuzco. Dieter interrogó a Víctor sobre el clima, el tiempo, el trasporte y Víctor contestó a todo favorablemente. ¡La expresión de Dieter cambió! (Luego en Cuzco supimos que Víctor llegaba desde Shintuya a la casa del hermano Félix Dávila justo cuando sonaba la llamada de Lima. ¿Qué coincidencia, no?)

En eso, la empleada de AeroPerú, que era amiga de Juani, llegó con los billetes y a confirmar cuántos viajaríamos, pues solo había separado diez pasajes. Hasta entonces los posibles viajeros éramos once, pero a William lamentablemente no le habían llegado sus documentos y no viajaría. Sufrí juntamente con él pues vi y sentí su frustración. Pero no había nada que hacer; estaba decidido y así tenía que ser.

Dieter, aún no contento, intentó llamar al hermano Sixto y esta vez sí lo encontró y hablaron bastante. En cinco minutos se había decidido el viaje. Vi a Dieter, no conforme ni contento, pero sí seguro ya de que se partía.

Habían llegado ya algunos hermanos viajeros y al enterarse de que a las 6.00 h debíamos estar en el aeropuerto, salieron apurados a prepararse. No tuve tiempo de intercambiar ninguna impresión. Por mi parte sufría ya que aún no estaba integrado con el grupo y esto era importante. También empecé a equiparme; me prestaron una mochila, William, voluntariamente aunque apenado, me prestó su cámara fotográfica, un pasamontañas y un poncho de agua. Como yo no sabía qué había ocurrido para que se quedara, no podía opinar; solo trataba de alentarlo diciéndole que habría otras oportunidades.

Escogí la soga más fuerte sabiendo que se necesitaría y el resto de cosas las acomodamos en una bolsa azul grande de la Misión. Me hice cargo de los planos; estaba listo esperando la partida. Dormí en casa de Juani.

«De Dios venimos y hacia Dios nos dirigimos»

Miércoles 22 de noviembre de 1989. Tomé un vaso de zumo de naranja como desayuno, muy especial. De paso recogimos a Dieter. Íbamos al aeropuerto.

Nos encontramos los nueve viajeros, más uno que estaba en Cuzco:

1.	Juana Sánchez de Santos	Lima
2.	Francisco Sosa Mandujano	La Oroya
3.	Dieter Gerlach Bueno	Lima-Brasil
4.	Aníbal La Torre Morveli	Arequipa
5.	Roy Pisculich Noriega	Lima
6.	Rosa Isabel Bernedo C.	Arequipa
7.	Eduardo Paz Esquerre	Trujillo
8.	Alfonso Ugarte Ponce	Lima
9.	Miguel Morales	Lagones y Lima
10.	Víctor Pacheco Neyra	Lima

Partíamos nueve hermanos sabiendo que el nueve es el número del hombre por haber sido creado del Universo eternal –como nos explicaba el hermano Sixto–. El nueve es clave en el programa sobre este planeta, clave para la Humanidad que viene de Dios: 3+3+3 suman 9. Como estábamos atentos a todo, todos ellos fueron activadores numéricos[17] que funcionaron en todo el viaje de principio a fin, pues venimos de Dios, somos hijos del Altísimo, somos manifestación de Dios, somos creación de Dios.

Nuestros Hermanos Mayores habían querido hacernos comprender esto y por eso sugirieron ir y regresar de Cuzco en transporte aéreo. Con con-ciencia vinimos de «arriba» (avión Lima) hacia la Tierra (Cuzco) a cumplir un Plan, la clave del Programa de este planeta elaborado «arriba» (Gran Hermandad Blanca universal). Todo esto parece que noso-

---

17 Los activadores numéricos son claves simbólicas y numéricas que han sido dispuestas para actuar en el momento adecuado de madurez, dicen nuestros Guías. Es como un despertador que nos ayuda a abrir los ojos a tiempo, recordándonos el compromiso asumido previamente en las esferas espirituales.

tros los humanos tratamos de hacerlo, pero según nuestro pensar, según nuestro criterio, sin cumplir el Programa o dejarnos guiar.

Aquí estaría encerrada la primera enseñanza de este viaje y a ver aún como poco a poco lo iremos complicando hasta llegar a esta etapa, a esta hora actual de la Humanidad en la que tenemos que retomar el Programa y ser actores del Plan.

Los dígitos del número del vuelo, 433, sumaban 10, sabía que viajarían 10 hermanos aunque partíamos 9.

Estuvimos en la sala de espera número 7, partíamos de Lima a las 7.10 h.

Sin haber intervenido para nada en esto del pasaje nos ubicaron en la parte central del avión, lo cual se interpreta como guardando el equilibrio; cuatro hermanos ocupamos la fila 12 a, b, c y d, tres estaban en la fila 13, y dos en la fila 14. Todo simbólico.

A Cuzco llegamos a las 8.05 h y en un microbús blanco nos dirigimos a casa del hermano Félix Dávila, ubicada en la avenida de Los Incas 916 de Cuzco; curiosamente la suma final da 7.

Fue nuestra primera prueba. Como el microbús alcanzaba para todos, incluidos equipajes, y era cómodo, le pedimos al chófer que nos llevara a Shintuya, pero el precio nos asustó pues nos pidió 500 dólares.

–Cóbrenos lo justo –insistimos, aunque no estábamos en disposición de pagar. Pienso que vale la pena hacer referencia a esto pues nos alentó a viajar en otro transporte. Aunque nadie lo comentó, nos mirábamos por lo caro que resultaría.

Cuando llegamos Víctor no estaba. Por teléfono se ofreció ir a las 9.30 h y se demoró hasta las 10.30 h. Aún no teníamos en ese momento certeza del viaje. Cundió la tensión pues Víctor no sabía nada sobre el transporte.

Por mi parte veía escapar algo que había pensado: había que llegar cuanto antes a Pusharo; por la experiencia del viaje de agosto 1981 el hermano Sixto recordaba que nos decía que debíamos tratar de ganar tiempo. (Nada más regresar me di cuenta de que en 1981, mientras viajábamos a Sillarhuasi el grueso del grupo estaba esperándonos en Chivay y había que ganar tiempo; ahora era distinto y los Guías nos habían pedido disposición total).

Pensaba que saldríamos inmediatamente, pero cuando nos dijeron que viajaríamos 24 horas de continuo, pensé que eso era muchísimo tiempo para mí. «Entonces debemos salir cuanto antes» dije, pero no había cómo.

Nos enteramos de que los lunes, miércoles y viernes eran para entrar y los otros eran días de salida. Si no partíamos el miércoles 22 estaríamos en Cuzco hasta el viernes y eso me desesperaba. Pero algo hacíamos: preparamos nuestra «caja» que llegaba a los seis millones de intis. Un grupo trató de buscar transporte y hacer compras de carretes de fotos y algunas cosas que faltaban.

Recordé la comunicación de los Guías que nos decían que en Cuzco nos indicarían el camino a seguir y caí en la cuenta de que los que estábamos fallando éramos nosotros y propuse empezar a trabajar de inmediato. Dirigí la relajación con intención de que los hermanos Guías se manifestaran.

No se hicieron esperar y Roy se aperturó como «antena» y la hermana Chabuca también recibió. Al salir de la concentración estábamos todos, o sea los diez, y fue muy estimulante leerla de inmediato.

Comunicación: 22-11-1989 Hora: 12.45 p.m. Casa del hermano Félix, Cuzco:

«Sí, somos vuestros Guías que estamos pendientes de vuestros trabajos. Deberéis recordar que la voluntad y la fe es lo último que debéis perder, pues ¿para qué creéis que fuisteis invitados a venir a este lugar?

Debéis salir lo más antes posible pues los días que os vienen serán ricos en detalles que abrirán aún más vuestra conciencia para poder llegar al lugar, al cual tendréis acceso solo si entre vosotros no existe un asomo de temor y falta de unión.

La preparación que habéis tenido en esta semana no basta para creeros con capacidad de llegar; desde antes reunís las condiciones para que en conjunto arméis un grupo humano tal que vibre en sintonía con los miembros de la Hermandad que os esperan.

¿Es que acaso no os habéis dado cuenta de ello?

¿Creéis que después de que todo se os ha dado para que estéis presentes, no sacareis el mayor provecho para la Misión y la Humanidad?

Nosotros estaremos pendientes de vuestros logros y trabajos; solo cuando sea necesario intervendremos, pues el compromiso fue asumido por vosotros y solo por vosotros, más el apoyo que ya comenzó con fuerza. Tendréis la información que necesitéis para reunirla con la que tiene vuestro hermano Tell-Elam que también está trabajando y os acompañará en el astral.

Recordad hermanos vuestra Misión; para eso estáis aquí, no decaigáis. Vuestro trabajo real acaba de comenzar; estad atentos a todo lo que os rodea y a la información de las personas que os encontrareis para deducir vuestro sendero.

Os estaremos apoyando. Con Amor, Sampiac y Anitac».

12.45 h. Casa del Hermano Félix, Cuzco.

«*Ya estáis todos reunidos. Emprended el viaje; todo se os dará. Ya venís avisados y emprended la marcha con mucha humildad y Amor con entrega en el servicio. Tendréis pequeñas dificultades que allanareis con Amor.*

Ya sabéis que el Amor es la llave que abre todas las puertas, aún las herméticas.

Paz y Amor hijos míos.

Soy vuestro Guía y Maestro Jesús el Cristo, hijo unigénito de Dios Padre; el Maestro os ama y bendice, os ama y protege. No olvidéis, haced cadenas, la Humanidad las necesita. ¿Acaso no lo sentís así vosotros? Seguid en comunicación en todo el trayecto, os guío y llevo con Amor.

Uníos más; no dejéis que nada os desuna y encontrareis que así todo es y será más fácil. Luchad y venceréis, no escatimáis esfuerzos en lograr nuestra completa unión; esa es la base sobre lo que debéis trabajar, en equipo y en solidaridad.

¿Representáis o no a la Humanidad?

Entonces, ayudadla con firmeza y absoluta entrega; no dudéis hoy más que nunca, uníos en amor, fortaleceros y venid al encuentro de los hermanos que os esperan con Amor.

J.H.S. os ama».

Estas dos comunicaciones nos estimularon mucho, sobre todo en el estado en el que habíamos estado. Al fin había confianza en cada uno de nosotros. Como si Víctor acabara de comprender parte de su misión, se levantó y salió a buscar un transporte.

En ese trabajo habían comenzado para mí las experiencias de visualización. Los Guías, nuestros Hermanos Mayores, me estaban induciendo seguro. Claramente vi un cerro muy alto en forma triangular y en la misma punta, sin tocar al suelo, estaba el Maestro Jesús. Con su diestra me indicaba un lugar; no pude ver su rostro, estaba de perfil y su cabellera lo cubría, iba con una túnica blanca. ¿Qué me indicaba esa visión? me pregunté. Se lo conté a los hermanos recordando la comunicación que decía que nos contásemos todo entre todos.

Al poco rato Víctor regresó con un transporte, cuyo propietario deseaba asegurarse un adelanto. Como Dieter estaba muy preocupado, también había salido a buscar por su cuenta transporte y era nuestro tesorero. No teníamos dinero; al chófer Gregorio Corimanya le explicamos que no dudara de nosotros; Víctor iría con él ya que aún faltaba subir la carga al camión.

Con esa seguridad empezamos a separar lo que dejaríamos en Cuzco y lo que llevaríamos: medicinas, víveres, etc. Víctor y Miguel acomodaron y destinaron una mochila a botiquín. Era el único y último coche; si lo perdíamos no podríamos salir hasta el viernes 24. Víctor nos comentó que el señor Corimanya prefirió llevarnos a nosotros aún cuando había mucha gente que le suplicaba. En ese momento no lo comprendía, pero ahora sí; ahí estaba la mano de los hermanos Guías. La matrícula del camión era WN 1525.

Por fin regresaron a recogernos y solo nos miramos entre todos; nuestros rostros estaban serios al ver que el camión estaba muy cargado y viajaríamos encima de cajas llenas de botellas de cerveza. Dieter, muy preocupado, revisaba el coche y hacía notar su desaprobación, pues tenía las llantas en pésimo estado, no tenía un faro, y además estaba muy cargado. Razones no le faltaban pues conociendo la ruta era lógico; tenía razón y lo entendimos, pero así, sin buscarlo, salíamos a las 15.33 h de la tarde. Al partir vimos que un auto que se encontraba estacionado tenía el número de matrícula 2211; lo vimos varios hermanos y lo comentamos, pues era 22 de noviembre a las 15.33 h y partíamos con el objetivo de llegar a Paititi desde el Cuzco diez hermanos RAMA. 22+11 sumaban 33, y sumados 22-11-1989 (2+2+1+1+1+9+8+9) también daba 33. Era curioso y claro a la vez que todo se daba.

«Por fin estamos en viaje –me decía–. Mañana a estas horas estaremos en Shintuya; qué duro. Veinticuatro horas calculaba Dieter. Es mucho para mí y... si llegamos a esa hora será un día perdido, pues por la tarde ninguna lancha querrá llevarnos», pensaba.

Suponemos que por evitar alguna papeleta con la Policía o no sabemos por qué, el chófer nos llevó por otro camino (por detrás de la cárcel del Cuzco) y, al entrar de bajada de nuevo en la pista, chocamos con un microbús lleno de pasajeros.

La paz-ciencia

...Si cambian lo suficiente para comprender que el camino de la luz se recorre con paciencia y mucha tolerancia, sabrán que han dado un paso firme en la evolución...

SAMPIAC y RUMILAC

La paciencia es el arma que utiliza el caminante para continuar.

OXALC

La impaciencia cundía en todos y principalmente en mí. No lo decía, pero cualquiera que me hubiera visto lo habría notado. Don Gregorio Corimanya superó el incidente, retomando la marcha a las 16.33 h. Como tenía su casa en San Jerónimo y además tenía que cargar unos panetones, nos redujo el espacio y nos demoramos mucho mientras arreglaba el faro y la llanta.

Nos preparamos para el viaje de noche. Tras la experiencia de horas antes hicimos nuestro trabajo de protección al camión y a sus dos pilotos. A las 19.33 h reiniciábamos el viaje. La tensión y la impaciencia nos habían producido gran cansancio físico; las botellas que nos hacían daño en la espalda ya no era impedimento para cerrar los ojos y dormir.

No calculaba lo que habíamos avanzado, pero era de noche y hacía frío. A la hermana Chabuca, que estaba a mi lado, le estaba afectando la altura. Pidió coramina y gracias a Dios no pasó de ser un susto para todos, pues, según nos contó después, se sentía a morir.

Pasado esto nuevamente me desperté. Exactamente a nuestra altura en el firmamento se veían las estrellas conocidas como «las Tres Marías»[18] que junto con otras formaban como especie de un corralito y la voz sin voz me decía que era «el plano del Paititi». Todos dormían y el coche iba lentamente. Al dormir y despertarme de nuevo, solo estaba al descubierto el conjunto de «las Tres Marías»; todo lo demás estaba cubierto de nubes. Calculo que era en el descenso a Paucartambo o muy cerca; era curioso ver que todo estaba nublado menos esa parte. Así me di cuenta de que el coche se había detenido.

Bajé a ver qué ocurría y era que la llanta delantera estaba baja y necesitaba cambiarse y no había repuesto. Solo tenían otra cámara, pero no tenía pitón; la solución era parchear la misma cámara. Felizmente no llovía. ¡Cuánta razón tenía Dieter!

Ganas no me faltaban de recriminar al chófer. El hermano Alfonso también bajó. Le comenté que «las Tres Marías»

---

18 Mi ignorancia sobre astronomía solo me decía que esas estrellas eran «las Tres Marías», pero son conocidas como la constelación de Orión que se encuentra a 500 años-luz de nuestro sistema solar, y es de donde originalmente proceden los actuales habitantes de Ganímedes, satélite llamado por ellos Morlen, desde hace unos 25.000 años de los nuestros. Actualmente hay estudios y experiencias al respecto.

me habían impresionado. Me respondió que a él también. Eso calmó mis ánimos. Lo más prudente era callarme pues estábamos en camino, aunque según mis cálculos el tiempo corría rápido y no avanzábamos lo necesario. Nos demoramos un buen rato allí pero eso sirvió para que los demás hermanos durmieran sin movimiento alguno. Mi impaciencia aumentaba, pero me aguantaba; no podía hacer otra cosa.

Era nuestra prueba: un viaje muy duro, cama de botellas con chapas en sus cajas... Las condiciones del camino no eran buenas; el clima no me afectaba nada a mí, pero a Chabuca sí, el camión era lento y defectuoso.

Era la prueba de la paz-ciencia y tolerancia para con el chófer y más para con nosotros mismos; no habíamos pasado varios años preparándonos en balde.

Pasando Paucartambo subió Pedro Amaru Raru; nuevamente éramos once personas las que viajábamos. Lógico, me decía, al 10 le sigue el 11 y por algo será, alguna relación debe tener. Si la décima campanada suena entonces se espera la undécima, ¿no es cierto?

El jueves 23 de noviembre de 1989 fue la primera fecha clave: 2+3=5. El quinto de RAMA, sacaba yo la cuenta, y once representaba el mes de noviembre y éramos once personas; también íbamos a partir 11 y dos veces se mostraron las tres estrellas de «las Tres Marías»... En fin, eran especulaciones mías y os las cuento. De repente por aquí sale algún hermano descifrando lo que representa todo esto[19].

Nos íbamos despertando todos pues estaba amaneciendo y pronto saldría el sol, y como una de las comunicaciones decía que debíamos estar atentos a las salidas del sol, lo estuvimos. Ya habíamos pasado Huambutillo, Huancarani,

---

19 No solamente uno, sino hay varios hermanos que han descifrado todo esto. Los Guías nos hablan de que la clave 11 nos recuerda que debemos procurar la unidad en Dios dentro de nosotros, abrirnos a la fuerza interior. Esta clave indica –dicen– que debes enfrentar las pruebas con valor porque no estás solo.

El Abra, Paucartambo y Tres Cruces no hacía mucho rato. A todos nos impresionó un cerro. Al preguntar a Dieter, él se paró haciendo equilibrio por el movimiento del camión y nos dijo que era Tres Cruces, al tiempo que con su mano derecha señalaba la cordillera del Pantiacolla y del Piñi que se encontraban enfrente nuestro aunque bastante lejos. Había pues una gran distancia. Tenía un color azul muy hermoso. Yo me encontraba sentado al lado derecho y en la parte posterior del coche. Dieter estaba en el lado izquierdo y en la parte delantera. En un momento dado le vi que parecía estar justo sobre el cerro y reviví lo que había visualizado en la meditación en Cuzco: estaba el cerro de mi visión y Dieter indicaba al mismo lugar que señalaba el Maestro Jesús en mi meditación. «Entonces estamos bien» me dije. Comprendí que el Maestro me señalaba a donde llegaríamos, que todo lo que veíamos era en sí un gran valle, el valle de la Luna Azul tan mentado en RAMA. Su nombre lo decía, era un valle. Mi primera visión del viaje lo corroboraba.

Estaba claro, íbamos bien. Empezaba a comprender que el Paititi que tenía el plano señalado por las Tres Marías se encontraba en el Gran Valle de la Luna Azul. No lo hubiera entendido jamás si no hubiera participado en el viaje.

Eduardo nos refirió que en Tres Cruces empezaba el parque Manu, considerado reserva nacional y mundial. Habíamos empezado un descenso continuo, donde pudimos ver pegados animales pastoreando en las faldas de los cerros. Íbamos charlando, contándonos cosas y con las risas de Dieter y Aníbal nos fuimos integrando más y más. A ratos todos reíamos, mirándonos y nadie sabía de qué. Fue necesario que así ocurriera para soltarnos más, para coger confianza. Poco a poco nos internábamos en la selva sin comprender aún que estábamos siendo probados y preparados en la paz-ciencia, la tolerancia y la fe.

Enclavado en el cerro había un lugar acogedor llamado Pillahuata. Allí, al ver que la Policía controlaba la salida de la coca, nos dimos cuenta de que viajábamos en dirección contraria al tráfico, pues nos habíamos demorado mucho. Aprovechamos para tomar el desayuno. Al querer reanudar la marcha, la Policía no nos dejó pasar, pues los días de entrada eran los lunes, miércoles y viernes, y los de salida los martes, jueves y sábado y domingo hasta mediodía. Tal vez eso recordaba a las meditaciones solares y lunares que en este caso coincidían.

La Policía, ante la insistencia del grupo nos autorizó a pasar, anticipándonos que lo hiciéramos después de cuatro coches. Ellos se fueron más abajo; así llegó el mediodía. Qué desesperación para mí. Según mis cálculos estábamos perdiendo mucho tiempo y energía física solo en el viaje. ¡Y no llegábamos a nuestro destino!

En una capillita que había allí oré a Dios pidiéndole que me diera tranquilidad y que nos protegiera. Reanudamos el viaje con risas por doquier, pero cuando solo habían pasado dos coches, no distinguíamos la carretera por la espesura de la selva. Más abajo la Policía nuevamente nos detuvo molesta e increpándole al chófer por su desobediencia. Gracias a la intervención del grupo nos permitieron avanzar a condición de que una de las hermanas fuera a la caseta para impedir que el chófer avisara a los otros vehículos que estaban de subida de que la Policía estaba controlando (nos dimos cuenta entonces de que el control no era todos los días). En esta nueva gestión del grupo que realizaron Alfonso, Dieter y Chabuca mientras los demás meditábamos mentalizando que pasaríamos, se les regaló una estampita a los policías, que se quedaron contentos. Chabuca fue a la caseta y reanudamos la marcha.

De la carretera sobresalían infinidad de ramas de los arbustos por ambos lados y había que protegerse y nos avisábamos: *rama, rama, rama, rama, rama, rama, rama, rama, rama...* Lo decíamos sin darnos cuenta para que las ramas no nos hicieran daño, pero como era continuo, a mí me pareció que era una clave que interpreté así:

«Que cuando empezábamos a recorrer el camino espiritual en RAMA, a RAMA tenemos que recordarlo a cada instante, a cada momento, sobre todo sus enseñanzas y vivirlo, porque el camino es largo y siempre estamos siendo probados y permanentemente tentados».

Dieter nos decía que la *paca* (arbusto) era peligrosa, por eso siempre repetíamos *rama, rama, rama*. Más abajo, en un lugar llamado Esperanza, se quedó Pedro Amaru Raru, que en un momento de nuestra risa llamó a Aníbal y conversó con él.

Reacomodamos las cajas de cerveza para sentarnos y empezar a trabajar leyendo y analizando las comunicaciones (sin Chabuca) referidas al viaje. A efectos de integrarnos mucho más, acordamos contarnos entre todos cómo y por qué estábamos participando en el viaje.

Pasamos Chontachaca, Inclán y en Patria, a eso de las 15.00 h más o menos, subió un vendedor de medicinas, bastante alegre y hablador; decía que conocía toda esa parte de la selva.

Habíamos penetrado el hermoso valle del Kcosñipata, nombre que increíblemente tiene diez letras. Frente a la comisaría de Pilcopata el coche se detuvo. La Policía forestal jugaba un partido de futbito. El vendedor, que era hablador y conocía a todos, le dijo a un policía algo así: «Cubillas, hola, demuéstrales lo que juegas, quieren verte». Ante nuestra mirada interrogadora nos dijo que el policía jugaba muy bien al estilo Cubillas. «¿No es cierto?» le gritó al policía y este le respondió: «No por gusto tengo el 10», mostrándonos al mismo tiempo el número 10 de su camiseta. Alguien se fijó en la hora: eran exactamente las 17.00 h de la tarde con cinco minutos, y también jugaban en la cancha cinco personas contra cinco. El diez por todas partes.

El chófer nos comunicó que por desperfecto del coche nos quedábamos en Pilcopata. No sabía qué pensar; mis planes iniciales se esfumaban. Estábamos perdiendo un día más; la impaciencia hacía presa en mí. Le dije a Dieter que allí había otro coche para llegar esa misma noche a Shintuya y a la madrugada surcar hacia Pusharo. ¡Qué equivocado estaba!

No podía más y conversé con el chófer, haciéndole saber que nos urgía viajar pues teníamos que seguir viaje durante veinte días más y por su culpa estábamos retrasados ya un día o más. Le pedí que hiciera lo imposible para partir lo antes que se pudiera.

Me lo prometió diciendo que si no se arreglaba su camión llamaría a Shintuya por radio para que su otro coche nos alcanzara. Además, decía que habíamos viajado toda la noche y que estaba cansado, pero que a las cinco de la mañana a más tardar reanudaríamos la marcha.

No había otra alternativa más que esperar, pues era el único medio de transporte con el que contábamos, no había más, por lo que nos alojamos en el único hotelito del lugar. El dueño era el señor René Moscoso Salamanca, gran amigo de Dieter. Allí nos dimos un reparador baño.

Cuando salíamos de cenar de casa de la señora Rosa (esposa del policía que tenía el número 10), ocurrió algo: el paseo de antorchas del centro educativo de Pilcopata. Dentro de la variedad de diseños de antorchas de los niños, la mayoría de nosotros pudimos contar la presencia de diez antorchas en forma de estrellas de seis puntas, hecho que festejamos, además de que el desfile era en dirección a las montañas del Pantiacolla.

En el cielo estrellado veía una nave intermitente; jajá, había muchas, eran luciérnagas. Cruzamos el río Kcosñipata aproximadamente a las 8.30 h por el puente antiguo y pudimos ver la construcción de otro nuevo.

La idea era acercarnos caminando por la carretera lo más cerca posible al punto de encuentro del río Piñi con el Tono, inicio del río Alto Madre de Dios, límite natural de los departamentos de Cuzco y Madre de Dios.

Al borde de la carretera, en medio de la profundidad y la oscuridad de la noche, con el acompañamiento del canto uniforme de las chicharras, las ranas y de otros animales nocturnos, bajo la dirección de Juani meditamos. Ella nos llevó en proyección mental a una nave cercana, previa armonización e irradiación a la zona de la dirección que llevábamos. A las 21.50 h se pidió y recibió comunicación de los hermanos Guías. La experiencia fue que la mayoría logró un estado de profunda relajación hasta el punto de que no se percibieron los mosquitos, logrando la compenetración total con la naturaleza, en plena soledad, e incluso algunos tuvieron la percepción de los Guías alrededor del grupo.

En ese lugar, dado que la meditación era buena, en mi pantalla mental visualicé claramente, como si se tratara de una nítida fotografía, que sobre mi frente había una cruz brillante de tres líneas, una dentro de otra y de cuatro lados iguales. La imagen cambió y vi el rostro de un extraterrestre con todos sus detalles. Me pregunté con insistencia qué significaban estas visiones sin conseguir respuesta. Recordé haber visto ese rostro alguna vez en algún lugar; no era un rostro de una persona viva sino como un dibujo o una fotografía en la que el blanco se acentuaba.

Imagen 5. Sobre mi frente había una cruz brillante de tres líneas, una dentro de otra y de cuatro lados iguales.

Imagen 6. El rostro me pareció conocido. Al regresar del viaje busqué y pude comprobar en el número 39 de la revista *Lo Insólito*, parte superior de la página 15, que al pie se lee: «Dibujo de un rostro típico de los extraterrestres del «caso Hill» (EE.UU.)

Tal vez hubiese podido ver más cosas, pero el querer saber qué representaba y la incomodidad en que estaba no me lo permitieron. Debo precisar que los hermanos Guías habían dicho por comunicación que nos contásemos todo lo que tuviéramos por experiencia. Yo cumplía religiosamente esto en un 95%; el 5% restante me lo guardaba esperando confirmación de los otros hermanos. Siempre al término de algún trabajo compartíamos nuestras experiencias. Comprendía que así se irían armando los eslabones y sabría el porqué del viaje.

Comunicación: 23-11-89, a las *21.50 h. «Antena»: Roy:*

«Retomamos la comunicación con vosotros pues vosotros nos lo pedís, mas debéis tener más confianza en vuestra intuición y en la capacidad de discernir los medios con los cuales os acercareis cada vez más. ¿Es que acaso no confiáis en vosotros mismos? Todo el trabajo asignado no

recae solo en vosotros; quitaos el peso que lleváis encima de que representáis a la Misión y a la Humanidad misma. Os habló Ossim».

Pregunta: ¿Cuántos días deberemos estar internados en la selva?

«Hermanitos, sobre vuestra pregunta os decimos que no debemos daros un tiempo definido, pues eso solo traería presión sobre vosotros. Recordad los mensajes anteriores: vuestro propio trabajo y confianza en lo que sentís serán la llave que os aperturará la puerta para el acceso definitivo al lugar al que deberéis llegar; aún no podemos indicaros algo más concreto pues estáis siendo evaluados en vuestra preparación. No pretendáis que todo se os dé tan fácil.

Pedid comunicación cuando todos sintáis realmente que es el momento necesario de la comunicación directa. Sampiac».

Pregunta: ¿Qué programas debemos seguir en Pusharo?

«Vosotros ya sabéis que debéis ir al lugar que denomináis Pusharo. Allí tendréis que utilizar definitivamente la herramienta más importante para la interpretación de los símbolos; allí encontrareis parte de la historia respecto a este lugar y que está vinculada con vuestra Humanidad.

Todos y cada uno de vosotros armareis el rompecabezas de estos símbolos y ello os ayudará a avanzar al lugar correcto. Recordad que debéis tener la confianza necesaria como para que vuestro sentir sea la puerta de acceso. Nosotros estaremos apoyando vuestro trabajo por medio de la energía dorada que estamos ya dirigiendo hacia vuestros cristales para activarlos aún más. Vuestro Guía, Titinac».

Pregunta: ¿Qué nos falta para continuar?

«Sobre vuestra pregunta os podemos decir que se os presentarán personas que os darán datos y detalles que debéis entender para seguir continuando en el camino. Vais por el sendero indicado, pero aún faltan detalles que deberéis encontrar. Sobre la vestimenta deberéis llevar ropa sumamente ligera más un abrigo, pues tendréis que subir a altura y no todos os sentiréis completamente abrigados. El momento de despertar al trabajo asignado ha llegado y solo vuestra comprensión de todo cuanto ocurra os aclarará las dudas que algunos hermanos aún sentís sobre el objetivo final de este viaje. No dudéis un instante del apoyo que estáis teniendo de vuestros hermanos en Misión; ellos ya saben con claridad a qué os estáis exponiendo. No temáis; vais con el Amor que nos identifica en unión con vosotros. Ossim, Sampiac y Titinac».

Cuando leíamos las comunicaciones y comentábamos nuestras experiencias pasaron dos grupos de personas en dirección a la población.

Chabuca tomó la palabra y nos habló con energía. Según dijo sentía hacerlo por encargo del Maestro Jesús. Era una fuerte llamada de atención. Al final nadie dijo nada y optamos por regresar cabizbajos, iluminándonos con las linternas, aunque se notaba que nos había afectado.

Considero que debo narrar lo positivo y lo negativo del viaje; solo así se podrá valorar este, pues éramos representantes de la Humanidad y, como tales, los diez que viajábamos éramos la Humanidad entera en miniatura, con nuestras virtudes, defectos, egoísmos, dudas y temores, pues eso somos todavía.

Como era tarde regresamos al hotelito a descansar. Comentamos algo Eduardo, Aníbal, Dieter y yo sobre lo que nos había dicho la hermana Chabuca y se notó que había afectado a la vibración alcanzada. Con una relajación personal me quedé dormido.

El viernes 24 de noviembre de 1989, en lo mejor de nuestro descanso y en lo profundo de nuestro sueño, nos molestaron voces cada vez más cercanas y fuertes hasta despertarnos. Dieter, que estaba más cerca a la ventana, se levantó y se enfrentó al grupo de policías que iban fuertemente armados, que no querían entender nada, sino entrar a constatar. Manifestaron que en el hotel había gente sospechosa, a pesar de haber leído el permiso que habíamos llevado del Ministerio de Agricultura. El propietario les abrió la puerta y entraron; el jefe era marido de la señora Rosa de la pensión, y al escuchar decir a nuestro compañero que era Dieter Gerlach, no sabía cómo pedir disculpas, pues su esposa ya le había hablado de nosotros. Pero parecía que la población estaba alarmada, supuestamente avisada por los grupos de personas que habían pasado por allí por la noche y que habían llegado antes que nosotros a la población.

Tratando de retomar el descanso me relajé. Alguien encendió una radio; escuchamos una bonita canción, y cuando terminó la apagó. No di importancia al acontecimiento; pasó desapercibido para mí, pero para Dieter era otra cosa. Aníbal, fijándose en su reloj nos dijo que eran las 2.33 h.

Impaciente como estaba me levanté con mucha esperanza (eran las 4.33 h) pensando que el camión saldría realmente a las cinco de la mañana. Metí prisa a los demás hermanos para que se levantaran pues seguramente deseaban seguir descansando. «Hermanos, apúrense por favor que van a ser las cinco», les decía en voz alta.

El camión no apareció y con pesimismo me dije para mis adentros que otro día se nos iba. Estaba apesadumbrado y me sentía culpable de haberlos levantado a todos. Después apareció don Gregorio y nos comunicó que la reparación se demoraría hasta el mediodía. Esto fue determinante para mí; realmente estábamos siendo probados y guiados por nuestros Hermanos Mayores.

Mi impaciencia tocaba a su fin. Nos habían probado en la paz-ciencia y lo habíamos logrado. En ese momento en Pilcopata caí en la cuenta de que desde un inicio el viaje tenía un sentido, una enseñanza que debíamos asimilar y valorar. Meditaba acerca de todo lo que me había ocurrido y nos estaba ocurriendo hasta entonces; solo teníamos que dejarnos guiar.

El camino espiritual solo puede ser recorrido por aquel que se deja guiar por las fuerzas positivas, por Dios; para ello el caminante tiene que tener paz y ciencia a toda prueba. Esta era la enseñanza, pero solo era parte de la gran enseñanza de que de Dios venimos.

«De aquí en adelante –me dije–, si los Guías nos llevan de la mano, no más impaciencia, no más tensión, pues ellos han propiciado este viaje». Había comprendido la enseñanza de la paz-ciencia y había pasado la prueba.

Una canción, nuestro himno y el viaje

En el desayuno, Dieter comentó la canción. Según dijo era la misma canción que Víctor le había cantado a él al pasar el puente cuando regresábamos de nuestro trabajo de la noche. Esta coincidencia era para él algo grande que expresaba la magnitud de por qué estaba en el viaje. Tan impaciente como yo había comprendido que estábamos siendo guiados. Dieter era otro hombre en ese momento y lo festejamos en coro con un «¡Bravo Dieter, así se habla!» Nos dijo también que hasta ese momento no sabía a qué ni por qué viajaba.

Mientras continuaba la reparación del camión, empezamos a hablar para conocernos mejor, contándonos las experiencias que estaban vinculadas con ese viaje al Paititi. A mí, así como a Miguel, Juani, Alfonso, Víctor, Aníbal, Chabuca y Eduardo no nos alcanzó el tiempo y no pudimos terminar. A todos les habían ocurrido cosas insólitas, además de que en la mayoría de los casos nuestras vidas estaban llenas de sufrimiento, muy duro en algunos casos. Pero buscábamos aprender, comprender y también una oportunidad para ayudar a los demás.

Alfonso nos narró sus experiencias según su propia versión. Víctor extrajo de su mochila lo que había encontrado en una salida en Santo Domingo de los Olleros-Chilca y nos explicó la interpretación que él le daba. Notamos por ejemplo que Eduardo había leído mucho y que tenía mucho conocimiento, pues su profesión de periodista así lo exigía, lo mismo que lo que nos contaron de Aníbal, Juani, Miguel y Chabuca nos emocionó y unos llorábamos en silencio y otros más abiertamente.

Era imposible para mí seguir callando lo que sentía y pensé que era el momento, recordando el consejo de RAMA de que si tienes algo que decir debes hacerlo en el momento, otro momento sería demasiado tarde. Tenía que decirle a la hermana Chabuca lo que sentía, y con mucha estima y amor lo hice:

«Con todo respeto y amor, hermanita, tus palabras de anoche a la mayoría nos afectaron. Con ánimo de perdonarnos unos a otros te digo que si el Maestro Jesús se dirigiera a cualquier grupo de personas jamás haría sentir mal a quien se las dijera y menos a quienes lo escucharan. Anoche, según mi entender no ha sido así, y si estoy en error perdóname». Me pesó haber iniciado esta aclaración pero se pudo notar que la mayoría de los hermanos estaban dolidos y nos sirvió para aclarar muchas cosas.

En Pilcopata dejamos algunas cosas no indispensables. Después de almorzar reiniciamos la marcha con el objetivo de llegar a Shintuya. Pasamos por la confluencia de los ríos Kcosñipata y el Tono, donde nace el río Alto Madre de Dios y luego la unión del río Piñi con el río Alto Madre de Dios. Pasamos cerca y pudimos observarlos.

La *Balada del hombre sin rumbo* la aprendimos con su letra original, después de que Dieter nos la refiriera. Tocó hondamente a todos los viajeros. La cantábamos con ganas y se convirtió en nuestro himno del viaje cambiando algunas palabras. Cantemos ahora y sentirás la vibración del Paititi:

Balada del hombre con rumbo

Siempre habrá un lugar bien distante
otro cielo, otra tierra, otro mar
donde pasa la vida y nada se transforma
donde todo es paz y nadie viene a llorar.

Caminando con rumbo yo voy con destino
procurando encontrar un mundo mejor
donde pueda vivir sin sufrir, ni llorar
que la paz y el amor pueda yo encontrar.

Llegamos a Atalaya y pronto al río Carbón. Lo cruzamos para llegar a Salvación, distrito capital de la Provincia del Manu, un pueblito muy acogedor desde donde Dieter nos indicaba la ubicación de Erika, un albergue que perteneció a sus padres y a él, y donde seguro había pasado los mejores momentos de su vida.

En Salvación se nos acercó una vaquita a saludarnos con una expresión casi humana que nos sorprendió; divisamos algunas haciendas de ganadería de vacunos. En el trayecto vimos a algunos monitos hacer sus travesuras a nuestro paso.

Sin comentarlo, cada uno veíamos como la lluvia nos seguía desde el día anterior a medida que avanzábamos. Todos notamos el apoyo constante de los Guías; de otro modo no se podía explicar.

El cansancio físico y la pesadumbre los reemplazábamos con cantos y mantras de RAMA y AMAR con mucha voluntad, alcanzando una alta vibración, y cada vez que el coche subía una cuesta o sentíamos que se iba a parar, gritábamos a coro y fuerte «fuerza, fuerza» o «trepa, trepa» y en verdad el vehículo parecía obedecernos.

A las 19.00 h aproximadamente arribamos al kilómetro 250. Don Gregorio tenía allí otra casa, pero como mi impaciencia había ya desaparecido, sonreí de buena gana pues comprendía que los Hermanos Mayores lo querían así.

El lugar llamado 250 es considerado el embarcadero de Santa Cruz o el embarcadero del Parque Nacional del Manu en el río Alto Madre de Dios.

Bajo el techo del futuro mercado del embarcadero, después de limpiarlo y acomodar nuestras cosas (sin saberlo estábamos frente al río Palotoa), hicimos una armonización y compenetración con el lugar y sus vías de acceso a Pusharo y a la cordillera del Pantiacolla. La dirigió Eduardo y nos llevó a un trabajo intenso que consistió en la elevación de la tasa vibracional de cada uno canalizando las vibraciones del mantra RAMA hacia arriba en forma ascendente tres veces en cada centro energético, potencializando así los eslabones de la cadena que estábamos todos conformando. Proyectamos la energía acumulada a la zona de los Retiros Interiores, a los Guías y al mundo, a través de las vibraciones del mantra AMAR siete veces.

Luego, sacando fuerzas de flaqueza, seguimos la conversación de la mañana con Eduardo y con Roy, pero por el cansancio físico que teníamos no podíamos escuchar bien y optamos por descansar. Por sugerencia de Alfonso acomodamos las cosas en el centro como una especie de protección; nuestras cabezas quedaron también en el centro.

Al poco se desencadenó una tormenta a lo largo de toda la cordillera del Pantiacolla, acompañada de truenos, rayos y relámpagos. Hubo uno que nos hizo temblar el cuerpo pues lo sentimos demasiado cerca. Sentimos también que era una preparación psicológica para nosotros, y nos mentalizamos con lo que nos decía Dieter de que eso no era nada y quizá sería aún más fuerte cuando estuviéramos en Pusharo o más adelante. «¿Pero aguantarán las tiendas la torrencial lluvia?» «¿Y aguantaremos nosotros el ímpetu de los relámpagos que eran demasiados?» Había que confiar, pues estábamos siendo guiados.

Sin desesperarme pensaba que el apoyo de todos los grupos del Perú y del mundo nos encontraría ya de viaje, mientras que cuando realmente necesitaríamos ese apoyo sería de Pusharo en adelante. Así pensaba y trataba de trasmitir con mi pensamiento a todos los hermanos RAMA esa inquietud. «Mañana es sábado 25 –me decía–, y todos estarán trabajando apoyándonos en las salidas». No me importó la tempestad desatada; mentalmente me protegí y protegí al grupo y sin darme cuenta me quedé dormido.

Shintuya y el apoyo manifiesto

El sábado 25 de noviembre de 1989 nos levantamos temprano, a las 5.00 h. Hicimos ejercicios psicofísicos, nos aseamos, tomamos un desayuno frugal y continuamos viaje sin mayores contratiempos llegando a Shintuya a las 7.30 h con el adelanto, que a efectos de coordinar detalles del viaje, había previsto Víctor. Inmediatamente nos pusimos en contacto con Mario Corisepa Zorrilla, un hombre de apariencia humilde, nativo huachipaire. Conocimos a toda su familia donde nos mostraron un libro editado en japonés, pudiendo apreciar las buenas fotografías publicadas referentes a la tribu machiguenga.

Debo decir que como éramos diez y desconocidos para ellos, nos miraban con asombro, preguntándonos qué hacíamos o hacia dónde nos dirigíamos. Según nos pudimos enterar la población de ese caserío estaba conformada exclusivamente por miembros de las tribus de huachipaires y amaricaires definidos en dos bandos, gozando de luz eléctrica, proveeduría, educación, sanidad y ocio (como televisión con Betamax)[20]. Shintuya además constituye el punto más importante de embarque de comunicación pluvial y terrestre.

En Shintuya funciona la misión Shintuya de la orden de los dominicos. Esta misión viene desarrollando desde hacía varias décadas una labor de catequización, educación y desarrollo económico del lugar en servicio a los grupos étnicos de la región, como son los huachipaires, los amaricaire y los machiguengas, entre otros. Podríamos decir que es una zona grande hasta la salida de Puerto Maldonado. Por allí se llega también a la próspera zona del Colorado, donde se encuentran los bañaderos de oro, conocidos por los lugareños como «minas». Según nos narraron, tiempo atrás llegaban hidroaviones y amerizaban en el río Alto Madre de Dios. Shintuya era el final de la carretera de penetración.

Se cerró el contrato con Mario Corisepa, quien nos llevaría en lancha fueraborda al día siguiente hasta Pusharo. Mario nos serviría de guía. Por acciones sencillas de los hermanos como afilar cuchillos, nos compenetramos con la familia de Mario. Su padre también se llamaba Mario y conocían a Dieter desde niño porque había vivido, como ya contamos, en la hacienda Erika que era propiedad de sus padres.

Nos acercamos a la misión y tomamos contacto con el padre Michel y luego con el padre Ignacio, este último jefe de la misión que venía trabajando en Shintuya durante los últimos diez años. Al saberlo nos reímos y nos miramos unos a otros, por lo que tuvimos que explicarles nuestra actitud a los sacerdotes. El padre Michel puso a nuestra disposición

20 Lo que escribo es la experiencia de 1989. A la fecha sabemos que disfrutan de otras cosas.

un espacio que se utilizaba para dar hospedaje a los nativos o a los peregrinos.

Por referencias de Mario y los de Newsewander en su libro *Paititi en la bruma de la Historia*, sabíamos que los padres dominicos generalmente no brindan hospedaje a expediciones foráneas. En vista de que el espacio proporcionado necesitaba una buena limpieza todos los hermanos procedimos a realizarla. Estando en plena limpieza llegaron los sacerdotes y nos acercamos a saludarlos, ya que a la mayoría no los conocíamos. El padre Ignacio destacó que nunca antes nadie había hecho lo que nosotros hacíamos de limpiar el lugar, y que le llamaba la atención ver un grupo de personas heterogéneas pero unido. Desde ese momento les caímos simpáticos y nos brindaron todo su apoyo, prestándonos incluso el bote azul de la misión y libros de las expediciones japonesas editados en Japón y nos pidieron con mucho interés que les enviásemos los informes que escribiéramos de nuestro viaje.

La habitación la compartimos con un grupo de parejas machiguenga que nos enseñaron las primeras palabras y vocabulario básico de su lenguaje nativo. Tras almorzar se prosiguió hasta culminar nuestra conversación de integración. Hablaron los hermanos Eduardo así como Roy y Dieter. La emoción nos venció y lloramos juntos con el recuerdo de las experiencias vividas para llegar hasta allí.

Ya no me preocupaba por cuándo o a qué hora proseguiríamos el viaje. Estaba en paz conmigo mismo y con los demás.

Descubrimos una capilla. Cuando tuve oportunidad entré en ella; allí se respiraba mucha paz y armonía. Era muy sencilla; estaba construida de madera y en la pared estaba la imagen de Jesús crucificado. Entré solo, muy despacio y caí de rodillas para hablarle a Dios. Le dije: «Padre Eterno, aquí estoy. ¿En qué puedo ser útil?» Lo mismo hice después con los Hermanos Mayores y por toda respuesta visualicé un triángulo perfecto pero con el vértice para abajo. Parecía como una ventana en el espacio. Intenté verlo con el vértice hacia arriba, pero no, se repetía el triángulo original. Me senté en una de las bancadas y medité, sin poder descifrar su significado.

Imagen 7. «Por toda respuesta visualicé un triángulo perfecto pero con el vértice para abajo. Parecía como una ventana en el espacio».

Después fuimos a hacer trabajos de meditación y visualización junto al río Shintuya. Allí cada uno tuvimos nuestra experiencia. Por mi parte percibí como si yo fuera Roy; se paró y se paseaba por el medio y los alrededores del grupo. Como la meditación que había alcanzado era buena, ni siquiera sentía a los mosquitos. Nuevamente tuve visiones. Se me apareció otra vez el rostro extraterrestre y también el triángulo invertido. La imagen cambió y vi que me encontraba en una especie de pantano, con agua sucias y negras hasta el pecho. Veía que también los demás hermanos iban a entrar en el pantano. Me sobresalté, opté por orar e irradiar mentalmente al río que surcaríamos desde Shintuya. Lo protegí, pues me dio temor al salir de la meditación Chabuca también había sentido lo mismo pero Roy nos dijo que él había estado inmóvil.

Imagen 8. «Se me apareció otra vez el rostro extraterrestre y también el triángulo invertido».

Al anochecer, sabiendo que la lancha había llegado ya, fuimos a visitar las cabañas de los nativos a efectos de comprarles fruta que llevaríamos en el viaje. Se hizo contacto verbal con dos familias de nativos amaricaire para que nos vendieran yucas y piñas, y ellos se comprometieron a llevarnos a la embarcación a las 6.00 h de la mañana.

Al regresar a donde estábamos alojados eran entre 18.45 y las 19.00 h. No sé cómo explicarlo. El cielo estaba estrellado; pensaba en los hermanos de RAMA Centro que sabía que estaban apoyándonos a esa hora. Tenía la seguridad de que los Guías se manifestarían y nos marcarían el rumbo del día siguiente. Sin comentarlo con nadie había solicitado mentalmente que a estas alturas del viaje era precisa su manifestación objetiva para los viajeros, estaba seguro. Sin buscarlo, todos nos íbamos juntando mirando al cielo. Entonces vi una pequeña luz moverse y dije: «Allí están», pero se apagó. Mi mente deducía a toda velocidad; nuevamente se prendió. «Mirad hermanos, allí arriba, mirad la nave. ¡Una nave!» Se apagó de nuevo, pero no se perdía de vista y mi emoción crecía. Se prendió, hizo varios zigzags. «Es una nave hermanos, es una nave» gritaba, pero lo hermanos me respondían: «es una luciérnaga». «¿Cómo pueden negarme lo que ven? ¿Qué hacer para que vean lo que yo estoy viendo?» pensaba preocupado y pensando seguía con la vista fija y con mi mano señalando. Se apagó de nuevo y se volvió a prender. Con reverencia pedí mentalmente a los Hermanos Mayores que nos dieran una señal más contundente para que no dudara nadie, y fue como si me hicieran caso; lo que vimos fue lo máximo. El fulgor de la nave se expandió bastante y con colores violeta y rosado acompañados de un fogonazo, como para convencer al más incrédulo.

«¡Son ellos, hermanos!» Sin darme cuenta caí de rodillas y lloré; nunca había visto algo igual, les decía a los hermanos, tampoco jamás había recibido respuesta de esa forma. «¿Lo viste?» pregunté a cada uno. Me respondieron que sí y me explicaron que esto de la luciérnaga lo decían para que las personas que pasaban por ahí no se lo tomaran a mal. Estaba contento pues la nave nos señalaba la ruta a seguir; supongo que a la altura de Pusharo se iluminó indicándonos que tendríamos que llegar allí o quizá sería a la altura de la Base Azul. Hasta ahora mantengo vivo el recuerdo, como si hubiese ocurrido ayer.

A todos les había ocurrido algo parecido.

El hermano Víctor, durante la meditación a orillas del río agradecía a los Hermanos Mayores todo el apoyo recibido por el grupo expedicionario en su conjunto y había pedido la confirmación con el objeto de que la partida del día siguiente fuera un hecho y se diera con todas las seguridades que requería el caso. Sintió la presencia de un Guía a su izquierda y una voz que le decía: «Estamos con vosotros, espera confirmación. Esta noche pasarán dos naves».

El hermano Eduardo le comunicó a Roy que esperaba un avistamiento de confirmación a las 19.00 h. Mentalmente había pedido a los Guías una confirmación a efectos de asegurarse de que todo lo que se iba viviendo hasta ese momento estaba avalado y apoyado por ellos, y sintió que el avistamiento se daría a partir de las 19.00 h.

El hermano Alfonso por su lado, al ir conversando con Víctor percibía internamente un ambiente adecuado para un avistamiento y pidió mentalmente confirmación sobre si la ruta o la dirección del viaje era la correcta. En ese momento le comentó a Víctor si sería posible pedirles a los Guías un avistamiento de confirmación, a lo que Víctor le contestó diciendo: «si tú lo pides se da, porque si tú crees en ellos, ellos creen en ti. Además –le dijo–, quien busca aventura no encuentra desventura, solo encuentra fortuna». Acto seguido, señalando al firmamento le dijo: «ahí tienes lo que pediste» y por el centro del firmamento se vio una nave que pasaba sobre nosotros rumbo a Pusharo.

Pasado el avistamiento, el grupo sintió la necesidad de entrar a la capilla de la misión Shintuya para realizar una meditación. Allí repetí la irradiación y la protección al río por donde lo surcaríamos y agradecí todo el apoyo que estábamos recibiendo; los demás tuvieron cada uno una gama de percepciones variadas.

Éramos conscientes, sabíamos y sentíamos el apoyo que muchos grupos RAMA del Perú y del mundo nos estaban brindando en salidas de trabajo, de meditación y en cadenas que estaban realizando en esa fecha en sus respectivos lugares. Estábamos siendo protegidos para avanzar hacia nuestro objetivo y simultáneamente nos sentíamos protegidos contra las penurias que pasaríamos.

Destaco también que en las nubes vimos señales, pues los Guías nos habían dicho que estuviéramos atentos a las señales físicas. Lo que vi en todo momento fueron nubes que formaban como tres montañas, paloma, tigre y otros animales en estado de protección o guardianes. Veía también triángulos en las nubes como había visto en mi visión, aunque aún no me decían nada.

De todo corazón miraba afanosamente a todos lados buscando esos tres enigmáticos cerros[21] visualizados en 1981, que recordaba exactamente. Comparaba, pero no los encontraba. «Más adelante será», me consolaba a mí mismo.

21 Tendrían que pasar muchos años para entender el simbolismo de los tres enigmáticos cerros piramidales: los tres cerros representan la alineación de los tres planos del hombre: el plano físico, el plano mental y el plano espiritual, al hombre equilibrado en los tres planos. El hombre es como un cristal de tres caras que tienen que estar alineadas para que su avance espiritual sea una realidad. Cuanto más elevado es el grado de vibración, más elevado es el plano. La visión de los tres cerros piramidales me estaba diciendo entonces que estaba muy cerca y muy lejos de alcanzarla; tendría que mantener una disciplina física de ejercicios físicos, abstenciones y dietas; una disciplina mental con control mental, visualizaciones y facultades extrasensoriales, y una disciplina espiritual con armonización y relajamiento, proyecciones analíticas y meditaciones. Entendí entonces que un plano no es un lugar, sino que es un estado o una actitud frente a la vida. Si queremos hacer algo por nosotros mismos tenemos que alinearnos en los tres planos. De nada servirá si solo hago ejercicios físicos, si me privo de los vicios y excesos y me alimento dietéticamente, si no puedo controlar mi mente, si no me esfuerzo en ver más allá de mis ojos físicos, si no elevo mis vibraciones, y si practicara todo esto de nada me serviría tampoco si no tengo armonía conmigo mismo, si no practico la meditación, si no hago observaciones a mis proyecciones. Esto no quería decir que estos cerros piramidales no existieran pues sí existen.

Capítulo 5
Hacia El Dorado

Corazón del corazón, tierra in-dia del Paititi a cuyas gentes se le llama in-Dios. Todos los reinos limitan con él, pero él no limita con ninguno. Estos son reinos del Paititi donde se tiene el poder de hacer y desear, donde el burgués solo encontrará comida y el poeta tal vez pueda abrir la puerta, cerrada desde antiguo del más purísimo amor. Aquí puede verse sin atajos el color del canto de los pájaros invisibles[22].

Extraído del mapa del Paititi

Los machiguengas, nuestros guías nativos y el Sinkibeni

El domingo 26 de noviembre de 1989, a las cinco de la mañana nos levantamos. En el momento de asearnos vimos un bello arcoíris de extremo a extremo de los cerros en la dirección en la que se encontraba Pusharo. La ruta a seguir seguía siendo correcta, ya que las señales eran

22 Este mensaje críptico, o escrito en clave secreta, se encuentra en un viejo mapa del siglo XVII que se hallaba en Cuzco y que fue confeccionado por misioneros. Indica ese lugar del que nos hablan las leyendas y que tan infructuosamente buscaron los conquistadores en su insaciable sed de oro, y que está lejos de ser alcanzado por cualquiera que vaya con mezquinas intenciones. Diez expediciones científicas han fracasado en su intento de alcanzar la que por ahora es considerada la meca arqueológica de muchos investigadores. Fuente: los libros *Contacto interdimensional* y *El Santuario de la Tierra*, ambos de Sixto Paz.

claras. Allí pude verificar que el viaje estaba siendo semejante al de 1981, pues recordé este mensaje que dice: «*Así como el arcoíris de Armot y las nubes de Ená, así las aguas de Atalot llevarán la luz y manará el sendero a los Hermanos*», símbolo de la alianza entre el cielo (Hermandad Blanca del Universo) y la Tierra (Hermandad Blanca terrestre).

Después de tomar un ligero desayuno, partimos en la lancha azul con motor fueraborda a las 7.00 h sin agua, sin yuca, ni piña, pero sí con nuestras pecanas, pasas y otros productos que llevábamos de Lima y Cuzco. Al empezar a navegar el río Alto Madre de Dios hicimos una cúpula de protección. Después ya en viaje vimos un arcoíris circundando al astro rey perfectamente. Una garza blanca apareció volando cuando empezamos a surcar el río Palotoa; nos alegramos mucho y nos sentimos optimistas. «Bravo» fue nuestra reacción, pues el río Palotoa iba cargado y por lo tanto era navegable.

Partimos solo con Mario de guía; él tenía la esperanza de que un machiguenga llamado Óscar, con quién había hablado días antes, lo ayudara. Detuvo la lancha para recogerlo pero Óscar no estaba. En cambio se encontraba allí Pancho, un machiguenga que había bebido masato (yuca masticada y fermentada), y al que ya le había surtido efecto. Dieter le pidió que nos acompañara y Pancho dijo que no. Para mí ese no significaba un sí pues intuí que él sería quien nos guiaría hasta el lugar, pero mi mente se turbó cuando al arrancar de nuevo la lancha Pancho se quedó allí. Como a 500 o 600 metros Mario se detuvo de nuevo para buscar otro acompañante; se le notaba preocupado. Víctor y Miguel lo acompañaron y así pudieron convencer a Julio, otro machiguenga. A este lo acompañaba su hija Josefina quien llevaba en brazos a su perrita a la que llamaba Lulú y no sé cómo ni de dónde apareció Pancho. Mientras, yo me alegraba de que mi intuición estuviera funcionando. Pancho aceptó acompañarnos.

Nos habló de la zona de Pusharo, donde se daban muchos avistamientos y donde existía una cascada a la que se la saludaba con las palmas de las manos extendidas a la altura de los hombros. Éramos catorce personas, siete en la popa y siete en la proa. Al azar, sin buscarlo ni desearlo, en el centro estaban acomodadas nuestras mochilas, algo de lo que después nos dimos cuenta.

Josefina era una niña de once años. Hablaba castellano y dijo que tenía miedo de ir a Pusharo porque era un lugar sagrado. Julio se había acomodado a mi lado y yo podía hablar con él. No hablaba castellano pero pudimos entendernos y nos dijo que el nombre no era Pusharo, sino Pucharo. Me preguntó mi nombre. «Soy Pancho» le contesté, para ver su reacción, y él se reía señalando a su paisano Pancho. Me comprendió cuando le dije que era mi tocayo.

Yo, Francisco, pensaba y veía que Pancho el machiguenga sería el guía que necesitábamos. La pericia de Mario se dejaba notar; así pasamos cuatro piedras grandes que sobresalían del agua. «Otra vez el cuatro» dije, pues intuía que era una señal más. La navegación era normal. Veíamos la floresta de esa selva virgen. Julio nos indicaba los nombres de las quebradas, riachuelos, etc. Así llegamos al río Palotoa Chico, afluente del río Palotoa. Al pasar sentí algo extraño en todo el cuerpo, una vibración especial. La piel se me ponía como de carne de gallina. Le pregunté a Julio que si seguíamos todavía por el río Palotoa Grande. «Sinkibeni» me respondió. «Sinkibeni» repetí inquieto. Al escucharle Eduardo, que era nuestra enciclopedia en la ruta, me lo confirmó. ¿Quién iba a pensar que ya estábamos surcando el Sinkibeni?

Era el Sinkibeni, que iba cargado y era navegable, y era el principal afluente del Palotoa. Entendí que era como una entrada, una puerta, un umbral espiritual; de ahí la sensación que tuve. Comprendí también que allí se iniciaba el

Paititi. Después, Juani nos dijo que también se había sentido igual y que había tenido una visión.

A medida que avanzábamos, la corriente se hacía más fuerte; las aguas se esparcían por varios lados, por lo que la parte más baja del bote chocaba con el lecho del río. La pericia de Mario y la dirección que le daba Julio nos permitían continuar. Ahí, en medio de bromas aprendí algo que no olvidaré: que cada uno tiene su rol, que no es mejor que otro, y que debe cumplirlo sin tratar de hacer lo que a otro le corresponde.

Intenté señalar la dirección también, creyendo conocerla, pero Aníbal, que con su experiencia militar observaba, me dijo: «déjale a Julio» y al estilo militar de tropa pronunció esta frase que pasaría a la historia del viaje, por haber sido repetida continuamente: «*El que tera, tera, el que no tera se retera*». Con esa frase llena de barbarismos entendí muchas cosas; tenía razón. Caminamos algunos trechos.

En un recodo peligroso nos salvamos de naufragar de milagro. El río en esa parte era bajo pero la corriente veloz. Mario no pudo tomar la debida fuerza para remontar el rápido, se apagó el motor, nos dejamos llevar. Pensé que si el motor no arrancaba a tiempo estaríamos perdidos. Con desesperación Mario lo intentó y nosotros con la tangana intentábamos ayudar, pero la corriente ya nos arrastraba. Mario no podía hacer otra cosa que salvar al motor y con rapidez lo levantó. Justo a tiempo; la popa del bote chocó con fuerza con la roca. Donde las aguas que con la velocidad que llevaban daban un giro brusco, el bote se cruzó a la corriente con la ayuda del impacto. Cundieron el pánico y la confusión; el naufragio era inminente. Varios hermanos, sin soltar al bote bajaron al agua en un intento de aguantar, pero la corriente ya nos había vencido. Atiné a hacer lo único que me quedaba: cubrir de energía a todos, al mismo tiempo que escuché mi nombre pronunciado por varios hermanos que me gritaban por mi aparente ineptitud. Temían el choque con la piedra que veíamos. No sabría decir cómo pero el bote se detuvo cruzándose con algo bruscamente; una flecha cayó al agua y Julio sin pensarlo dos veces se lanzó sobre la corriente y la recogió. Pude ver el valor y la confianza que tenía para hacerlo; a nosotros nos hubiera arrastrado y envuelto la corriente, pensé. Roy me recriminó:

–Tu reacción tiene que ser rápida. –No le respondí pues creía haber hecho lo correcto.

La situación no era fácil y así lo comentábamos unos y otros, contentos ya después de haber pasado la prueba de fe. Desde allí y hasta el río Enconadero, el Sinkibeni era riesgoso. Así caminando y empujando el bote anclamos a las 11.45 h en la confluencia del río Enconadero con el Sinkibeni.

Acampamos en una playa y preparamos dos vicharas para cocinar los choclos y la yuca que trajera Julio. Dos de los machiguengas rápidamente pescaron dos peces llamados bocachicos, que fueron a parar a la olla.

Con machetes hicimos una cabaña para guardar el motor y las cosas que no necesitaríamos. Entre todos subimos el bote más arriba por si se cargaba el río.

Alimentados por el suculento almuerzo, mochila al hombro partimos a pie a las 14.33 h con las primeras gotas de lluvia. Nos fuimos poniendo los ponchos de agua. Llevé toda la sal en la mano; la lluvia iba en aumento. Todos caminábamos. Los machiguengas iban adelante seguidos por Dieter. Caminaban tan rápido que dejaban atrás a quienes llevábamos más bultos; tenían confianza en que nos iría bien.

Hicimos bien en llevar zapatillas, pero fue un error no llevar otro pantalón. Mi mayor deseo era no mojarme pensando que caminaríamos por la orilla. Era fácil para mí saltar de piedra en piedra; así cuidaba de no mojarme. No pensé que tendríamos que cruzar cl río y mojarnos hasta el pecho.

Cruzamos tres veces.

La primera vez, ya habían pasado los machiguengas que nos esperaban en la otra orilla. Pancho y Julio nos ayudaban con los bultos mientras la lluvia caía incesantemente. Teníamos que pasar; el río era abierto. Algunos, tomados de la mano, pasaron; yo veía que era difícil.

–La soga –gritó Chabuca.

–La tengo en mi mochila.

–Sácala por favor y pon en su reemplazo la sal. –La lluvia continuaba incesante; los planos se malograrían si se mojaban. Nos dimos cuenta de que nos faltaba organización, pero nos dábamos ánimos unos a otros y seguimos caminando por charcos. Cesó un tanto la lluvia, pero los rayos y los truenos retumbaban sobre nuestras cabezas. Llevábamos nuestros machetes y un puñal cada uno, las pequeñas piedras se metían en las zapatillas... Eso no nos importaba ya que había que seguir a los que estaban delante. Me situé en el medio para ver por dónde iban los que tomaban la delantera y guiar a quienes estaban atrás.

La segunda vez me pareció más fácil. Entre dos o tres pasamos bien agarrados y, ayudados por los hermanos machiguenga, cruzamos sin mayores contratiempos en medio de la lluvia y el fuerte viento. Los rayos y los truenos continuaban; todos confiábamos o simplemente no le dábamos mayor importancia y esto sería otra clave del viaje. Se cumplía eso de: *«Las aguas de Atalot llevarán la luz y manará el sendero a los hermanos»*. Además, fue como si así estuviera dispuesto: mojarnos, entrar en contacto total con la Naturaleza, purificarnos todos con ese bautizo, por debajo agua y por arriba agua. Creo firmemente que era algo por lo que teníamos que pasar.

Imagen 9. Víctor, Eduardo, Francisco, Alfonso y Dieter en medio del río, con lluvia y truenos.

La tercera vez que hubo que cruzar nuevamente el río, iba muy cargado y era muy profundo. Julio, Pancho y Mario luchaban con la corriente, llevando uno de los extremos de la soga. Nuevamente la lluvia arreciaba. El otro extremo lo amarramos a un árbol. Algunos hermanos habían pasado ya; era el turno de Juani. Muy confiados dejamos que avanzara sola. Se notaba que su peso no la ayudaba; era un momento desesperante.

–¡Juani, por nada del mundo sueltes la soga, no la sueltes! –le gritaba yo mientras Dieter en su desesperación optó por entrar al río a ayudarla. Veíamos que Juani no resistiría mucho tiempo; estaba en medio de la correntada. Ahí vendría otra de las enseñanzas y nos la dio Julio el machiguenga: «Para luchar contra la corriente (que es la vivencia de la Humanidad actual) tienes que ser más fuerte, sino ella te arrastrará».

Sin la soga ninguno de nosotros hubiera podido pasar; creo yo que esto supera a cualquier película de peligro, pero fue real.

Comprendí que los machiguengas eran nuestros protectores físicos. Vi su sacrificio y cuidado; también se les notaba preocupados por lo que nos pasara, sentí su hermandad y apoyo. En un momento dado Julio soltó la soga y resistió firme luchando contra la correntada; parece que lo hizo previendo que Juani ya se soltaba y no iba a llegar a tiempo. Fue un ejemplo de fortaleza física, mental y espiritual. Le vimos avanzar y se pudo agarrar de nuevo a la soga.

Allí en medio esperaba a que pasáramos los demás. Instruía a Chabuca diciéndole una y otra vez que por nada del mundo soltara la soga, que aguantara, que mirara al frente y no al agua. Julio cruzó como cuatro veces; tenía que hacer pasar las cosas que faltaban y desatar la soga. Escuché decir a Juani que el entrenamiento en Lima le había servido y en el momento preciso, pues para no soltarse empleó, aparte de la mano, el codo y con fuerza. «¡Gracias Señor Dios!» agradecí.

En este cruce nos habíamos mojado por completo, mochila y todo; la lluvia caía más fuertemente cuando cruzábamos. Una vez nos encontramos todos en la otra orilla se calmó un poco y seguimos caminando; no había otra cosa que hacer más que avanzar mientras era de día; nos parecía tarde con todas las nubes negras. Cruzar el río Sinkibeni había sido solo un entrenamiento, pues tuvimos que atravesar charcos con aguas sucias y negras hasta el pecho; pasamos por zonas fangosas, pedregosas. Allí pude comprobar mi visión de Shintuya con exactitud, aunque realmente no era fácil. Pude entender también por qué no nos había faltado alimento en ningún lugar, pues ya se sentían los efectos del esfuerzo físico, y el constante caminar en agua terminó por provocarme calambres en la pierna izquierda. Quise gritar, me la froté rápidamente. Al agacharme sentí claramente que me observaban pero al levantar la vista y mirar a todos lados solo vi los follajes y los montes. Sentí que eran muchos los que nos observaban a todos; serían los machiguengas, los miembros de la Hermandad Blanca, las fieras y los animales o los Hermanos Mayores mismos; no podía precisarlo, eran muchas miradas. No tuve ningún temor; era como si estuviéramos siendo protegidos, pues nada malo hacíamos ni haríamos, sino que estábamos allí en cumplimiento de un encargo que era representar a la Misión y a la Humanidad. Se lo conté a Juani al alcanzarla y me respondió que ella sentía lo mismo.

En todo el trayecto meditaba sobre cada detalle que nos ocurría, sobre todo en cuanto me ocurría a mí. Recordaba que en comunicación los hermanos Guías habían dicho «*... que fácil sería transportarlos bajo una determinada experiencia, (...) si no sentís vosotros mismos en cada acto, en cada paso, la vibración de Amor y entrega por la Misión*».

El Sinkebeni nos probó a todos; allí luchamos como titanes cada uno de nosotros. Pensaba que si entonces no le dábamos valor a lo que nos pasaba, entonces lo haríamos ya cuando estuviésemos en casa de regreso. Si eso nos sucedía cuando aún no habíamos llegado a Pusharo, supuse que sería peor más adelante. Trataba de preparar mi cuerpo y mi espíritu para eso, así me resultaría fácil, pero ¡qué hacer para que todos nos organizáramos mejor! Para mí algo nos faltaba, no sabría decir qué pero lo sentía y a mi mente venía ese pensamiento; por ejemplo que yo no estaba destinado a ser un líder, sino a ayudar y apoyar al líder, de ahí que siempre estuviera en medio del grupo, apoyando, ni primero ni último. Así pensaba y eso lo hacía.

¿Qué hubiera sido de mí si solo hubiera tenido zapatos? Agradecía a Teófila, mi esposa, que insistió en que portara mis zapatillas. Era claro el apoyo de los hermanos Guías; todo lo que vivíamos eran cosas que teníamos que pasar. En toda la travesía, pese a saber los múltiples peligros a los que estábamos expuestos, nadie sintió temor alguno, antes bien se percibía claramente una protección especial que nos proporcionaba energía y confianza en nosotros mismos y alegría por el trabajo que nos tocaba realizar.

Nos mirábamos y sonreíamos; la lluvia estaba cesando. «Debemos tener en cuenta que nada es fácil en esta vida», nos decíamos alentándonos unos a otros. Nadie pensó por ejemplo en la picadura de una raya en el agua o en la mordedura de una serpiente, o en el zarpazo de un *otorongo*[23] o de las manadas de *guanganas*[24]. Vimos el vuelo majestuoso de los muy hermosos guacamayos.

Conforme se iban superando las múltiples pruebas, la vibración individual y grupal iba creciendo notoriamente. Nos internamos por una trocha que abrían los nativos que tomaban la delantera. Al salir de ella a la orilla del río Sinkibeni vi un claro, como si se trataba de plantaciones, pero era raro en una selva virgen ver una parte abierta; me alegré, sentí emoción pensando que estábamos cerca de una tribu de machiguengas y al fin muy cerca a Pusharo. No bien terminé de pensarlo, Josefina, que en el trayecto iba junto a Chabuca, me señaló dónde estábamos. Me dijo que allí vivía el padre de Pancho; estaba a nuestra derecha.

–¿Está lejos? –le pregunté.

–No, está cerca –me respondió. Yo no había intuido mal. ¿Quién se iba a imaginar que la familia de Pancho vivía en Pusharo? ¿Era por eso que yo intuía que Pancho sería nuestro guía? Y en verdad lo era ya que siempre iba delante.

Al internarnos de nuevo en el monte y salir, nos encontramos frente al claro que había visto desde más abajo. Mario nos indicó que estábamos en Pusharo. Eran las 16.45 h.

---

23 Jaguar.

24 Pecari.

–¿Y los petroglifos? –le preguntamos.

–Están cerca –fue la respuesta. Se le consultó si podíamos cruzar el río inmediatamente, ya que había una balsa.

–El río está muy cargado –nos respondió.

–¿Qué sugieres?

–Acampar –dijo.

¡Oh! Los Hermanos Mayores estaban actuando en Mario; puedo afirmarlo después de lo que pasó en este punto del viaje.

Si habíamos cruzado tres veces el Sinkibeni, una más era fácil, aunque se veía que era ancho y con una corriente fuerte y parecía profundo. Cuando decidimos acampar, la lluvia cesó. Nuestros guías nativos, con el pretexto de que el río estaba peligroso para pasar y que al día siguiente sería más prudente hacerlo, nos detuvieron allí.

El grupo expedicionario percibió que el comportamiento de Mario obedecía a otras razones. Por ejemplo, el consentimiento del padre de Pancho que vivía con su familia en ese lugar. Limpiamos a machete el espacio para instalar tres tiendas y el tiempo nos alcanzó para ello y oscureció. Los hermanos machiguenga montaron rápidamente su tienda especial, quemaron comejenes, según ellos para evitar que siguiera lloviendo o para contrarrestar la lluvia y también para espantar a los mosquitos, comimos algo y nos acostamos.

Elegí a Roy para dormir, y bajo la música de la selva, acompañados de un grito no agradable, que Dieter nos dijo que era la rata kalinowski pero que a mí me parecía el grito de algún ave, me protegí y protegí a todo el grupo.

Hablamos largo rato con Roy sobre si estábamos cumpliendo las comunicaciones y las cosas que ocurrirían. Allí Roy me informó y supe entonces quiénes eran los titulares y quiénes los suplentes en el caso de los hermanos de Lima y cómo debíamos hacer para continuar el viaje. Me informó también de que habían hablado claramente al respecto en Lima y todos sabían a qué estaban expuestos.

Entendí que no era por puro gusto que habíamos acampado y comprendí la preocupación de Roy; sentí su confusión y le expuse lo que pensaba: que no serían los siete hermanos los que llegarían, sino solo cuatro, y que de ser siete no necesariamente serían RAMA; podrían ser cuatro RAMA y los tres guías nativos... «Pero creo que todo esto los Guías lo aclararán al amanecer; tengamos confianza hermano» le dije. Se sentía pesaroso por el hecho de que él sería el indicado para comunicárselo a los demás previendo que esto no caería bien a los hermanos suplentes.

–De ser así tendrás que decírselo; no queda otra alternativa y ellos lo comprenderán. Hasta mañana, hermano y buenas noches.

La décima campanada del Anrrom

El lunes 27 de noviembre de 1989 recordé al despertarme que era una fecha clave. No llovió en la noche; a primera hora tuvimos la visita de toda la familia de Pancho. Conocimos a Cachán, el más anciano, y a su esposa Tochan, a Japón y a Soro Soro, a Anita y a Esperanza. Esperanza hablaba castellano perfectamente y se convirtió en nuestra intérprete. Nos contó que había trabajado mucho antes en el albergue Erika, pero no recordaba a Dieter. Había cuatro niños; la más pequeña no tenía nombre y como su mamá era Anita, le sugerí que le pusieran Anitac y así se quedó. Eran diez personas en total: cuatro niños, tres varones adultos y tres mujeres también adultas. Me había imaginado que serían mucho más y tal vez más salvajes y que estarían semidesnudos, pero pudimos ver que eran los únicos moradores de la zona y que se vestían con vestidos de la civilización, aunque manteniendo sus collares, una especie de *vincha* con plumas[25] en la cabeza los varones y un metal colgado en la nariz. Eran de poco hablar, tal vez por el idioma, pero a mí me impresionaron Cachán y Soro Soro por su hermetismo. Pancho nos había hecho llegar ahí, pero en adelante Soro sería nuestro guía. Tenían un par de monos muy traviesos.

Nos tomamos fotos con ellos, se les entregaron algunas cosas que habíamos llevado (sal, galletas, etc.) y así nos ganamos su confianza. En un aparte con Alfonso, a Esperanza le repetí una oración machiguenga que había aprendido de un libro en la biblioteca de La Oroya:

–*Bechikakirorira Mágatiro, Gabeirorira Mágatiro, Shintaroria Mágatiro.* –Esperanza se sorprendió y contestó que de eso no nos podía decir nada.

–De eso no se dice nada, no se habla –me dijo. Insistí pero no accedió; me pareció que algo más sabía y no quería decírnoslo. «Más adelante será» pensé. Aprovechando que empezaba un poco de lluvia, ya que el ambiente estaba cargado de espesas nubes, entramos en la tienda más grande. Allí analizamos nuestro viaje y todos coincidimos en que nos faltaba organización. Opiné, después de que algunos hermanos se expresaran, que estaba bien que Dieter fuera el jefe de expedición, pero que faltaba el complemento para los asuntos de RAMA y sugerí al mismo tiempo que podrían serlo los miembros de la Comisión de Análisis de Comunicación presentes, Roy y Juani. La mayoría lo sentíamos así pero no puedo precisar qué ocurrió, aunque recuerdo que no se concretó el acuerdo.

---

25 Tocado de plumas.

Imagen 10. Miguel, Alfonso, Juani, Aníbal, Japón y Esperanza, la pareja machiguenga, Isabel, Francisco y Roy.

Imagen 11. Los expedicionarios con la familia machiguenga.

Imagen 12. Óscar, Pancho, Alfonso, Julio, Francisco, Roy, Esperanza y Cachán. Aníbal, Soro Soro, Japón, Víctor y Josefina.

Imagen 13. Japón, Esperanza, Tochán y el cacique Cachán.

Imagen 14. Francisco Sosa y Soro Soro.

Para corresponder a la visita que nos hicieran los machiguengas fuimos todos. Su casa no estaba lejos en medio del monte. Invitaba a la paz, al sosiego. Estábamos en otro mundo; las mariposas de hermosos colores y tamaños revoloteaban en cantidad, los pajaritos pedían comida, andaban y revoloteaban dentro y fuera de la casa sin temor alguno, había de varias especies, se paraban en las manos y Josefina puso uno sobre mi cabeza. ¡Qué emoción sentir a un hermanito menor que no te teme! Los monos hacían sus acrobacias sin descanso, los loros revoloteaban, todo era un bullicio musical. Era un paraíso. El paraíso machiguenga.

Regresamos al campamento, según nos dictaba nuestra conciencia, para proseguir la estructuración del programa del día. Juntos ya dentro de la tienda Roy puso sobre el tapete el acuerdo al que habían llegado en Lima y que era el de proseguir solo los siete hermanos en cumplimiento de las comunicaciones.

–Aunque duela tengo que hacerlo –dijo. Nos pidió opinión a cada uno y pude comprender lo lejos que estábamos del Amor que decíamos entender. Algunos hermanos sabían mucho por haber leído todo lo referente al Paititi, conocían al detalle teóricamente el trayecto y querían pasar cuanto antes a los petroglifos; era su meta máxima. Otros aún dudaban de sí mismos; eso para mí era comprensible. Recordé la vivencia en el viaje de 1981 en Chivay; me parecía algo semejante. Tenía que dar mi opinión y fue que, según había leído en la comunicación simultánea de octubre 1989, *«...el orden era importante en este viaje...»* Y había otra que decía: *«...No temáis rectificar...»*

–Por tanto, soy de la opinión de que se debe dar cumplimiento a las comunicaciones, no vaya a ser que cometamos el error conociéndolo de antemano. –Cada uno opinó y estaba claro que cruzaríamos el río solo siete hermanos.

No es necesario relatar todo, pero se escuchó decir que si hasta allí habíamos llegado los diez era porque tendríamos que pasar todos, y que si solo pasaban los siete y no se cumplía con los objetivos, sería culpa exclusiva de los siete. Uno de los hermanos dijo amargamente que él recibía órdenes. No lo comprendí, sabiendo que en RAMA nadie da órdenes a nadie; otro hermano dijo:

–Decidan por mí. –El tercer hermano manifestó que «Dios decidiría por él». Sin tener que ser clarividente, se sintió que la armonía lograda se perdía sin remedio; no parecíamos hermanos.

Los tres dejaron la tienda en la esperanza de que los que quedábamos rectificaríamos respecto a la decisión y que nuestra mente se iluminara. Eran los mismos momentos de conflicto ocurridos en Chivay en 1981, donde tal vez predominaban los intereses personales sobre los del grupo, los de la Misión y los de la Humanidad que allí representábamos. Había un silencio total, era la expresión de la desarmonía. También se sugirió que por comunicación los Guías definieran el tema. Roy, con un gran conocimiento al respecto, dijo que no se podía recibir comunicación en una situación así.

La decisión estaba dada, no se quería entender lo que los Guías habían dicho: *«...será una vivencia en la que reviviréis muchas experiencias que tal vez hayáis olvidado y que no supisteis entender en conjunto».*

Para mí estaba claro que esa experiencia olvidada era la vivencia comunitaria, y eso lo haría el grupo que se quedaba con los machiguengas.

De los siete cada uno expuso si era apto para proseguir o no. Hubo vacilaciones en dos hermanos y se exigió que fueran ellos mismos quienes decidieran, y así lo hicieron. Pedí que hasta que no se restaurara y se restableciera la armonía no partiéramos; era obvio y hasta el tiempo decía que no había claridad. Las horas pasaban; parecía que no tomaron en cuenta mi petición. Había tensión, ansiedad, estábamos callados, cabizbajos y nuestros tres hermanos no regresaban.

Qué prueba más pesada y dura era para todos y cada uno de nosotros; seguro que nuestros guías nativos se dieron cuenta. «¿Qué dirán nuestros Hermanos Mayores?» me preguntaba.

Como ya había adquirido la paz-ciencia no era problema para mí quedarme uno o dos días más hasta que nuestra relación mostrara un giro. Mientras la ansiedad no desapareciera no podríamos partir con paz de conciencia. Estaba claro que Mario había sido influenciado por nuestros Guías para decidir acampar allí.

Pasaba el mediodía; Dieter dijo que nos preparásemos. Aproveché para lavar mi ropa.

Almorzamos sopa de pescado y el ingiri (plátano sancochado) preparado por Josefina y Julio. Apurado y contento llegó Miguel e informó a Dieter de que en casa de Cachan habían nacido diez perritos. La mamá perra era de Esperanza y había muerto.

–Son diez, diez perritos vivos, hermano. ¿Esto no significa nada para ti? –No pensé que Dieter tendría la respuesta lista.

–Eso significa –respondió– que hasta aquí debíamos llegar los diez. Yo creo lo que me dices; no es necesario ir a verlo todavía. –Dieter había desarmado a Miguelito, mientras yo sufría por la sagaz respuesta.

Les pedimos que regresaran a almorzar y compartir entre todos, pero la tormenta estaba en plena obra destructora. Se repitió exactamente lo que había ocurrido en Chivay en 1981. Se lo comenté a Chabuca y me respondió que sí.

Dieter nos metió prisa para prepararnos. Pero, ¿cómo partir así? pensaba yo y al mismo tiempo me preparaba. ¿Cómo será?

Se había clavado en mi mente eso de la muerte de la mamá perra después de dar a luz a los diez perritos. Claramente escuché en mi mente la décima campanada del Anrrom. Era el nacimiento a la luz a costa de la muerte de la oscuridad; las 00:00 horas, un momento especial y principal, el momento de actuar con claridad, con conciencia.

«El 10 es el sello del ciclo de vuestro despertar consciente, la responsabilidad en la entrega y el servicio, es el sello de la Humanidad para que con la luz se liberen de la ignorancia que no os hace ver los potenciales que podéis alcanzar siendo sinceros, humildes, amándoos.

Todas las pautas están dadas y falta llevarlas a la práctica; es tarea vuestra, nosotros cumplimos nuestra parte. ¿Y vosotros? Haced los trabajos por amor y no por temor».

Eso dirían nuestros Guías después.

Mario estaba listo. Nos despedimos de nuestros hermanos. Sentía tristeza en mi corazón al ponerme en su situación. ¡Qué dolor partir en desarmonía! No se decía, pero se sentía y se notaba claramente. Al darnos un abrazo a Miguel le dije que eso de la muerte de la madre y el nacimiento de los diez perritos era el significado de la décima campanada del Anrrom.

–Medítalo.

Víctor me dijo:

–No te impacientes, puedes echarlo a perder todo. –Lo recibí agradecido. Pensé que, si me lo decía, por algo sería.

Alfonso me dijo:

–Los diez perritos eran hermosos; nos hubiera gustado que los hubierais visto.

–Es la muerte y el nacimiento de algo y ese algo es la décima campanada del Anrrom –le respondí (lo que escribo es lo que sentía y entendía en ese momento y así lo digo sin querer tener razón).

Ya en la balsa, de dos en dos pasamos. Al hacerlo Juani y Dieter, que fueron los primeros, eran las 3.33 h de la tarde. Sin buscarlo ni quererlo, ese activador numérico me confirmaba mi interpretación. Lo comenté con Roy:

–¿Verdad que sí?

–Tienes razón –me contestó.

El viaje estaba siendo marcado por señales físicas y tenía una connotación simbólica muy importante, un simbolismo bien marcado, le seguía diciendo. Desde ese momento sería Roy a quien contaría todo lo que veía en visiones o mis interpretaciones.

Caminando por la playa llegamos a los petroglifos; solo nos separaban de cinco a siete cuadras de ellos y empezamos a despejar la maleza y los montes para instalar las tiendas. Habíamos llegado sin la debida armonía, pero el lugar nos impresionó; se sentía una vibración especial. Con el esfuerzo de algunos terminamos de instalarnos y una cocinita muy práctica que nos habían prestado en Cuzco entró en funcionamiento. Con un mate de hierba, sin mayores acontecimientos nos acostamos.

Pensaba y a la mente se me venía eso de la décima campanada; me parecía que se repetían los viajes de agosto del 81 que eran semejantes en cuanto a los acontecimientos; variaban los lugares y el número de los participantes, pero yo estaba seguro de que tenían relación:

En 1981 representábamos a la Misión y a la Humanidad, el viaje había sido generado y apoyado por los Guías y hubo problemas, igual que en 1989. Con ese pensamiento me quedé dormido.

El petroglifo de Pusharo, un corazón que late, que ama

Martes 28 de noviembre de 1989. El descanso había sido reparador; la tarea ya estaba dada. Nuestros guías nativos habían regresado temprano a petición nuestra para ayudarnos a despejar con machete los arbustos que cubrían los petroglifos. Era notorio que hacía años que no habían sido visitados por expedición alguna. Creíamos que los machiguengas habían despejado lo necesario y se habían ido, pero no era así, aún faltaba. Dieter, Roy y yo empezamos a machetear; los mosquitos en la sombra no fastidiaban mucho más que cuando estábamos al sol. Juani, Aníbal y Chabuca ayudaban, Dieter era un verdadero selvático, a Roy le reventó una gran ampolla. Al fin podíamos distinguir los petroglifos en su integridad.

Los símbolos estaban grabados en una inmensa piedra. Pude medir que, desde el primer símbolo hasta el último, había veinticinco metros con treinta y tres centímetros. El grupo era heterogéneo; me di cuenta de que aún nos faltaba mucho de la práctica de vida; solo con conocimiento no podíamos avanzar.

Juani, al llegar al final de los petroglifos sintió que la piedra la atraía mucho y así lo manifestó. A su indicación me acerqué; con los dedos de las dos manos las toqué y sentí como si la piedra fuera un corazón que latía. La piedra palpitaba, era increíble. La toqué de nuevo y sentí lo mismo; había una vibración especial. El lugar parecía ser de otro mundo; sentí paz y Amor.

De allí mirando para arriba, Juani nos señalaba que había unas especie de ventanas. ¿Pero cómo subir? Esto fue otra clave para mí, desde luego simbólica; suponía recordar que siempre tenemos que mirar hacia arriba: «De Dios venimos y hacia Dios nos dirigimos», que las enseñanzas venían de arriba, de los Guías. También significaba que al final de la preparación en RAMA se tendría que viajar al mundo de nuestros Hermanos Mayores a recibir conocimiento para entregárselo a la Humanidad, con la conciencia despierta y el conocimiento logrado; así se me venían las ideas.

Creyendo no complicarme ni queriendo complicar a nadie, decidí llevar siete piedras desde la playa, que nos servirían de asientos. Formaría las puntas de la estrella RAMA y una en el centro. Sugeriría realizar allí nuestros trabajos de diálogo y meditación. Al llevar la primera piedra, Dieter ya había comenzado a construir una paca (que resultó ser una especie de banco-asiento en forma de U). Aníbal se preguntaba para qué llevaba las piedras. Dieter respondió por mí:

–Verás, cuando Francisco haga llegar siete piedras, te acordarás.

Ahí había algo. El siete serían acaso siete intentos, o que en siete reencarnaciones conduciríamos a la gente. ¡Oh, misterio del siete! El Universo septernal lo recorreríamos con esfuerzo, por nosotros mismos. Era un gran esfuerzo llevar las piedras y nadie me ayudaba. Mientras, meditaba estas enseñanzas del siete. Como el asiento de paca resultó un poco alto, las piedras sirvieron para los pies.

Me había propuesto hacer ayuno estricto cuando desperté. Teníamos que trabajar en grupo. Era como mediodía y nuestro primer trabajo de los siete, que consistiría en la interpretación de los símbolos del petroglifo. Lo dirigió Juani. Me coloqué en la parte media, de frente a la piedra donde sentíamos la fuerte vibración. A mi izquierda había tres hermanos y a mi derecha otros tres; algo me dictaba hacerlo así.

En cuanto cerré los ojos, percibí como un sonido de aire que pasaba por un tubo, luego sentí como si un chorro de agua que caía desde arriba; un torrente me llegaba a toda la cabeza con fuerza. No sabía de qué se trataba. ¿Sería que los Guías me inducían a recibir comunicación? me preguntaba.

Parecía realmente agua, pero la sorpresa fue mayúscula. La piedra que había tocado y que se encontraba frente a mí era la puerta de un túnel grande que se abrió ante mi presencia; ya no escuchaba a quien dirigía el trabajo. Con la velocidad del pensamiento lo comprendí; era un túnel perfectamente abovedado con piedras bien labradas construido de principio a fin.

Mirando de frente a mi derecha, en el costado izquierdo de la puerta del túnel vi a dos seres muy delgados con túnica color café con capucha, aunque no veía sus rostros; eran como si no los tuvieran. Creía que me darían la bienvenida, pero ellos parecía que no se daban cuenta. No me miraron. Intenté hablarles pero al parecer estaban distraídos. Mi mente sacó conclusiones en contados segundos (eso era increíble en mí, trabajaba a una velocidad que jamás había experimentado) y pensé que si eran guardianes de la Hermandad Blanca deberían estar con túnica blanca y a ambos costados de la entrada custodiando el acceso, y no juntos y sin prestar atención.

Me parecía estar físicamente. Había llegado a jugarme la vida, a arriesgarme, a ser el primero en abrir la puerta y el camino. Percibí que esos seres estaban allí para impedir todo ingreso desde mucho antes, que nada de positivo tenían, que estaban allí al servicio del enemigo oculto. Por tanto tendría que enfrentarme a ellos si llegaba el caso; debía utilizar el factor sorpresa, entrar sin que se dieran cuenta y rápido. No podrían impedírmelo; el momento era el adecuado, teníamos que estar allí en esa fecha. Tenía la suficiente fuerza espiritual, mental y física para enfrentarme a todo. Tomé la decisión de pasar; una energía positiva invadió todo mi ser y entré. Cuando estaba caminado ya dentro, sentí que se daban cuenta. Era tarde para ellos; yo ya estaba dentro y no podían hacer nada; el gran paso estaba dado. Había logrado abrir la puerta de entrada.

El Dorado. El sol y el oro

Estaba caminado por el túnel y sentí frío y todas las sensaciones físicas; no era consciente de que se trataba de una visión. Tenía plena conciencia de estar caminando sobre agua cristalina que corría; lo sentía como si estuviera allí físicamente. Al final del túnel, que era curvo, vi que los rayos del sol caían pero no empañaban. «Esto es una experiencia solar, la iniciación solar que decían los Guías en la comunicación» pensé. Sabía que los demás hermanos venían atrás. Quise darme la vuelta para verlos, sin dejar de caminar, y al hacerlo sentí el calor de un sol abrasador que no quemaba. Era mediodía. Seguí caminando por un canal moderno que llevaba agua. El canal era de oro puro, admiraba yo con asombro; había oro en todas partes. Lo contemplaba sin tocarlo. Estaba caminando por un camino de oro. *«Este es el Paititi»* me dijo una voz sin voz. «Entonces ya llegué, y ¿solo? ¿y los cerros de mi visión de 1981?» Los buscaba con la mirada. «¿Este es El Dorado o un encuentro con El Dorado?» pregunté. *«Sol y oro, sol y oro»* fue la respuesta. De pronto estaba en un lugar de sierra, muy hermoso; caminaba sobre cultivos en terrazas, veía plantas muy bellas que no conocía; crecían parejas y estaban muy bien cultivadas y cuidadas. La vibración estaba en el punto máximo.

Seguí caminando y vi enfrente mío en otro cerro cercano a una niña hermosa como de doce años vestida con un traje rosado con puntos rojos de confección moderna. Se alejaba sin mirarme. Entonces mi mente revivió esos sueños constantes de antes de que naciera Walki Enoc. Era esa misma niña, solo que esta vez no venía a mi encuentro. Sentí pena. Quise llamarla pero la ocultó otro sembrado. Seguí caminando; era un paisaje muy bello, había mucha paz. Imaginé que, siguiendo por donde iba, la niña llegaría a su casa o tal vez al retiro interior de la Hermandad Blanca. No vi otras personas ni construcciones.

De pronto estaba caminando por otro riachuelo, esta vez en una curva contraria a la del túnel. Las plantas ahí también eran de oro y el oro brillaba por doquier al igual que el sol, sin empañarme. Admirado me paré para contemplar a mi alrededor, casi de frente. Un poco a mi izquierda, sobre un riachuelo había un puente de oro que conectaba con otro túnel también de oro, como si se tratara de un puente rústico de selva, muy seguro. Tenía adornos como copos de lana crecida que pendían de los pasamanos que parecían de la madera rústica a ambos lados del puente. Todo era de oro. Absorto miraba todo eso. Pensé que era otra entrada al Paititi y me proponía entrar cuando vi salir del túnel de oro y cruzar el puente a una mujer que llevaba a su hijo en brazos. La seguían dos niños y al último que salió lo reconocí; era Soro Soro, el machiguenga que me había impresionado. Cargaba una especie de canasta grande sujeta con una faja ancha de oro que rodeaba su frente. A él y a la mujer solo los cubría un taparrabos y los niños estaban desnudos; los collares de todos también eran de oro. La visión me causaba gran impresión. Dudé si pedirle ingresar con él. Soro Soro lo hizo y yo lo seguí.

En eso escuché la voz de Juani. Caí en la cuenta de que había tenido una visión tan clara y nítida como si estuviera viendo una película en la que yo estaba. Era consciente, recordaba cada detalle. La voz sugería en ese momento interpretar a los símbolos, y yo me vi parado donde se iniciaban las figuras e hice la siguiente interpretación: que en un tiempo que no pude precisar, pero muy antiguo, en las profundidades del Universo se formó nuestro sistema solar y se le dio a custodiar a un ser cósmico. En sus inicios, por el proceso natural aparecieron larvas y gusanos. Con el transcurrir del tiempo vi que en nuestro planeta Tierra habitaron gigantes dinosaurios. Después de muchos miles de años apareció el hombre. Hubo intervención de los ingenieros genéticos, apareció también la serpiente, hubo crecimiento poblacional, también mezcla o mestizaje con los hijos de Dios... En ese laberinto de cosas llegaron los Maestros en sus cápsulas o naves espaciales. El hombre pedía socorro; se trató de ordenar lo desordenado. Luego, el hombre, al creerse sabio, perdió sus capacidades telepáticas y miraba a un punto del firmamento como referencia hasta que llegó el Maestro Jesús-El Cristo para señalarnos con su ejemplo el camino de la iniciación, la actitud, la acción de amar y, al comprender el «Quinto de RAMA» (quinta fase de preparación), comprenderíamos que la serpiente inicial era el conocimiento sin conciencia o la búsqueda solo de conocimiento, y la serpiente con una cruz en la cabeza era el símbolo de la sabiduría y que esa sabiduría era sabiduría interna en contacto con Dios.

También los petroglifos me mostraban los cerros y los caminos que debíamos caminar para llegar a lo que buscábamos: el Retiro Interior y la Base Azul en el Paititi.

Al regresar de nuestra meditación, fui el primero en narrar lo que me había tocado vivir. Las experiencias de cada uno fueron múltiples. Las de Juani y las de Roy eran coincidentes en cuanto al túnel y al sol. Estábamos en el lugar exacto, que había sido intuido por la mayoría.

Juani habló del mensaje que recibió mentalmente: *«Habéis llegado los justos; preparaos que la primera etapa está por concluir. Depende de vosotros permanecer en perfecto equilibrio y permanente trabajo».*

Las experiencias variaban y las intercambiamos entre todos. De mí se había apoderado una inquietud: deseaba vivamente interpretar mi visión; mi mente estaba lúcida, pensaba; pensaba mucho. Aprovechando el descanso me fui al río a lavar mi ropa y a bañarme. En un recodo que allí se encontraba, donde retumbaba la corriente al chocar con el peñón, lloré. ¿Debía partir solo con Soro Soro de guía? ¿Cómo decírselo a los demás hermanos? ¿Tendría que hacerlo?

Y ese fuego interno se avivó más cuando recordé la comunicación en simultáneo de octubre de 1989, que recordaba haber leído: «...*Que bastaría que solo uno llegara para el cumplimiento del objetivo*...»

Me rebelé contra Dios y los Hermanos Mayores en voz alta (sabía que ninguno de los hermanos me escuchaba); les grité fuerte pero con lágrimas. «¿Por qué tengo que ser yo? ¿Es cierto entonces el presentimiento que tengo desde cuando me inicié en la Misión? Si es así, ¿por qué no se manifiestan más contundente o físicamente y me preparan? Deseo saberlo ya –les grité–, para así preparar mi mente y mi cuerpo para el sufrimiento que seguro trae consigo», les decía.

«¿O es que no están seguros de mi capacidad? ¿Soy un tonto al pensar así? ¿Qué es lo que se espera de mí?» Así gritaba, así me desahogaba.

Sabía por las comunicaciones que uno de los objetivos de ese viaje era «...*recibir un conocimiento que permita el que cada cual sea consciente de su particular misión y responsabilidad personal en el proceso del Plan*...»

«¡Pues ya! –grité–, quiero saberlo de una vez por todas, lo deseo, necesito saberlo» y vino el silencio.

«Señor Dios, hermanos Guías, perdónenme, qué débil aún soy –recapacitaba–, tal vez no comprenda o aún no esté preparado. Pero si no lo voy a saber al final de este viaje, ¿qué objetivo tiene que esté aquí? Por favor, respóndanme» grité de nuevo... Solo el llanto siguió. Me había mostrado tal cual era. Reclamé a Dios y a los hermanos Guías lo que sentía en ese momento con sinceridad y franqueza. Al menos suponía que al fin no iría solo, sino con Soro Soro y esto me tranquilizaba. Desfogué mi agitación, mi desánimo; desahogué mi aflicción al gritar y llorar. Sin darme cuenta, poco a poco me iba llegando la calma y a mi mente acudían ideas de aliento, de confianza; que debía tener fe, que todo se daría y que todo estaba calculado y planificado por nuestros Hermanos Mayores. Esa parte la viví solo, sin testigos, en lo interno de mi ser.

Teníamos que seguir trabajando y eso sería la garantía para recibir más y más. En mí estaba la inquietud de cómo y cuándo debía partir a la Base Azul. ¿Cómo decir y convencer a los guías nativos de que debíamos realizar este viaje y cómo partir en perfecta armonía de los demás hermanos? ¿Cómo? No tenía ambición personal y menos afán protagonista; mi participación había estado llena de obstáculos que habían sido superados casi antes de iniciar el viaje. El mensaje era claro para mí: estábamos en el tiempo justo o fechas clave. Pedí a los Guías que fueran ellos los que se manifestaran o nos hicieran ver a todos que así debía ser por comunicación o en sueños; que ellos escogieran la forma, pues yo estaba dispuesto a todo.

Por la tarde nuevamente nos reunimos. Quería ubicarme en el mismo lugar pero el sitio ya estaba ocupado. Empezamos nuestro trabajo sin que nos importara el fastidio de los mosquitos y las abejas. Al ponerme en posición de meditación y cerrar mis ojos, nuevamente se me repitió la visión anterior con algunas variables. Vi de nuevo que el túnel de entrada estaba abierto; ya no estaban esos seres de negro. Volví a ver el sol, el riachuelo y mucho oro, sol y oro; los triángulos esta vez estaban uno con el vértice para arriba y otro para abajo. Apareció de nuevo el rostro del extraterrestre que me era ya familiar con más nitidez. Hasta en mis visualizaciones buscaba infructuosamente esos tres enigmáticos cerros con la mirada dirigida a todos lados, pues sabía desde el 1981 que en la parte baja, en el centro o frente al cerro piramidal central estaba el Retiro Interior o la Común Unidad, que esa sería la entrada.

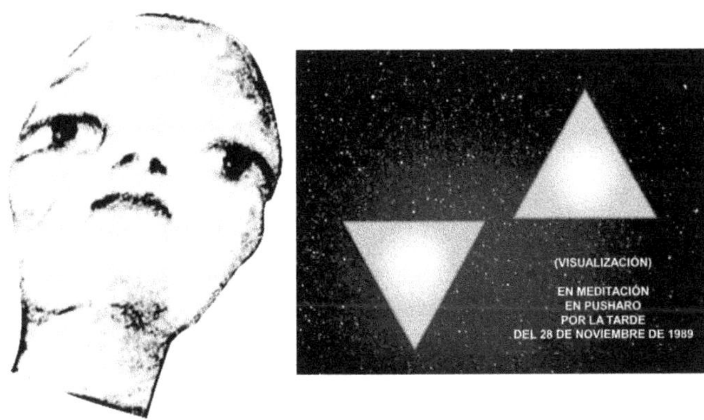

Imagen 15. «Volví a ver el sol, el riachuelo y mucho oro, sol y oro; los triángulos esta vez estaban uno con el vértice para arriba y otro para abajo. Apareció de nuevo el rostro del extraterrestre que me era ya familiar con más nitidez».

Me veía nuevamente solo en ese lugar dorado, en ese lugar de sol y oro. «Esto es un anticipo» pensé. Era completamente consciente. «Debo memorizar bien el camino para que cuando llegue el momento no tenga dificultad para regresar». De pronto, la escena cambió: estaba a orilla de un río cristalino pero profundo, llevaba mochila y una gorra azul, que reconocía era de Aníbal; al parecer me la había prestado. En la otra orilla estaba Soro Soro; me estaba guiando. Él había pasado y con un movimiento de su cabeza sentí que me desafiaba a pasar. Ni bien terminó de indicármelo me lancé al río y nadando pasé a duras penas. Sentí que las fuerzas se me acababan. En ese preciso momento alguien del grupo se movió, pero la impresión de la visión me inquietó y la perdí; quise continuar pero no logré.

Nuevamente apareció la lucha interna: «Pero hermanos Guías, les pedí que a través de otros hermanos se decidiera mi partida» pensaba. «Seguramente lo han hecho» me respondía a mí mismo. En ese laberinto de pensamientos terminó la meditación y la mayoría pidió hacer comunicación.

Roy ya había empezado a recibir y dijo que las condiciones estaban y que los Guías esperaban preguntas.

No abrí en ningún momento los ojos, ni dije nada, o sea que no intervine en el rol de preguntas que empezaron a elaborar los hermanos. Estuve completamente relajado y concentrado, lanzando mi pregunta mental a los hermanos Guías, diciéndoles que a través de la comunicación indicaran la hora y la fecha de mi partida. La oportunidad había llegado sin buscarla ya que Roy había dejado de recibir comunicación. Estaba seguro de que los Guías dirían algo; con fuerza se lo pedía por favor y la emoción crecía en mí. «¿Y si no regreso? ¿Qué será de mi familia? No deseo que por culpa mía pueda echarse a perder el conocimiento de la Humanidad; estoy decidido» les decía a los Hermanos Mayores.

Hubo insistencia en pedir confirmación física a los Guías. La primera pregunta que se elaboró también respondía a uno de mis pensamientos, así apoyamos la comunicación. En eso apareció en mi pantalla mental la estrella RAMA de seis puntas; en el centro había un corazón radiante, todo como si estuviera hecho de alambre de oro brillante. Estaba en mi pecho «¡Oh! Mis cristales, los están reactivando nuestros Guías» pensé. Pero el corazón, ¿qué significaría? La imagen cambió de repente y vi un rombo hecho también como de alambre de oro que brillaba, aunque en su interior era de color violeta. Me sorprendí, sin lograr interpretarlo.

Mi emoción estaba en su punto más alto cuando se terminó de recibir la comunicación. Estaba seguro de que los Guías me habían escuchado y respondido, de lo contrario serían tonterías mías, me decía. No pude soportarlo, y antes de que se leyera la comunicación, embriagado de emoción, les narré a los hermanos lo de mi visión pensando que la comunicación lo confirmaría todo, ya que se lo había pedido así a los Guías.

Imagen 16. «En eso apareció en mi pantalla mental la estrella RAMA de seis puntas; en el centro había un corazón radiante, todo como si estuviera hecho de alambre de oro brillante. La imagen cambió de repente y vi un rombo hecho también como de alambre de oro que brillaba, aunque en su interior era de color violeta».

Estaba emocionadísimo y esto me impidió hacerlo con claridad. Las reacciones no se dejaron esperar, aunque lo más exacto sería decir que yo no supe explicarme. Pero Chabuca había tenido la misma visión y dijo:

–Yo sí comprendo lo que quiere decir Francisco.

Era la confirmación que necesitaba; yo no había hablado con nadie y menos con Chabuca. Sus palabras no fueron comprendidas, según me pareció, aunque no sabría decir por qué. Yo tenía que intervenir y de inmediato. Como estaba seguro de que los hermanos Guías mediante la comunicación nos señalarían las pautas, para no generar desarmonía y como las ideas acudían rápido a la mente dije:

–Hermanita Chabuca, perdona que te interrumpa. Comprendo también lo que quieres decir, pero dejemos a los Hermanos Mayores que solucionen las cosas, no nos desesperemos, ellos sabrán hacerlo en el momento preciso.

A Chabuca la dejé con la palabra en la boca; me pareció que se desarmonizó un poco, pero para mí era lo atinado en ese momento. Entre todos se comentaron y contaron las experiencias, que fueron variadas, mientras Roy pasaba a limpio la comunicación que se leyó allí y que decía:

Comunicación: 28-11-89. Hora: 16.20 h. Pusharo.

«Sí, somos vuestros hermanos Guías apoyando constantemente vuestros trabajos. El esfuerzo y la prueba que estáis pasando os hará mantener la conciencia de que esta etapa que está viviendo la Misión refleja el momento de compromiso e integración. Podéis hacer preguntas».

Pregunta 1: Indicación del trabajo individual de cada uno.

«Sí, Anitac en comunicación. Os reiteramos que cada uno de vosotros tiene una misión que cumplir en este lugar. Vosotros habéis venido por intereses personales y grupales, y cada uno ya sabe lo que le corresponde para ayudar a que el Plan se realice.

Al hermano Aníbal le diremos que debe entregarse con mayor entusiasmo a los grupos, pues de él se espera su apoyo en Misión.

Al hermano Eduardo le indicamos que su presencia en esta zona obedece al reencuentro con su pasado, pero que debe dejar de lado todo interés personal. El grupo sabe de sus conocimientos y él sabrá reconocer las claves que se están dando para resumirlas y para que juntos elaboréis el informe que deberéis llevar a vuestros respectivos grupos.

A la hermana Chabuca le decimos que su entrega con los hermanos de esta zona le permitirá comprender aún más cómo se expresa la humildad.

A la hermana Juani le decimos que debe anotar sus percepciones, pues ahora en la noche estará con nosotros para darle mayores pautas.

Al hermano Francisco le decimos que domine su emoción interna, pues esto le permitirá comprender mejor sus visualizaciones.

Al hermano Dieter le decimos que la comprensión final de este viaje le permitirá ofrecer una valiosa ayuda al grupo que espera en Brasil. Deberá apoyar a los grupos de esa zona y ponerse a estudiar y profundizar más en los conceptos básicos de la Misión; su labor como instructor debe comenzar.

A ti hermano, ya sabes qué es; deberás hacer la interpretación de los símbolos y prepararte para el informe final».

Pregunta 2: Si los hermanos presentes son los que están en este lugar, ¿se está cumpliendo el trabajo?

«Hermanitos, el trabajo que estáis realizando forma parte del Plan, pero lo podéis hacer mucho mejor, depende simplemente de que alcancéis una mayor concentración durante todo el tiempo que estéis acá. Sois representantes y no debéis fijaros en los defectos que puedan aflorar producto del acercamiento continuo entre vosotros».

Pregunta 3: Si las metas están cumpliéndose.

«Los hermanos de la Hermandad están acercándose hacia vosotros poco a poco, pues como sabéis la parte que os toca es tener presente que todos estáis siendo observados para que por medio de los trabajos que efectuáis os acerquéis más.

En las prácticas que estáis realizando ya veis que estáis teniendo acercamiento a los miembros de la Hermandad; no os desesperéis. Primeramente deberéis trabajar con los símbolos que se encuentran en este lugar. Ya tenéis activados los cristales para el trabajo. Usareis además la dermóptica y veréis como todo se os aclarará. Escribid todo lo que sintáis, pues el análisis que haréis cada noche os indicará los pasos a seguir».

Pregunta 4: ¿Cuántos días estaremos en Pusharo?

«Hermanitos, primeramente deberéis trabajar más intensamente en este lugar, pues todavía os falta completar esta información. Tratareis de efectuarlo en dos días más, y luego cruzareis donde ya estáis intuyendo. Procurad que os acompañen; confiad en ellos que os guiarán y en vuestra capacidad para hacerlo».

Pregunta 5: Se solicita confirmación de la presente comunicación, indicar la hora.

«La confirmación que pedís será entre las siete y las ocho de la noche; desde ahora deberéis manteneros sin alimentos, solo agua, pues debéis seguir trabajando fuerte.

Con Amor, vuestros hermanos, Sampiac y Anitac».

«Los Guías no han contestado a mis inquietudes –pensé–, pero qué peso me están quitando de encima». Fuimos al río a bañarnos, Dieter, Roy y yo. Entonces me quedé para hablar a solas en voz alta a Dios y protestar a los Guías. En eso, algo, esa voz sin voz, me dijo que la respuesta estaba dada con confirmación y todo.

Lo que me decían a mí coincidía exactamente con lo que estaba pensando: que debía dominar mi emoción interna para comprender mis visualizaciones. También decía que estaríamos dos días más y cruzaríamos el río. Esto me trajo calma; «ellos saben lo que hacen, solo tengo que dejarme guiar, dominar mi emoción, dominar mi emoción. Todo está en eso y es mi parte –empecé a decirme–, debo tener dominio sobre mí mismo. Hermanos, muchas gracias. Está claro; ustedes no me han fallado, yo soy el que está equivocado, ustedes saben lo que hacen, todo lo dejo en sus manos».

Pensaba que tal vez no partiría como en mi visión, sino quizás en astral, teletransportado o en una nave, pero que tenía que estar en perfecto equilibrio. Quise llorar de agradecimiento al haberlo comprendido; recordé que tenía que dominar mi emoción y me reí de mis tonterías.

Hice un resumen de las enseñanzas recibidas hasta ahí: si lograr la paz-ciencia nos había costado tres días y tres noches de viaje, para comprender que aquel que ha escogido el camino espiritual siempre es guiado, para aprender a ser fuertes y a luchar contra este orden de cosas, empezando por uno, tenemos que dominarnos a nosotros mismos. Claro como el agua del Sinkibeni cuando no está cargado.

Estaba contento. Así lo comprendía y lo comparto, y logré dominarme; el viaje me estaba resultando una preparación y «como representante que soy, esto es lo que tengo que decir; debo contárselo a todos a mi regreso».

Adquirí el aplomo requerido, el equilibrio necesario, desapareció como por encanto todo temor, toda duda, toda emoción causante de muchos errores.

«Qué complejo es el ser humano», reflexionaba, recordando todo lo que habíamos vivido, «nos complicamos la vida y complicamos a los demás. Dios mío ¡perdón! muchas gracias, Señor».

Tal y como sugerían nuestros Hermanos Mayores, nos reunimos para analizar el trabajo del día. Había algo que me incomodaba y si no lo decía jamás estaría en paz con mi conciencia. Se había empezado a dudar de la comunicación, seguramente por la sinceridad de los Guías. Yo particularmente no tenía un ápice de duda pero no había comentado con nadie nada de eso que me incomodaba. Como la comunicación mencionaba exactamente el comportamiento de cada uno de nosotros y empezaba a dudarse de ella, era el momento oportuno de manifestar que debíamos dejar de lado todo interés personal; así pensaba y así lo comenté, que toda la Misión estaba costeando y apoyando ese viaje y que debíamos dar lo mejor de nosotros.

Estaba allí para servir, eso lo tenía claro. Comprendí también que todo eso lo teníamos que pasar pues éramos representantes; la Misión y la Humanidad en miniatura estaban presentes en Pusharo, con sus defectos y con sus virtudes, con nuestros errores y aciertos, para que todos aprendiéramos de todos, analizando en rigor la comunicación; el viaje era una lección para todos. Nos faltaba más práctica de vida y darnos por los demás, o sea irradiar, pues sabíamos –y ahora comprendíamos mejor– que si no podíamos hacer cosas simples, como llevar agua para hervirla, o pequeñas actitudes, como no dejar la basura o las cáscaras tiradas en el suelo después de comer, ¿cómo considerarnos merecedores de recibir algo más trascendente? «Si en lo pequeño no podemos, menos podremos en las grandes cosas; tener conocimiento no basta».

Por donde intuíamos que se encontraba la Base Azul, siempre estaba cubierto de nubes negras; esto me indicaba que el lugar aún estaba cerrado para nosotros y que tendríamos que armonizarnos más o culminar primero el trabajo asignado, de lo contrario no se podría ambicionar más.

A medida que oscurecía iban apareciendo las estrellas, pues las nubes daban paso para poder contemplarlas en toda su magnitud. Junto al tronco de un árbol que había sido arrastrado por el río en su crecida, en la dirección que marcaba Eduardo, nos distribuimos el espacio para poder ver y así confirmar la comunicación. Teníamos que guardar la armonía. Nuestros Guías se manifestaron en varias oportunidades y en distintas direcciones; yo vi cinco naves.

Retornamos a las tiendas a descansar. Estaba en paz conmigo mismo. Recordaba la comunicación que nos decía que debíamos trabajar más intensamente en ese lugar y que lo haríamos durante dos días más.

Me acomodé en el saco de dormir, como para relajarme echado y orar. Pero ocurrió otra sorpresa. Se oyó nuevamente ese sonido como de aire que pasa por un tubo. Nada más ponerme cómodo, sentí alejarse a Juani que estaba a mi lado, luego a Dieter, a Chabuca y a Eduardo. Sentí que mi cuerpo era estimulado. «Es un viaje astral –pensé–; lo deseo, lo quiero, deseo salir de mi cuerpo». ¿Cómo poder describirlo? Era una energía con sonido que caía sobre cada uno; tenía la seguridad de que venía de una nave. Noté claramente que los demás hermanos salían. Con una sacudida suave me parecía que lo había logrado, y no recuerdo más.

El agotamiento físico daba luego paso a un descanso reparador y profundo, pero en lo más profundo del sueño, un pequeño movimiento era suficiente para despertarme, es una característica mía. No podría precisar la hora; un movimiento de Juani que estaba a mi lado me despertó. Se levantó y junto con Dieter salió de la tienda. Hablaban en voz baja. Creí que salían al baño; para mi felicidad dejaron la puerta abierta, pues desde mi posición podía ver el firmamento cuando ellos se alejaron.

Sentí un retumbar especial y unos fogonazos sobre el espacio visible de Pusharo; pensé que se desataría una tormenta. Detuve mi aliento para escuchar de nuevo y pude distinguir que no era un trueno; lo conocía bien desde antes y por lo vivido: la tormenta desatada con truenos, relámpagos y rayos el viernes 24 sobre todos nosotros. Conozco bien como son y como se dan estos fenómenos; son temerarios. Mi cuerpo descansaba plácidamente; estaba completamente relajado para disfrutarlo. Mi mente luchaba entre levantarme o no; traicionera optó por seguir el reparador descanso, con los ojos abiertos y los oídos atentos. Sí, lo reconocí, ese sonido me era ya familiar, lo había disfrutado en el desierto de Sechura de Piura con ocasión de la tercera convención en enero de 1988 cuando caminábamos a altas horas de la noche para cumplir con lo programado por los organizadores. Yo caminaba con sandalias, mis pies se hundían en la arena... En varias ocasiones di varios pasos sin sandalias, así todos me dejaron. Allí en el desierto una inmensa nave se mostró a gran altura. Camuflada sobre un colchón de nubes avanzaba lentamente. Tuve suerte de apreciar y disfrutar su inmensidad; supongo que era el centro de la nave. La aparente nube desapareció un momento. Vi que giraba y producía un ruido especial, también fogonazos que no empañaban. Lo disfruté solo.

Esta vez, en Pusharo la nave inmensa avanzaba muy lentamente emitiendo fogonazos y, cual débiles truenos, un ruido especial o sonido armónico en todo Pusharo. Era una nave; al querer salir recordé que, en la comunicación recibida en la tarde, a Juani le decían que «ahora en la noche estará con nosotros para darle mayores pautas». Comprendí entonces que la experiencia era para ella, por eso habían salido.

Cuando volvieron nos dormimos de nuevo; me pareció que pasaron cinco minutos y me desperté.

Una inmensa nave sobre Pusharo

Miércoles 29 de noviembre de 1989. Estaba ya amaneciendo. Al tratar de recordar la experiencia de la noche escuché una comunicación mental. Juani se levantó, buscó un cuaderno y lapicero y escribió algo. Me había llegado esta comunicación mental muy clara: *«convención en lengua machiguenga en RAMA»*. Al comentarlo con ella, me dijo muchas cosas. Lo que había anotado era: *«conversión de la llave al Imperio del Sol»*. Nos miramos sorprendidos. También me comentó que había sentido lo mismo al acostarnos para descansar. Ella también sintió que todos salíamos en astral y que ella había sido la última. Además nos contó la experiencia que pasó con Dieter. Es esta:

«...en la noche se dieron varias señales en el cielo. Eran alrededor de las 00.00 h. Cuando todos estaban durmiendo percibí una llamada: 'ven, ven'. Sentí mi cabeza muy grande. La llamada persistía. Observé a mi alrededor, la tienda estaba iluminada. Luego quise saber si alguien más sentía lo mismo, pero todos dormían profundamente. El sentirme sola y el hecho de haber oído que durante la noche salía a merodear la rata kalinoski, que en varias oportunidades había sentido aunque nunca había llegado a ver, me produjo un temor muy grande e inseguridad como para salir sola en plena selva a esa hora.

Entonces avisé a Dieter y le pregunté si sentía algo especial; él también notó la tienda iluminada y decidimos salir juntos. Cuando estábamos un poco alejados del campamento nos paramos y observamos un gran espectáculo de luces multicolores en el cielo y allí recordé un extracto de la comunicación: «será como una gran luz en el cielo que todos verán en estos días, pues será el anuncio del tiempo que se aproxima». De pronto, escuché una voz que decía: '¿Por qué con él?' Entonces, como si Dieter también hubiera escuchado la pregunta, me dijo:

–Les estoy diciendo que estoy preparado, estoy cien por cien preparado, no siento temor en absoluto, tengo plena confianza en mí mismo de poder recibirlos, que no tengan temor en bajar. –Le pedí a Dieter calma y respondí telepáticamente a los Guías: 'Ayúdenlo, él necesita fuerza para poder cumplir con su misión'. Escuché que los Guías me decían telepáticamente: 'Es muy importante que pensemos en todos los hermanos, porque son parte del Plan; pero hay experiencias que son personales y es necesario que así sea; no dudéis de vuestras experiencias, vivenciad toda esta energía que estáis recibiendo, es parte de la preparación'.

Todo el cielo se veía muy hermoso, multicolor, y se notaba un sonido de la más pura armonía. Se sentía como que cada color era la manifestación de los siete rayos de vida. En mi cuerpo físico sentía como un reordenamiento interno. Cuando esto sucedía estaba como electrizada, con mucha armonía y con un gran Amor por toda la Creación»[26].

Escuchaba concentrado lo que nos contaban Juani y Dieter. Entonces en mi mente escuché esa voz sin voz: *«Esa misma nave acompañó a Moisés y al pueblo de Israel durante el Éxodo»*.

Ese día lo emplearíamos en tratar de terminar de interpretar y dibujar los petroglifos, pues con bastante deseo empezamos a dibujar. A medida que lo hacía era más difícil; empezaba por un lado y las líneas se perdían, empezaba por el otro, e igual se perdían. Esto desanimó a más de uno, pero me propuse dibujarlo todo. Así avanzaba. Los mosquitos y las abejas molestaban más a medida que el calor era más intenso.

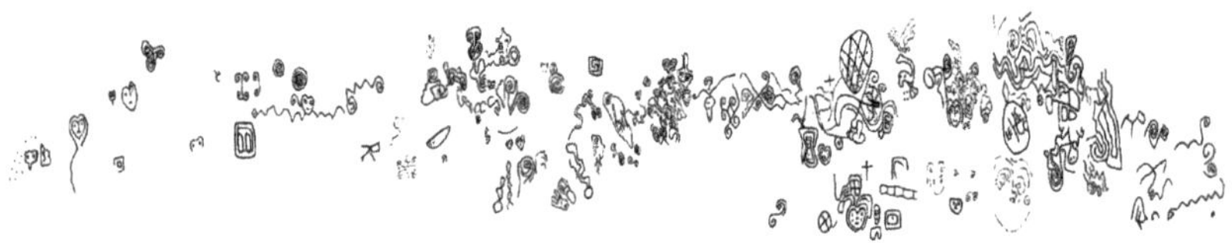

Imagen 17. Dibujos de los petroglifos.

Mientras iba dibujando, escuchaba el mantra RAMA y AMAR fuerte. Lo escuchaba; eran muchas voces que adquirían una uniformidad y una vibración muy especial. Se lo comunique a Roy y él me contestó afirmativamente. Para asegurarme me quedé quieto y atento; escuchaba el cauce del río, el canto de las aves, el ruido de las abejas, el eco, el viento y ninguno de esos ruidos se parecían a lo que yo estaba escuchando parado frente a los petroglifos, voces bellas,

26 Fragmento extraído del informe personal de Juani Santos.

inigualables, diría. Intenté repetir ese sonido sin encontrarlo más, parecía que desarmonizaba y solo me quedaba escuchar y escuchar.

Roy me dijo que Soro Soro había llegado. Fui a su encuentro pensando en persuadirlo y convencerlo para que me guiara de acuerdo a mi visión. Buscaba las palabras adecuadas para decirlo pero era tarde. Soro Soro ya estaba terminando de cruzar al río con los brazos en alto, agarrando un machete. Ya estaba lejos. Reviví la visión y lo llamé despacio; creo que me escuchó por telepatía. Inmediatamente me miró y, con un ademán de la cabeza y las manos, le pregunté adónde iba, mientras yo le transmitía que podría seguirlo. Con el machete primero me indicó para dónde iba –lo comprendí–; seguidamente, con el mismo machete me hizo un ademán para seguirlo y continuó. Me indicaba que lo siguiera pero dudé un momento que fue rápido; estaba sin mochila. Se cruzó por mi mente la visión. Era una tremenda indecisión por mi parte. Mientras me encontraba en esa lucha interna, Soro Soro pasó al otro riachuelo y se perdió en el bosque. Me recriminaba a mí mismo por no haberme decidido rápido. ¿A esto se refería mi visión? ¿Cómo saberlo? Escuché en mi mente su llamada. «¿Y por qué no fui?» me lamentaba. No había ya nada que hacer. Había perdido la oportunidad.

Todo el día estuve dibujando, pensando terminar y que eso sería de algún modo un mérito para poder cruzar el río. En verdad, como decían los Guías en la comunicación desde que había llegado, una fuerza extraña, además de la intuición, me decía que por allí cruzaríamos. Eduardo deseaba seguir por el lado izquierdo.

No había lluvia y el caudal del río bajaba y el agua se volvía cristalina como invitando a pasarlo. Estuve en paz dejándome guiar; recordaba de la comunicación que decía que estábamos siendo observados.

Aníbal, al no poder dibujar, se puso a escribir y allí recibió una comunicación que decía:

Comunicación 29-11-89. Pusharo. «Antena»: Aníbal:

«...Creemos que la Tierra, como está desarrollada hoy, se asemeja a lo que se pasó en Atlántida. Por eso Dios ha previsto para esta Humanidad de hoy un cambio de fase, pero un cambio para que no vuelva a caer en los mismos errores de siempre, ya que esta es la quinta Humanidad que puebla la Tierra. En los planes del profundo Amor de la conciencia cósmica está previsto que la nueva Humanidad que surja deberá ser de seres con la mentalidad superada, con la conciencia en paz y de esa manera libres de todo tipo de egos al servicio de Dios, del Dios crístico que vendrá cuando la Tierra está depurada de toda la negatividad que en este momento reina en ella.

La nueva era será un milenio lleno de luz, Amor y paz. Por fin el humano logrará la superación que en muchos milenios había olvidado y que hoy retoma con todo lo aprendido en otras vidas. Este camino, que ya comenzó, es un camino ascendente hacia la Luz Divina, un camino que se desarrollará a pesar de los obstáculos que encuentre en su camino. Es una ascensión lenta pero segura donde el ser sabrá comprender que este era el camino verdadero que había perdido y que hoy, con la intervención de Jesús, encuentra como el sendero de la verdad.

Paz, hermanos, que la luz, el Amor y el poder restablezcan el Plan en la Tierra. De ahora en adelante reinará la paz. La luz que estaba apagada descenderá para iluminar a todos sus hijos que han logrado encontrar el sendero verdadero. El hombre ha comenzado a cambiar, a tolerar, a eliminar el ego que le tenía atado por siglos.

Hoy es el día de la verdad en el que todo se aclara. Todo se vislumbra como un día feliz de armonía, gloria y luz eter-

na. Alegraos hermanos. Estáis en un momento de cambio, de superación espiritual. Ya no temáis a nada ni a nadie. Se han roto las cadenas de opresión, el cordero, el rebaño ha comenzado a ser guiado por Jesús el Mesías de siempre, el que no olvida a sus hijos, porque solo él es el Rey de Reyes que se hace presente en esta nueva era que está pronta a comenzar. Ya no dudéis pues la verdad se hace presente entre vosotros, la Luz Divina alumbra el sendero del cambio de todo cuanto existe sobre la faz de la Tierra que ilumina desde lo alto del Reino de Dios.

Alegraos hermanos. Vosotros habíais sido elegidos para la preparación de la venida de Jesús, todos como un solo hombre. Trabajad con Amor, con luz en la frente, con todo lo que podáis dar de sí, pues ya no es el momento de vacilar. La luz está en estos momentos en vuestras puertas esperando que la abráis para consuelo y alegría de todos sus hijos.

Se interrumpe este proceso porque algunos van por una senda aún oscura entre vosotros, porque no sabéis guardar la mesura necesaria y no sabéis gobernar vuestros egos, que todavía a algunos os tienen atados. Despertad hermanos. Que ya no es hora de vacilaciones, retomad el camino que os trajo hasta este lugar. Os aguardamos con Amor. Sampiac, Titinac, Anitac, Joaquín».

Un detalle que me inquietó es que en el cerro, frente a los petroglifos, se veía un triángulo perfecto con el vértice para abajo formado por la vegetación; esto era una señal para mí ya que lo había visualizado también así. Al estar observando tuve la certeza de que la punta del triángulo me indicaría algo. No me equivoqué. Con esfuerzo pude ver que allí había una choza totalmente inadvertida en medio de la jungla. Al hacérselo notar a los demás, observando con detenimiento guiados por el vértice del triángulo ellos también lo vieron. Pensé que se trataría de la choza de otra familia de machiguengas.

Tarde, muy tarde, aún me faltaba completar o repasar el trabajo de los símbolos. Las nubes negras que cubrían la Base Azul se estaban iluminando por nubes de color oro. Eso me señalaba que estábamos avanzando y que las posibilidades se daban a medida que interiorizábamos más.

En pleno sueño Aníbal nos despertó diciéndonos que en media hora los Hermanos Mayores tendrían un contacto físico con nosotros, pues había recibido una comunicación.

Salimos tomados de la mano, nos relajemos y esperamos. No sucedió nada. Al leer la comunicación, decía:

Comunicación 29-11-89, a las 23.15 h. «Antena»: Aníbal:

«Este es un mensaje para todos los que están aquí. Debéis trabajar en armonía, porque así lo dispone el Plan. Continuamos con el mensaje suspendido de esta mañana. Esperamos que estéis bien preparados para todo lo que ha de venir posteriormente, ya que debemos manifestarnos físicamente, para lo cual tendréis que salir de la tienda dentro de treinta minutos, todos con calma. Hijos, mucho valor y armonía, orad a Dios por la Humanidad y no temáis nada porque esto es el Plan Divino. Con vosotros y para vosotros. Sampiac, Titinac, Sordaz. Adelante hijos míos, con mucho valor y armonía».

Pudimos darnos cuenta de lo vehementes que somos. Sin analizar antes la comunicación, salimos apurados. Pasada la media noche retornamos a las tiendas.

Capítulo 6
Tres puertas, tres opciones y el retiro interior

El Shangri-La se ha convertido en una obsesión para el hombre cobarde que espera salvarse y busca un lugar para hacerlo, sin haber descubierto que solo en su interior puede existir ese sentido de paz y de cambio donde el recogimiento rige la vida.

Oxalc

El jueves 30 de noviembre de 1989 debía terminar de dibujar los símbolos. Al finalizar, deseando que saliera lo mejor, corregí algunas partes. Ahí tuve otra experiencia de visualización, acerca de cómo se habían hecho esos petroglifos. Vi que el lugar era exactamente igual en todo su alrededor, los cerros, el río... Pero no era selva. Me pareció más como la sierra en la época de las lluvias, donde se ve todo como una alfombra verde. Sus dignatarios o regentes eran mujeres altas y muy bellas (curiosamente los machiguengas se rigen por el sistema del matriarcado, o sea, son las mujeres las que mandan allí) y tenían un coro de voces muy hermosas. Ese coro cantaba en un lenguaje desconocido para mí; me pareció que era quechua. Era un canto bellísimo, con un ritmo especial que hacía vibrar, y un grupo de hombres muy altos y fuertes, a indicación de la regente dibujaban subidos en una especie de escaleras, y yo entendía que ahí estaba resumida la Historia humana terrestre. Desde que apareció el sistema solar hasta el momento del despertar definitivo, esta era la sabiduría interna (representada en la serpiente que se dirige a un agüero, que es el último de los símbolos). A Roy y a los demás les pregunté si escuchaban lo que yo estaba escuchando. Roy me dijo que sí. Avanzaban las horas y nos pareció que como era el segundo día señalado por los Guías, por lo menos tendríamos que explorar más. Todos intuíamos por dónde íbamos a pasar. Iríamos sin el acompañamiento de los hermanos nativos.

En El Dorado

Nos preparamos, pues no llevaríamos casi nada. Agarré la soga, la cámara fotográfica y mis guantes; estaba listo. Al verme así, Dieter, no sé por qué, dijo:

–Francisco, pasa tú primero. –Me alegré y empecé a cruzar el río caminando al estilo Soro Soro. El agua me llegaba al pecho y no era de mucha correntada. Había otro riachuelo que sí lo era. Al cruzar y dar el primer paso en tierra, de pronto estaba en otro mundo, en otro lugar; miraba todo lo que había visto en mis visiones; era un lugar de sol y oro[27].

27 El sol y el oro hacen El Dorado. El oro es luz hecho cuerpo. El cobre no descansa hasta convertirse en oro, dicen los alquimistas al referirse al alma humana que añora su naturaleza inmortal, y esto no será posible entendiéndolo solo superficialmente. Si el plomo representa el estado caótico, bruto y quebradizo del hombre interior, el oro representaría la luz solidificada, el sol terrenal y la perfección, tanto del reino de los metales como de la condición humana. El oro es la fusión de todos los metales, es la transmutación, la transformación de los metales más densos en los más sutiles, en los más regios. La alquimia puede ser definida como el arte de la transformación del alma. La montaña en la que se encuentra la materia prima es el cuerpo humano; entonces el conocimiento corporal debe iniciarse desde el interior y no a través de los sentidos. Viajamos al Paititi a tener un encuentro con El Dorado; en ese viaje entendí que El Dorado es aquello que representa el

Estaba en El Dorado. El sol de mediodía y el oro en toda su pureza brillaban sin empañarme, igual que en mis visiones. Pero ahora estaba allí físicamente; el sol y el oro eran lo mismo, tenían la misma esencia; ambos emitían una energía que me hacían sentir también de oro, un ser humano de oro. Deseé no salir nunca de ese estado; todas las cosas tenían vida en ese color del oro, puro y transparente, esplendoroso. Veía el mismo riachuelo de mis visiones tanto de la derecha como de la izquierda, el camino, las plantas que se movían como si un viento suave las acariciara. Entonces vi en el cerro una especie de cueva; «allí debe estar el puente de oro», pensé. Me dirigí hacia ella. Para mí ese momento estaba todo en lo físico. Me di cuenta de que estaba solo. «Pero si también iban a pasar los demás... ¿cómo llegué yo aquí?» me preguntaba. Miraba a todos lados; era todo de oro, todo, no lo podía creer. ¿Estaba soñando o qué? Me miré a mí mismo: tenía la soga, la cámara y los guantes también de oro. Miré para todos lados, y creyendo que Juani y Chabuca necesitarían ayuda, me di la vuelta para ver por dónde había cruzado yo. Así, tal como aparecí en ese otro lugar, así se esfumó y pude ver que Juani, ayudada por Dieter y Chabuca por Roy estaban ya a mitad del río. ¿Era en la cuarta dimensión donde había es-

---

color del sol y del oro sublimizado que tienen la misma esencia y que me fue mostrada, la luz. El sol ilumina y el oro también, el sol es sol celestial, el oro es sol terrenal; al fusionarse hacen El Dorado o Sol en la Tierra y, como sabemos, Rahma es eso, Rah=Sol; Ma=Tierra, Sol en la Tierra, una experiencia solar de la que nos hablan nuestros Guías: que tenemos que ser seres solares, o sea, irradiar cada uno de nosotros. El sol representa el disco solar; en el disco solar está representado el oro. Un viaje como el del Paititi es una verdadera transmutación en la cual los elementos que contribuyen para que un grupo de personas transforme su naturaleza en oro, regio, alquímico, son la fe, la esperanza, la convicción, la compenetración, la humildad y una serie de valores, esos valores tan necesarios y tan olvidados por nosotros o para otros como yo, tan desconocidos por ignorancia y una mala educación. Las personas transmutadas, transformadas, alquímicamente puras, pueden recibir diferentes niveles de cosas positivas que hayan sido reservadas para la Humanidad y brillar con luz propia. Los otros que solo buscan al oro del imperio inca en el Paititi o El Dorado al fin también comprenderán que ese oro está en ellos mismos.

tado en contados segundos? «¿Está El Dorado en la cuarta dimensión?»

Al ver que ya pasaba me di cuenta de que la experiencia que había tenido estaba en mí y seguía viendo, aunque ya en lo físico; algunos lugares coincidían y estaba esa especie de cueva. Me acerqué; solo encontré que no era profunda; no estaba el puente, pero sí el riachuelo cristalino y el camino como si fuera un jardín bien cuidado. Y había mucho oro. Creo sinceramente que todo eso está con un velo para aquel que vaya con ambición y que no lo encontrará aunque lo busque. Vino a mi mente la voz sin voz: *«El Paititi es un lugar iniciático»*.

Las tres puertas de piedra y el Retiro Interior

Dieter iba delante y los demás detrás suyo. Cuando ya estaban lejos me animé a seguirlos. (A la vuelta Roy me dijo que había escuchado una comunicación mental que le decía que Dieter estaba siendo guiado y que lo debíamos seguir a él). Habían avanzado rápido y, según mi punto de vista, estábamos en el camino correcto. Habíamos escogido el camino central, el del equilibrio. Cruzamos dos o tres veces el río, que era cada vez más profundo y con mucha correntada y agua clara. Juani decidió no continuar y Chabuca se quedó para acompañarla. Eduardo pasó y yo era el último. Dieter había alcanzado un gran peñón desde donde nos decía que ya no se podía continuar; un impulso me obligaba a llegar junto a ellos. Antes, en otra piedra, encontré a Aníbal presa de miles de mosquitos. Le pregunté si seguía y me respondió diciendo que los valientes habían muerto en Las Malvinas. Claro, a partir de ahí había visto que era muy peligroso. Para mis adentros me dije: «*este hermano no tera y se retera*»; había inmensas piedras en medio del agua, pozas profundos con remolinos, y no había playa, todo estaba cubierto por una tupida floresta, el agua corría a mayor velocidad... Pensé que si Dieter había llegado hasta allí, yo también podría. Ya habían observado algo y estaban mirando. Cuando me uní a ellos comprobé que era muy difícil seguir; busqué con la mirada la forma en cómo seguir un poco más. Pensé que debía ser por el agua, pero habría que ir nadando y sin llevar nada. Como quería seguir llevando la soga y la cámara fotográfica, amarré todo a mi cabeza como los machiguengas y dije:

–Vamos a seguir. –Dieter me respondió rápido:

–Francisco, no hay manera, solo por el agua.

–Sí la hay –dije–; no la hay, sí la hay.

–Entonces demuéstralo –me retó. Como había visto un tronco grueso y largo cruzado, sabía que podía hacerlo por allí. Pero estaba inclinado. Me puse los guantes para que las hormigas que había a miles no me molestaran y, como tenía el pantalón completamente mojado, no me incomodarían y pasaría tranquilo; me monté en él como si fuera a caballito y así, apoyado con las manos, pasé. Cuando estaba a mitad, Roy me imitó, y Dieter, que pensaba que me caería al agua se lanzó y pasó nadando. Eduardo no se quedó atrás y también se quitó la ropa y se lanzó al agua; así nos ganaron mientras yo pasaba otro trecho con agua hasta el pecho. Al llegar ya habían ellos mantralizado sin darse cuenta en una especie de cueva que se veía. Cuando la vi pensé que ya habíamos llegado a la antesala anunciada así que, emocionado, pregunté:

–¿Están viendo lo que veo?

–¿Qué cosa? –me respondieron.

–Las tres puertas de piedra –dije. Estábamos frente a tres inmensas piedras, como si alguien las hubiera colocado, y otra piedra más grande las cubría como techo.

Recordé la comunicación que decía *«...luego veréis una gran meseta en donde descubriréis tres puertas de piedra, que será la antesala a nuestra, vuestra, común-unidad»*.

Mantralizamos RAMA y AMAR siete veces, mientras pensaba que al final de nuestra mantralización seguro que se abriría mágicamente. Pero no se abrió.

Imagen 18. Roy, Francisco y Eduardo (Dieter era el fotógrafo).

Había una gran tranquilidad y paz. Allí, en ese momento reafirmé que ese viaje tenía una connotación marcadamente simbólica. Estaba claro, esa parte de la comunicación se había cumplido. Habíamos llegado allí cuatro hermanos solo con trusas[28], algo simbólico, por cierto; para «mostrarnos desnudos ante Dios», sin esconder nada, para mostrarnos tal como somos.

Nos tomamos las consabidas fotos de recuerdo. Pensé que si eso era la antesala nos faltaba poquísimo y debíamos seguir. Era lógico escoger la puerta del centro tal como habíamos aprendido en nuestras prácticas, o sea el camino del equilibrio. Al buscar con la mirada la forma de seguir de allí

28 Calzoncillos.

para adelante vi que era imposible ir por el centro, no había forma; tendríamos que colocar piedra sobre piedra y trepar para lograr nuestro objetivo, solo así llegaríamos hasta arriba de las tres puertas de piedra. Pero pensé que allí podríamos llegar por cualquier lado y de allí seguir por el lado indicado, sabiendo que el lado izquierdo representaba la espiritualidad. Fijé la mirada en ese lado; estaba más difícil, salvo por el agua estancada que había. «¿Será por allí?» me pregunté. «Puede que sea el ingreso a un túnel». Me desanimé a entrar al verlo imposible. En ese momento me olvidé de todo lo que estaba pensando respecto de las tres puertas; inconscientemente miré al lado derecho y comprobé que por allí sí era posible. Pregunté a los hermanos si podíamos seguir. Dieter me respondió rápido:

–Es una locura, Francisco. –Según nos contó después, había visto un nido de boas y serpientes, y los rastros del tigre o tigrillo pero para no asustar no lo comentó. Mi terquedad pudo más y le pregunté a Roy:

–¿Deseas seguir? –Me dijo que sí. Dieter y Eduardo regresaron para estar más seguros porque no aguantaban las molestias de los mosquitos en todo el cuerpo.

Un impulso desconocido me estimulaba a continuar; desde allí, por lo que veía, suponía que podría ser fácil seguir pues parecía como una carretera un tanto en pendiente y en curva que había sido formada por las precipitaciones de una parte del cerro.

Al lado derecho de nuestra ubicación había como una especie de camino con espacio solo para una persona. Empecé a pasar los obstáculos; no era problema, estirando brazos y pies pasé y Roy me siguió; mi intención era llegar al final de lo alto de la meseta que aparecía y de allí poder divisar y ver si se podía seguir más.

Empezamos a subir y lo fácil que nos había parecido todo se hacía cada vez más difícil; la pendiente era muy empinada, la loza de piedra estaba mojada pues brotaba agua desde sus ranuras donde crecía musgo; nuestras zapatillas remojadas resbalaban y, no teniendo cómo ni dónde agarrarnos, se hizo imposible continuar. Se necesitaban unos zapatos especiales y una soga con ganchos. Hacía falta más material si queríamos subir. Al pensar así, caí en la cuenta de que estábamos en el camino que conducía la puerta de la derecha. Me había equivocado, me di cuenta de que no estábamos en el camino correcto: estábamos recorriendo el camino materialista y por eso se necesitaban cosas materiales. Me di cuenta también de que no era fácil.

Ese momento fue difícil para mí. «¡Qué rápido podemos caer en una prueba!» pensé. Pero ¿cómo no me había dado cuenta si lo estaba pensando? me recriminaba. Lo sabía, lo habíamos hablado, sabía que no tenía que hacerlo... Pero ¿qué sacaba con lamentarme? Recapacité. Me había caído, me había equivocado... En ese momento lo tuve claro: con esfuerzo se podía continuar y la enseñanza había llegado, estaba dada; mi lamento era inútil: tenía que ser así para comprender ese viaje.

Le dije a Roy que no podríamos seguir más, que estábamos en el camino incorrecto. Con cuidado fuimos bajando, pensando que debíamos ir por el lado izquierdo. Le comenté a Roy por qué había pasado de largo sin verificar antes la posibilidad de ir por la orilla de la izquierda. Al bajar de nuestro intento fallido e investigar encontré que había que cruzar el río nadando sin llevar nada; había una poza profunda como si fuera una piscina de treinta a cuarenta metros que tendríamos que pasar. Seguí la posible ruta con la vista, previendo a dónde podría llegar con la última brazada si el río no me arrastraba.

En eso mi corazón empezó a latir con fuerza, pues adonde suponía que debía llegar nadando y agarrarme, a una piedra marrón, había, como si alguien lo hubiera dibujado a cincel o hecho con un propósito, lo que yo había estado visualizando en mi mente desde Pilcopata: el rostro del extraterrestre, exactamente ese rostro que veía en mi visión mental. No podía creerlo, me parecía un sueño pero era real. El rostro de mi visión estaba allí, y más arriba de su cabeza había una flecha que señalaba la ruta. Era un bello cuadro.

Y la voz, esa voz sin voz, clara, contundente, me dijo: *«el Retiro Interior que estáis buscando está dentro de vosotros».*

Imagen 19. Momento cumbre del viaje. La flecha y el rostro del extraterrestre en la piedra cerca del Mecanto.

En ese momento lo entendí todo, lo comprendí todo, lo sabía; todo tenía sentido. Sonreí de felicidad, estaba contento. Luego le pregunté a Roy, señalándole con mi diestra:

–¿Ves lo que veo, hermano? –Entonces Roy lo vio. Muy contento le dije:

–Tómame una foto con aquel rostro hermano; ya todo se cumplió, ya todo se cumplió, se cumplió exactamente –repetía. Tenía la última película número 24, algo también simbólico.

Con lo difícil que me era interpretar mis visiones, esta había llegado con claridad en el momento oportuno; mis visiones no habían sido casualidad. Comprendí el trabajo que realizan y la sabiduría que tienen nuestros amados Guías para hacernos comprender con medios que ni nos imaginamos la grandeza de la Misión en la que estamos involucrados.

Por las comunicaciones sabíamos que el viaje al Paititi estaba programado por los Ancianos de la Confederación y que sería un primer contacto con la Jerarquía de la Hermandad Blanca terrestre a través nuestro, que veníamos a ser los emisarios de la nueva Humanidad. Así se nos había dicho, así estaba escrito. Nos recomendaban ser conscientes de cada experiencia; volcando el interés para develar el significado de lo que nos ocurriera en el viaje, siendo transparentes y sin especular.

Ese momento entendía que la Hermandad Blanca estaba en nosotros, estaba esperándonos desde hacía tiempo; con nitidez escuchaba y comprendía. Por eso repetía: «ya todo se cumplió, ya todo se cumplió».

El hombre espiritual es el emisario de la nueva Humanidad. Somos nosotros, está en nosotros, está en cada ser humano, solo tenemos que espiritualizarnos. Entendimos que ese contacto se había logrado; ahora tocaba trascenderlo y divulgarlo tal como lo recibimos, sin darle vueltas.

Lo simbólico me daba sus enseñanzas

El rostro del extraterrestre y la flecha grabada en la piedra, en el sentido místico me reafirmaban que aquel que ha decidido evolucionar, necesariamente tendrá que seguir el camino que conduce a la puerta del lado izquierdo, mejor dicho, al camino espiritual, después de un largo viaje lleno de peripecias por la vida, eliminados egos y apegos. Habríamos de seguir el viaje nadando a la otra orilla y pasar la poza profunda con esfuerzo y coraje.

Físicamente la flecha nos indicaba el camino correcto que teníamos que seguir para llegar a la Base Azul y el rostro representaba a algún miembro de la Hermandad Blanca que nos esperaría allí. De ahí para adelante tampoco sería fácil; se necesitarían mayor coraje y disposición. Iríamos solamente guiados por los animales salvajes de la zona, hermanos menores nuestros, y esto sería prudente hacerlo *«en el mes de agosto, cuando el río está bajo de caudal»*, como me dijo la voz sin voz.

Entendía que esa vez no era el momento para mí; a la vez sentía que no era merecedor de tal honor a pesar de que se me había indicado ir solo. Comprendí que ese viaje tenía un simbolismo muy profundo y que nuestro trabajo estaba en el mundo. Tendría que regresar al mundo a trabajar y luchar, tendría que estar puro y limpio, ser luz; el simbolismo del sol y del oro era ser luz en todo lugar, ser el cambio y no proponer el cambio, el Retiro Interior estaba en cada uno de nosotros, que cada uno tiene su «Paititi». Para llegar a él había que seguir el camino espiritual y cuando así lo hiciera tendría que regresar en otro momento a fortalecer mi espíritu.

Para llegar hasta ese punto del recorrido era necesario mantener el equilibrio o ser hombre equilibrado ya que era la alternativa que se nos daba o que se nos indicaba para empezar nuestra evolución. A partir de ahí, el hombre equilibrado sería interpretado como sinónimo de hombre metódico, que no arriesga, que no se da totalmente a los demás, sino que todo lo que ha aprendido le sirve más a él.

Pero no nos podemos quedar estancados viviendo metódicamente. Este significado era lo que nos indicaba el no poder continuar por la puerta del centro, no había forma.

Pues si nos decidimos a evolucionar no podemos detenernos ahí, sino que tenemos que despojarnos de todo y cruzar la poza, manteniéndonos a flote hasta llegar a la otra orilla, o mejor dicho, a la opción espiritual, utilizando el lado material y el equilibrio como soportes de lo espiritual. Este punto del camino representaba el despertar de la conciencia definitiva.

Entonces, cuando el RAMA despierta la conciencia a plenitud tiene que superar el estado equilibrado alcanzado, hacer el viaje al «Paititi» propio, tener un encuentro con El Dorado y recorrer el camino espiritual.

Al llegar a la conciencia plena, todo ser humano tiene las tres opciones a escoger y seguir la que eligió: si opta por el camino de la derecha, traslada lo espiritual y el equilibrio como soporte de lo material, o mejor dicho, se sirve de ellos con conciencia. Es su libre albedrío, aunque tampoco es fácil. Si vamos por ese camino material podemos llegar a la Base Azul, aunque nos costaría mucho por no decir que sería imposible.

Si en cambio escoge el camino del centro, es que se sirve de lo espiritual y de lo material también con conciencia. Es lo más cómodo; lleva toda una vida metódica y nada más, es su libre albedrío.

Si escoge el camino espiritual, que es el camino del sol y del oro, será un hombre transformado, alquímicamente puro; este será el punto o el momento de su iniciación (el iniciar la acción) en servicio de los demás, de irradiación a la Humanidad, de la que tanto nos hablan nuestros Guías. Así lo entendía y lo grababa en mi mente. De nuevo la voz, esa voz sin voz me dijo: *«esto es Amor»*. En ese momento lo tuve claro. Así lo comprendí y hasta allí teníamos que llegar; teníamos que llegar al Amor, pues todo era simbólico.

Sabía que para seguir más allá en ese momento había que arriesgarse en lo físico, que si así lo hacía alguien significaría que ese alguien había empezado a ser luz, había llegado a su «Paititi» y había empezado a recorrer el camino espiritual. Sentía y sabía que para mí no era el momento; tendría que regresar al mundo, allí empezar el viaje del camino espiritual y luego regresar a recorrer el camino que marcaba la flecha.

Cuando recorremos el camino (la flecha), al final siempre hay alguien (el rostro). Ese alguien es nuestro maestro. Ese maestro es nuestro Yo Superior, esa luz que está en nuestro templo o Retiro Interior. Nuestro maestro interno está a nuestro alcance si estamos preparados. Cuando estamos preparados el maestro llega, no antes. Claro, muy claro.

Tenemos que estar más preparados y llevar los instrumentos más óptimos; ya tenemos nuestro horizonte y conocemos el camino, la ruta a seguir. ¡Adelante, hermanos de la luz!

El retiro, una choza escondida

Con todas esas enseñanzas regresamos y Dieter, que estaba siendo guiado, encontró la trocha que conducía a la choza que habíamos visto desde los petroglifos. Al compás del canto de las aves (palomas, loros y otros) subimos rápido y contentos. En una pequeña meseta estaba la choza muy bien construida que tenía forma circular; la rodeamos antes de entrar en ella y nos dimos cuenta de que era un lugar escogido y perfecto desde donde se divisaba y vigilaba completamente el acceso a los petroglifos y más allá sin ser vistos. Era un lugar estratégico; tenían ingenio para haber construido allí. Ingresamos y vimos la austeridad de monje en la que vivía Soro Soro. Comprobamos que él era el legítimo guardián físico; mi visión al respecto la corroboré en su choza. Estábamos mojados, así que nos relajamos y el hermano Guía Oxalc se manifestó por primera vez en el viaje, resumiendo exactamente lo que yo pensaba hasta entonces:

Comunicación: 30-11-89. Choza de Soro Soro. Hora: 14.50 h. «Antena»: Roy:

«Solo vivenciando el Amor encontrareis el sendero del verdadero equilibrio. El poder de la voluntad se ve amplificado cuando está orientado por el Amor, el cual os abrirá la puerta del verdadero conocimiento, aquel que solo se ve cuando uno se descubre a sí mismo y encuentra que el verdadero camino se inicia desde Dios y se dirige hacia el servicio a los demás.

Sabed que las etapas que estáis pasando os harán ver con claridad que la Misión está yendo por un camino de cada vez mayor entrega y definición. Vosotros mismos, al estar en contacto con todo cuanto os rodea aquí, sabréis que en vuestro interior todo aquello que vivís está y siempre ha estado en vosotros. Todo por cuanto pasáis deberéis trascenderlo, vivenciando cada momento, sabiendo valorarlo.

El lugar que visitasteis forma parte del Plan, pues representa, tal y como lo estabais interpretando, la opción de todo hombre. Las tres puertas de piedra os hace demostrar la parte espiritual, la parte material y la del equilibrio; vosotros ya sabéis cuál escoger.

Meditad en lo que habéis logrado hasta el momento, pero con mucha humildad, que todos sois instrumentos del gran Plan.

Soy Oxalc y os estoy observando constantemente».

Regresamos contentos; para mí se habían cumplido ya gran parte de los objetivos. En el río, al bañarnos, a Roy le conté toda mi vivencia, toda la interpretación que iba encontrando. Roy me decía que aún faltaba. Faltaba el complemento y ese serían las señales físicas, pues las nubes negras que cubrían la Base Azul iban siendo reemplazadas por fogonazos muy fuertes y brillantes del mismo color del sol y el oro, ese color dorado que había visto en mis experiencias y que se veía muy hermoso. Toda la negrura había desaparecido y en el firmamento observamos con nitidez un triángulo formado por nubes con el vértice para abajo. ¡Cómo vibraba al comprobar una por una mis visiones! Esto se interpretó como que el puente entraba en funcionamiento; el RAMA era un puente de luz, de sol y oro, que es lo mismo, para que pueda pasar por allí la Humanidad. Hubo otras señales como una paloma y un dedo que nos señalaban hacia donde intuíamos que estaba la Base Azul.

Estaba feliz; mi expresión seguramente lo denotaba. Dieter dijo:

–Veo satisfacción y felicidad en Francisco; es otro Francisco.

–Sí, estoy contento –respondí.

Después de un trabajo de proyección astral hasta altas horas de la noche nos fuimos a descansar.

La catarata de Pusharo

Viernes 1 de diciembre de 1989. Habíamos pedido a Mario que nos acompañara a la catarata. Pensé que iríamos todos, pero solo Roy, Chabuca y yo nos dejamos guiar por Mario. Los demás hermanos sentían que debían explorar el lado izquierdo que siempre señalaba Eduardo de acuerdo a los libros que había leído. Nuevamente llegamos a la choza de Soro Soro y desde allí seguimos, caminando por lugares peligrosos, pasando por maleza y por palos sobre un abismo. Así llegamos a la quebrada y vimos en una cueva murciélagos que huían al sentirnos, pero como era de día no podían volar. No quería mojarme pues tenía un solo pantalón. Al ver la catarata me dije a mí mismo que no había pretexto que valiera. Al llegar saludamos con las palmas al frente y mantralizando RAMA y AMAR. Se sentía una vibración especial. Cruzó por mi mente la voz sin voz: *«Ahora deberéis comprender que tenéis que invertir RAMA en AMAR de ahora en ade-*

lante». «Claro –pensé–, RAMA comienza y termina para cada uno en un momento distinto». *«No es que termine, sino que se convierte en AMAR»*, repitió la voz sin voz. Entonces comprendí que RAMA terminaría como nombre, como forma, como institución. «Pero, ¿cómo puedo ser yo el que lo haga?» «Si este es el mensaje, tendré que comunicarlo, pues son las jerarquías superiores quienes saben lo que hacen, por encima de las voluntades de los hombres», me respondí a mí mismo.

Roy se metió al agua; le llegaba hasta el pecho. Luego Chabuca. Les tomé fotos y después fue mi turno. No sentía frío sino calor; la catarata caía sobre mi cabeza y pude revivir lo que había sentido en el trabajo con los petroglifos. Tenía ese sonido especial, me masajeaba toda la cabeza, todo el cuerpo; era una purificación externa e interna, una limpieza de aura; era un bautizo cósmico. Así lo escuché; la catarata caía sobre una gran piedra a la que la fuerza del agua había convertido en una tina natural.

Al salir era un hombre nuevo, «pero –pensé–, si eso es así, ¿por qué solo yo?» Pensé en todos los hermanos RAMA del Perú y del mundo, en la Humanidad y en mi familia. «Señor –dije mentalmente–, en nombre de ellos y para ellos, lo deseo nuevamente». Entré en el agua, me concentré, y nuevamente el bautizo; creía estar cumpliendo el encargo. Al salir caí de rodillas, di las gracias y oré a Cristo y a Dios. Roy y Chabuca también se metieron de nuevo en el agua. Mario observaba todo. Nos contó que más arriba había un camino de piedra al que se llegaría en día y medio desde donde estábamos según le había contado un machiguenga, pero que como no lo conocía todavía, pensaba ir a explorar en otra oportunidad.

Regresamos siguiendo el curso del agua y, como ya estábamos acostumbrados, no era problema meternos en el agua una y otra vez, aunque pudimos observar rastros de tigres y de otros animales.

Al llegar al campamento intercambiamos experiencias y se optó por que nuestros tres hermanos pasaran esa tarde con nosotros, pues decidimos que el día siguiente empezaría nuestro regreso. Cuando Miguel, Víctor y Alfonso montaban sus tiendas respectivas, nos dimos cuenta de que las hormigas estaban invadiendo la tienda donde dormían Roy y Aníbal; era señal de que ya habíamos cumplido, lo demás se daría en el camino de regreso.

Esa tarde, cuando oscurecía, la luna y el planeta Venus estaban en la misma posesión que había visto en 1981 cuando decidimos regresar de Sillarhuasi en Cuzco. «Seguramente tendrá un simbolismo», pensé. Lo recordaba exactamente y era el mismo cuadro hermoso de ocho años atrás.

¡Hasta siempre Pusharo!

Sábado 2 de diciembre de 1989. «Otra fecha clave» pensé al despertarme y luego nos preparamos para regresar. Echamos una última mirada a los petroglifos y con melancolía nos despedimos del lugar los diez hermanos expedicionarios.

En casa de Cachán tenía lugar un acontecimiento inesperado. Estaban de fiesta; con la ayuda de los tres hermanos días antes habían realizado una gran pesca –otro simbolismo por cierto–, y sin que les dijéramos que volvíamos, ellos ya lo sabían y habían preparado *masato*[29] y mucho pescado. Dentro de su casa se estaba produciendo simbólicamente la iniciación cósmica pues éramos veinticuatro personas. Esto lo interpreté sin buscarlo; los presentes representábamos a los veinticuatro hermanos RAMA que recibirán el Libro de los de las Vestiduras Blancas, o también diez hermanos RAMA representando a la Humanidad, catorce hermanos

29 Bebida elaborada a base de yuca, arroz, maíz o piña.

nativos representando a los Guías de Venus, que según las comunicaciones iniciales nos decían que serían los grandes amigos de los RAMA en su fase solar. Menciono la iniciación cósmica pues Japón, con un pequeño tambor, empezó a danzar acompasadamente, cadencioso, mientras cantaba algo que no comprendíamos. Lo hizo también Soro Soro. Había una integración total, eran nuestros hermanos. La más pequeña de todos, o sea «Anitac» machiguenga, fue la única que no quiso cerrar el círculo para mantralizar RAMA y AMAR; lo interpreté como que así estaba RAMA: pequeña aún o iniciándose.

Dieter estaba feliz; no se cansaba de decirnos que, conociendo a los machiguengas, no hacían fiesta a cualquiera así sin más; era algo grande.

Con mucha pena y satisfacción al mismo tiempo nos despedimos de todos, sin pensar que todos incluido Cachán nos acompañarían. Regresamos por la trocha y Pancho machiguenga cantaba la canción *Paja brava*. En fila india todos; era de película, siempre pensando en los pasos que dábamos. El río estaba bajo y ya no era difícil caminar. Al llegar al bote habíamos recorrido como quince kilómetros.

Nos despedimos de todos. Al hacerlo Cachán me hizo una venia muy especial y yo le correspondí igual. Sentí que me bendecía e invitaba a regresar.

En la lancha ya, algunos trechos empujábamos pues el agua estaba baja. En una de esas pudimos observar un zungaro que iba veloz contra la corriente. Dejamos a Julio, a Josefina y a Pancho en su casa después de almorzar yuca sancochada y pescado ahumado.

Nos despedimos con un abrazo y ya solo acompañados de Mario llegamos a Shintuya.

Del regreso les diré que tampoco fue fácil, pues viajamos encima de madera, en un camión más incómodo todavía que el de la ida, aunque gracias a Dios nuestras hermanas

Juani y Chabuca volvieron en la cabina. Hubo un momento en el que el vehículo casi vuelca por el pésimo estado del camino y el peso que llevaba, pero lo hicimos en menor tiempo que a la ida.

En Cuzco no encontramos avión, aunque los Guías nos tenían un premio. Nos alojaron gratis en un hotel de cuatro estrellas con comida y todo. Allí hicimos «antenaje», formulando las preguntas elaboradas. La comunicación decía:

Comunicación 6-12-89. Hora: 21.00 h. Hotel en Cuzco:

«Sí, soy Oxalc, con Amor.

La constancia en el camino permite al hombre ver el momento de actuar. La semilla de Amor que se encuentra en el interior de él crece a medida que la luz va aumentando producto de su constancia y el trabajo que emprende, porque lo motiva el despertar al servicio a los demás.

Paz y Amor hermanitos, soy vuestro Guía Oxalc, restableciendo la comunicación cuando se den las condiciones para la recepción. Desde el momento en que os dimos a conocer, a través de nuestro hermano Tell-Elam, la realización de los viajes por Misión este año tan importante para vuestra Humanidad, sabíamos que estabais preparados para ir asumiendo el compromiso, puesto que ya lo habíais hecho con mucha anterioridad.

Ved con la luz de vuestras vivencias en Misión que cada vez se os exige más, pues mostráis que podéis dar más. Este año se da cumplimiento a lo programado desde mucho antes y no os sorprenderéis de que cada vez todo se dé más aceleradamente. Deberéis mantener la preparación, pues en próximas comunicaciones con vosotros se os darán mayores pautas de lo que de vosotros se espera.

Pregunta 1: ¿Cuál es la razón por la que aún permanecemos en Cuzco? Pautas.

«Hermanitos, vosotros y la Misión estáis viviendo un proceso que como tal no se culmina de la noche a la mañana. Como vivís en vuestro mundo, al asumir por vuestra madurez el compromiso de realizar este viaje sabíais de las consecuencias que se darían por su esfuerzo y trabajos. Analizad vuestras vivencias y veréis que el cambio que se está produciendo en vosotros no puede darse de pronto. Sabéis vuestras limitaciones y lo más importante que deberíais dar es el fruto de vuestro trabajo a los hermanos que os esperan impacientes; recordad sus logros y trabajos.

Las pruebas que vivisteis y seguís viviendo no terminan en este lugar, pues son pruebas que deben madurar en vosotros. La experiencia de ello es lo que os permitirá conoceros mejor. Desde el mismo momento en que llegasteis a Cuzco creísteis que vuestro trabajo había terminado; ahora ya os dais cuenta de que esto continua. Este trabajo desencadena otro y otro y no podéis parar; para eso os comprometisteis.

Evaluad lo que seguís viviendo, tened bien presente en vuestra mente y en vuestro corazón lo vivido, que cuando lleguéis a vuestros respectivos lugares de origen os escudriñarán hasta lo más profundo, pues será como un espejo al cual los demás se querrán mirar y reflejar para saber cómo es uno en realidad.

La paz-ciencia es el arma que utiliza el caminante para continuar. Vosotros la vivisteis en vosotros mismos; llevad eso como mensaje, ahora que vuestro mundo corre sin saber a dónde ir. Vosotros y la Misión debéis tener bien claro hacia dónde vais. ¿Dudáis de ello?»

Pregunta 2: Pautas para el trabajo futuro de los hermanos participantes.

«Hermanitos, vosotros pedís pautas para cada uno de vosotros. Sin embargo, las tenéis en vuestro corazón, en vuestro interior. Seguid trabajando constantemente en vosotros y con los demás y veréis como todo se os allanará mejor.

Pedís recomendaciones, pues aquí las tenéis:

Al hermano Alfonso le indicamos que el trabajo que realiza en la Misión se verá reflejado en su compromiso para con los demás. Él debe saber que no todo es sentir o tener visiones; cada uno de vosotros tiene sus características. Sabed valorar lo que ya conocéis y con paz-ciencia todo aflorará con sabiduría.

Al hermano Aníbal le indicamos que debe continuar su trabajo personal con mayor dedicación; él ya sabe qué se espera de él, su participación más cercana.

Al hermano Eduardo le decimos que su trabajo en Trujillo le hará tener cada vez mayor precisión para participar en la Misión, pues se le exigirá más y él deberá saber responder.

A la hermana Juani le indicamos que debe anotar siempre sus visualizaciones, pues ello le facilitará poder comprender mejor lo que vive.

Al hermano Miguel le decimos que su entrega en la Misión le permitirá comprender mejor que cada uno de los hermanos tiene una función que cumplir, ni mejor ni peor, solo la justa y necesaria para el proceso del Plan.

Al hermano Roy le indicamos que su compromiso asumido le exigirá mayor trabajo personal; no debe descuidar el trabajo con los símbolos.

A la hermana Chaucha le decimos que sabemos que la experiencia vivida en este viaje le permitirá el equilibrio entre lo objetivo y lo subjetivo que rodea al hombre.

Al hermano Víctor le indicamos que deberá analizar convenientemente sus percepciones pues tendrá que com-

prender que hay hermanos que no sienten igual; sabemos de su respeto hacia ellos, pero debe evaluar mejor».

Pregunta 3: Sobre el contacto físico con la Hermandad Blanca a nivel de retiros interiores y exteriores.

«Hermanitos, cuando a vosotros se os dio la tarea de establecer en este tiempo el enlace con los miembros de la Hermandad, os dijimos que sería interna y externamente. Ved hasta el momento lo que habéis logrado como Misión y sabréis que todo se da de paso en paso, que esto fue programado desde mucho antes y hoy ya debe quedar manifiesto en vosotros.

El puente de luz que sabéis ya se está cimentando; seguirá siendo cada vez más fuerte para no romperse jamás. La Humanidad espera estos logros, el tiempo así lo amerita; ya es hora de que se dé. En vuestra Tierra existen tanto retiros interiores como exteriores; a ambos deberéis llegar conscientemente. Todo de lo programado hasta el momento se está cumpliendo; esperad con paz-ciencia que todo estará para vosotros más claro».

Pregunta 4: Pautas para la difusión externa de las experiencias de este viaje.

«Sobre la pregunta que pedís, desde el inicio se os recomendó que debíais ser celosos con respecto a cierta información que vais recogiendo y preparando de las experiencias que vivís. Vosotros deberéis sentir el momento adecuado para compartir la información que tenéis sin dar mayores detalles, solo cuando se os pregunte. Escoged el mejor momento para hacerlo, pero no esquematicéis.

Sabéis que la experiencia vivida en este viaje aparecerá en el libro. Confiad en el hermano Sixto que él sabrá lo que se deberá poner o no. Cuando informáis al público en general, sed muy cautos con lo que decís que aún no es el momento para que os explayéis».

Pregunta 5: Si se han cumplido los objetivos programados para este viaje.

«¿Vosotros, qué creéis, habéis terminado de evaluarlo?

Pues sabed, y os volvemos a repetir, que las cosas que están dándose en la Misión son de acuerdo a vuestro trabajo y compromiso con vosotros mismos; sabed que las pautas que os dimos para este viaje las habéis cumplido lo mejor que pudisteis. Deberéis sacar provecho que la vivencia es rica en información y la forma del trabajo podréis planificarla mejor. Los hermanos que os esperan sabrán entender que de todo tipo de vivencias se sacan conclusiones que aparentemente no son espectaculares pero que, sin embargo, cumplen con el proceso del Plan.

Cada vez se os exigirá más porque vosotros mismos lo pedís, pero sabemos que lo cumpliréis, pues vemos que estáis trabajando y tomando conciencia de que todos sois instrumentos y parte del gran mosaico para el establecimiento de la nueva Humanidad».

Pregunta 6: ¿Por qué no se dio el contacto físico con los Guías anunciado en la comunicación recibida por Aníbal?

«Durante los días vividos en el viaje ya estabais sintiendo e intuyendo que nosotros estábamos muy cerca vuestro, aún en lo físico; solo os faltó concentraros y poneros a trabajar mejor en el momento en que ya sabíais que nos acercaríamos. Nosotros debemos evaluar vuestra reacción y ciertamente esta no era la adecuada en todos.

El apresuramiento que tuvisteis para salir de vuestras tiendas no era suficiente como para poder cancelar la experiencia.

Solo se necesita que en conjunto creéis el ambiente adecuado para acercarnos hacia vosotros».

Pregunta 7: (pregunta mental) Sobre el viaje al exterior de la Tierra.

«Ya os hemos dicho que os esperamos en vuestra colonia; aguardad con humildad el momento en que se os llame. Hermanos en la luz, el Profundo siempre está con vosotros y necesitáis reconocerlo, sacad hacia fuera vuestra luz.

Nosotros siempre os apoyaremos y os daremos mayores pautas en la continuación de lo ya establecido. Vuestro hermano en Misión, Oxalc».

Como habrán notado, los Hermanos Mayores no hablaban de mí. Me quedó la inquietud flotando. «¿Por qué será? ¿Por qué no me dieron pautas para mi futuro?» Gran misterio para mí.

Enseguida al día siguiente pudimos regresar desde Cuzco. Dieter había vuelto dos días antes, mientras que Víctor y Chabuca se quedaron para visitar algunos lugares. Nosotros no tuvimos tiempo más que para esbozar el informe final.

Así, sin buscarlo, a las 6.33 h el avión empezó a rodar por el aeropuerto cuzqueño. Era el 7 de diciembre de 1989; siete hermanos regresamos después de haber cumplido el encargo. En Lima nos recibieron muy contentos los hermanos RAMA de allí.

Esa tarde en casa de Pedro y Juani informamos a Sixto. Al día siguiente, en su casa, a la familia Chi Kam-Masías y a cuantos hermanos me encontré. Así, antes de tomar el coche para regresar a La Oroya, alguien me hizo leer una comunicación escrita de puño y letra de Sixto, de la cual saqué copia[30].

---

30 Por considerar importante la comunicación relacionada con el viaje y la que tuve después del viaje, comparto ambas con ustedes:

Concluido el viaje, de inmediato regresé a La Oroya; no pude quedarme para informar a todo el grupo pues el lunes 11 me reincorporaba al trabajo. La semana siguiente informé al grupo RAMA Centro en Huancayo durante toda la noche. Nadie se durmió; seguro que estuve interesante. Allí me di cuenta de que me salían cosas que no había pensado. A todas las preguntas respondí con una soltura, precisión, convicción y seguridad que no conocía en mí.

La historia era encantadora: había muchas enseñanzas, había compromiso, había tolerancia y hermandad; a mí mismo me parecía increíble haber vivido semejante aventura. Estas son algunas de las preguntas que respondí:

–¿Para que sirvió el viaje?

–El viaje al Paititi sirvió para poder entender que el despertar de conciencia consiste en hacer un viaje largo, difícil y sacrificado hacia un lugar hermoso pero desconocido aún y que está al alcance de todos nosotros.

Comunicación del 3-10-1989, Surquillo-Lima. «Antena»: Sixto:
Pregunta: ¿Por qué solo peruanos?
Respuesta: «*Sudamérica y Perú poseen un rol comprometido con la nueva Humanidad y los espíritus hoy día aquí reunidos fueron programados para llevar a cabo una gran Misión; guardan gran relación con esto la emigración y la violencia desatadas. Aquí debe restituirse el Imperio del Sol, pero del sol interno, malinterpretado desde hace más de 500 años. Restituid el conocimiento del sol interior y del fuego renovador. Restituid en nuestras vidas el equilibrio roto. Dad buen término al último intento interrumpido y distorsionado del Proyecto Tierra, aquí en este preciso lugar. Oxalc*».

A la Humanidad:
«*Al narraros mi experiencia, aún queda mucho por deciros, pero estad seguros de que cada uno de vosotros lo iréis completando con vuestro discernimiento y vuestro trabajo interior. Recibid un abrazo de un hermano que os ama y os sugiere que, si llegó a vuestras manos, compartidlo desinteresadamente con vuestra familia y amigos. Dios te bendecirá. Gracias por tu comprensión pues es seguro que todos trabajamos insertos en el Plan Divino. El significado de este primer viaje al Paititi sería el de allanar el camino, la ruta a seguir y abrir la puerta del Retiro Interior, que por todos los medios impedía el enemigo oculto, logrando pasar, para que los que fueran después, conociendo el terreno pudieran llegar definitivamente para recibir el conocimiento allí guardado que está protegido por la Gran Hermandad Blanca. Gracias. Con Amor, Francisco*».

–¿Cómo realizar el viaje?

–Con paciencia (con paz y ciencia); nunca es tarde para empezar a caminar hacia ese lugar misterioso.

–¿Cuál es ese lugar?

–El Paititi, el corazón del corazón. Cada uno de nosotros tiene su propio Paititi.

–¿Qué es El Dorado?

–Viajamos al Paititi a tener un encuentro con El Dorado. Lo que logré entender es que El Dorado es aquello que representa al color del sol y del oro sublimizados, que tienen la misma esencia y que me fue mostrada. Estuve en El Dorado unos segundos; el sol ilumina y el oro también. El sol es sol celestial, el oro es sol terrenal. Al fusionarse hacen El Dorado o sol en la Tierra.

–¿No es necesario todavía hacer un viaje como lo han hecho ustedes?

–Nosotros fuimos como representantes de la Humanidad, en representación de todos. Hemos llegado al corazón del corazón porque lo hemos deseado; lo decidimos y nos atrevimos a buscarlo. El primer paso está dado. Para irradiar no es necesario todavía ir físicamente; ya lo hicimos y es como si cada uno de ustedes hubiese viajado. Si cada uno de ustedes ha estado atento esos días, si cada uno de ustedes se conectó, también ha hecho el viaje. Hemos empezado a conocer la ruta; está abierto el acceso para los que tengan que ir en el futuro.

–¿Qué es el Paititi entonces?

–Un lugar muy distante, otro cielo, otra tierra, otro mar, como dice la canción, donde parece detenerse el tiempo.

»Físicamente se encuentra, ¡escuchen bien!, en el departamento de Madre de Dios. Se accede por el departamento de Cuzco. ¿No les parece todo esto sugerente, simbólico?

»Lo que he podido confirmar es que el Paititi existe, y existe también en cada uno de nosotros, esperando que hagamos ese viaje hacia el corazón de nuestro misterio.

–¿Puedes aclararnos más?

–Claro. Al final de nuestro viaje alguien nos espera: es el maestro interno, el ser infinito, lleno de conocimientos que están bajo su custodia que nos serán entregados en su esencia, sin ninguna alteración. Si logras llegar es porque estás preparado, de lo contrario la puerta estará cerrada. Pero está dentro de nosotros.

»Entendí que la 'voz sin voz' de la que les hablo es el diálogo de los Hermanos Mayores y de ese maestro interno.

»Paititi, a mi entender, significa 'el mismo corazón', en el sentido místico, el lugar de inici-ación (iniciar la acción) muriendo al egoísmo y a todos los egos; solo así podremos vislumbrar la luz que nos llega siempre y desde siempre del mismo Padre Dios, del Maestro Jesús, de la Gran Hermandad Blanca Universal o Hermandad Intergaláctica a través de los mensajeros o ángeles. Nosotros en estos tiempos los llamamos «extraterrestres».

–¿Y la Hermandad Blanca terrestre?

–Sería el maestro interno colectivo de nuestro planeta. Sabemos que la Tierra es un ser viviente pero, como han podido escuchar, no tuve ninguna experiencia al respecto. Solo puedo decirles que mis experiencias han sido a nivel humano; seguro que me falta más preparación y constancia.

–¿Se cumplieron los objetivos?

–El tiempo lo dirá; nosotros pusimos todo de nuestra parte. También seguramente cometimos errores, pero todo lo que decían las comunicaciones con anticipación, a mi entender se han ido cumpliendo una a una. Asimismo, mis visualizaciones se han ido descifrando conforme avanzábamos. Gracias a ustedes.

Mucho me hubiera gustado informar a todos los grupos RAMA del Perú y del extranjero, como lo hice con RAMA Centro, pero al no darse las condiciones ni el tiempo escribí el informe y, cuando estuvo listo, lo remití a cada grupo. Pensé que había cumplido, tamaño error.

Capítulo 7
Término de la organización

...por motivo de vuestros karmas personales y grupales, diversas pruebas pasaréis que pondrán en peligro vuestro despertar y participación consciente...

Oxalc

Empezaba 1990. Mis ruegos fueron escuchados. Personas amables me apoyaron sin ninguna condición Y se presentó la oportunidad para trasladarme de trabajo a Huancayo. Esto motivó que no pudiera asistir a la Quinta Convención, llevada a cabo en el mes de enero en Arequipa.

El 1 de marzo de 1990 empezaban para mí y para mi esposa nuevos retos, nuevo trabajo, nuevo estilo de vida. No me conocían ni conocía a nadie; solo me quedaba afrontar al reto. Pienso que tenía condiciones y virtudes como sinceridad, honestidad, puntualidad, dedicación al trabajo y deseo de hacer bien las cosas; aunque también tenía mis defectos: timidez, el ser muy reservado e introvertido. Pero había que empezar de nuevo todo y poco a poco me fui adaptando.

Los Guías confirmaron para el mes de agosto de 1990 el segundo viaje al Paititi. Cuando me enteré sentí satisfacción pues me había sido señalado agosto y en este sentido informé. Seis hermanos RAMA del mundo con Sixto a la cabeza realizarían el viaje. Después del segundo encuentro mundial de Misión RAMA llevado a cabo en Cuzco, al que no pude asistir, Roy Pisculich y Aníbal La Torre fueron designados para repetir la aventura. La experiencia está relatada en el tercer libro de Sixto Paz Wells titulado: *El umbral secreto, donde el corazón es el guía.*

En el plano político, en el mes de julio juramentó Alberto Fujimori como nuevo presidente de la República de Perú, y en agosto, cuando el grupo se encaminaba al Paititi, el gobierno aplicó el plan de choque económico. Esto fue demasiado drástico para mi hogar; el dinero no alcanzaba. El sistema me envolvió en sus garras; había que sobrevivir.

Los miembros del grupo RAMA de Huancayo habían dejado de reunirse por diferentes motivos. Ocupado en mi nuevo trabajo iba esporádicamente a trabajar en la Misión.

En enero de 1991, en el catorce aniversario de la Misión, en la ciudad de Chimbote se realizó la última convención Misión RAMA donde se dio por finalizada la organización. Yo lo sabía, se me había dicho en el Paititi. *«Ahora deberéis comprender que tenéis que invertir RAMA por AMAR, de ahora en adelante»* aunque no sabía cómo hacerlo.

En la convención Sixto explicó al detalle todos los puntos:

«Después de los viajes al Paititi –dijo–, iba recibiendo claves que apuntaban a una nueva etapa de la Misión. Aprovechando el Congreso Mundial sobre el fenómeno OVNI de octubre de 1990 llevado a cabo en España, el primer país desde donde se difundió mundialmente la experiencia de contacto a través de J. J. Benítez, consideré lógico que fuera ese el primer país desde donde se difundiera la disolución del grupo RAMA a nivel mundial. En mis visitas por diferentes países veía que el grupo había crecido demasiado, que se estaba sobredimensionando, aunque este no era el problema. El problema era que la gente que estaba llegando, en vez de identificarse o procurar entender la ex-

periencia de contacto, estaba adaptando las cosas que traía o adaptando la experiencia del contacto a lo que ellos querían encontrar. Había gente que venía buscando una escuela esotérica, otros un club social, etc.; cada uno adaptaba el contacto, la experiencia y al grupo RAMA de acuerdo con lo que quería, cuando uno es el que debe adaptarse a lo que es RAMA.

La experiencia se está diluyendo peligrosamente, pues cada uno quiere tener su propio grupo RAMA, de acuerdo a la proyección de sus propias frustraciones, de sus propias inquietudes, sus propias carencias e intereses.

En medio de todo esto, el tiempo es sonado y es evidente que este es el mejor momento. Yo sería –dijo Sixto– la persona más interesada en que Misión RAMA no terminara como organización en forma y etiqueta, sería la persona que, por conveniencia particular, estaría interesada en que el grupo no terminara. Aclaro que la forma, la estructura desaparece, pero la Misión continúa en cuanto al fondo del contacto que es: que todos nos transformemos en soles en la Tierra y podamos irradiar con nuestro ejemplo una actitud diferente, trabajando para recibir algo que podamos aportar a la Humanidad.

Los grupos podrán seguir funcionando como hasta ahora, aunque ya no habrá organización que respalde lo que hagan. Igualmente se seguirán formando nuevos grupos dependiendo del criterio de cada quien, apoyados solo en el ejemplo y la espiritualidad de sus miembros.

Hay comunicaciones del año 1974 que dicen: 'Pronto no seréis más nombre, os llamarán pero solo seréis eso, seres encaminados a la evolución'.

Es natural que gente que no ha crecido con el contacto, gente que todavía tiene esa inmadurez (con todo el respeto que merecen), y que confundieron a RAMA con un club, con una secta, con una logia esotérica, les resulte imposi-

ble pensar que su club, su logia o su religión termine. Pero RAMA nunca fue eso, pensar así es una equivocación».

Comprender la cancelación de la organización RAMA para mí no fue difícil, pues entendía que una misión de amor no termina nunca. Desde que supe que en Lima había un grupo de jóvenes que contactaba con seres de otros mundos lo busqué hasta encontrarlo, participé en ello y lo viví a plenitud, lo disfruté y aprendí mucho. Fui despertando de mi profundo letargo espiritual, iba descubriendo el equilibrio, el encuentro con el Hacedor, con el artífice del Infinito, con el infinito Amor manifestado en Cristo Jesús; empezaba a saber que el espíritu de Dios ha estado y está en nuestro planeta para nuestra redención; tenía esperanza y me alegraba; empezaba a abrir mi espíritu a lo simple, a Dios, al profundo Amor; llegar a Él se hacía una necesidad vital, empezaba a sentir que la necesidad era real y única, realizarse y volver a Dios; empezaba a entender que Dios es la única fuente de felicidad.

También fui testigo de la frustración de muchas personas por no comprender en profundidad el mensaje, mas aún siendo un grupo prestigioso, que tenía una buena imagen y estaba en la cúspide de su fama. No podían ni querían aceptarlo.

Participé hasta el último momento con la organización, pero estaba ocupado al cien por cien en mi nuevo trabajo. Una excelente justificación. ¡Qué falsedad!

La clave 10. Diez años

Después de enero de 1991 el tiempo transcurrió rápido. La nostalgia de querer reunirme y no poder me tenía angustiado. Había pasado un año desde el fin de la organización, sentía en mi interior una fuerza, una voz que me hacía comprender que no debería mantenerme al margen o inactivo sino retomar la marcha, empezar otra etapa más comprometida y con más responsabilidad.

El activador funcionó y esta vez sería el 11.11 fijando como fecha el 11 de enero de 1992 a las 11.00 h, que sumados dan 22, y el 22 de enero se cumplían dieciocho años desde la primera comunicación recibida. Intempestivamente viajé a Lima el 25 de enero de 1992. Los viajeros del primer viaje al Paititi sentíamos que teníamos algo pendiente: escribir un libro que recogiera las experiencias de los diez. En casa de Dieter cinco de los diez acordamos realizar la primera reunión de salida entre todos el 22 de febrero.

No pudieron asistir todos; solo fuimos seis acompañados por cinco hermanos del grupo de San Borja. En dos autos nos dirigimos rumbo a Santo Domingo de los Olleros. Una tristeza invadió mi ser como presagio de algo malo para mí; sentí como si me quitaran algo cuando vi que muy cerca de nuestro lugar de salida estaban siendo instalados galpones para la crianza de pollos, por lo que habían empezado a prohibir el acceso.

Nuestros Guías nunca dejaron de apoyarnos y se manifestaron:

Comunicación: 22-2-1992:

«...El libro del Paititi será un aporte importante para la comprensión de las dificultades humanas al comprender causas de un nivel superior al físico. El RAMA comprometido deberá trabajar solo y en grupo. Sed cautelosos; no busquéis reconocimiento, solo dad el mensaje y ejemplo. Podréis reuniros entre grupos para compartir experiencias; uno a uno iréis comprendiendo cuál es vuestro rol en el Plan Divino para el planeta Tierra».

Algo pasó, pero allí quedó lo del libro, en las mejores intenciones.

Deseaba participar en el grupo y no podía, estaba dedicado a mi trabajo y, como la Misión había terminado de forma orgánica, creía que también había terminado mi participación. Fue un error por no decir horror.

Habiendo conseguido leer ya correctamente, en 1993 Walki Enoc ingresó en el primer grado. De sus anécdotas voy a contar solo dos. Un día fui a recogerlo a la escuela; salía en brazos de su madre y, al verme, muy feliz me dijo fuerte:

–¡Papi! ¡Papi! La profesora me ha dejado unas lindas tareas. –Todos los demás padres escuchaban; era admirable su intención de estudiar y su alegría contagió a todos.

En otra oportunidad, estando a su lado lo contemplaba pensando en el destino que la vida nos había deparado. Él me miró con mucha inocencia y me dijo:

–Papi, ¿por qué te preocupas? ¡Yo soy un niño feliz! –Lo abracé fuerte; por la forma en como me lo dijo se me quedó grabado y al mirarle siempre me acuerdo.

Corría el tiempo. En el mes de marzo de 1996, sin haberlo buscado ni pedido a nadie, me asignaron a una dirección, como siempre de responsable. Conociéndome a mí mismo afronté el reto sabiendo que no tendría mucho apoyo. Puse todo de mi parte y dediqué mi esfuerzo pensando en mi familia. Trabajaba no menos de doce horas diarias para ser funcionario. Mi situación económica mejoró por aquel entonces como para pensar en la rehabilitación de Walki Enoc, quien ya destacaba como uno de los mejores de su clase apoyado por su madre y siendo muy querido por todos sus compañeros. Mi esfuerzo se veía recompensado, estaba satisfecho.

El 29 de abril de 1997 Walki Enoc empezó su tratamiento. Todas las tardes iba y regresaba en taxi con su madre. Mi trabajo era más exigente dado que se acercaban las elecciones municipales y la autoridad necesitaba más dinero para más obras para su reelección. 1998 fue un año de mucho trabajo para mí y en la elecciones ganó el candidato opositor y tuve que dejar lista toda la documentación de mi área para el traspaso. Llegó 1999 con nuevo jefe.

Un réquiem a mi madre

El 3 de enero de 1999 me puse pálido y triste pues el corazón de mi madre dejó de latir. Desde varios años atrás estaba ciega; los continuos golpes recibidos de mi padre borracho fueron la causa del mal incurable. Sus seis hijos la atendimos por turnos. Con la respiración que yo le enseñaba se sentía bien pero era difícil hacerla practicar correctamente.

Mi madre luchó por sus hijos cuando éramos niños, dado que mi padre solo gastaba en licor todo lo que ganaba. Después del accidente de mi padre, ella valientemente se fue a criar ganado a Huayllacancha. Allí pasó varios años, a veces sola con sus perros. Un día, digo una noche tenebrosa, entró en el corral un zorro o no sé qué. Cual fantasma no descansó hasta sacar a todo el ganado del corral y toda la noche corrió tras los animales por todos los cerros matando a cuantos pudo. En los días y semanas siguientes, en las quebradas y en distintos sitios encontramos muertas a las ovejas; nunca pude explicarme qué pasó aquella noche, si fueron uno o varios zorros, porque les hubiera bastado con comerse una o dos ovejas.

Nunca olvidaré el susto, la pena y el llanto de mi madre en esos días por la pérdida de todo su ganado; teníamos que empezar de nuevo. A ella, a la sufrida madre que luchó por mantener su hogar sin rendirse pese a los problemas existentes, le mando todo mi amor y bendiciones de Dios.

La nueva oleada OVNI

El 22 de enero de 1999 empezó una nueva oleada OVNI en todo el mundo, pero especialmente en Perú se multiplicaron los avistamientos que fueron grabados por los diferentes medios de comunicación. La televisión, la radio, los periódicos y las revistas difundieron ampliamente la oleada OVNI, que había sido anunciada desde meses atrás.

Sentí mi corazón partirse. Yo ya no participaba del grupo. Sentí gran pena, no estaba en paz con mi conciencia. Pero nada pude hacer, solo enterarme y sufrir.

Lo importante era que la gente tuviese la oportunidad de conocer la realidad de los extraterrestres de hoy o ángeles de ayer, que es lo mismo.

La traición

Mi trabajo se sobrecargó aún más durante esos meses, pues ya no contaba con el personal contratado que me apoyaba. El 20 de mayo de 1999 terminó mi cargo directivo y volví a mi anterior cargo, al horario normal establecido. Mi sueldo también regresó a su anterior estado. Llegaba a la casa donde vivía mientras Walki Enoc estaba en rehabilitación. Sentía que mi vida era un vacío; veía que después de más de dos años de rehabilitación no había resultado alguno. El gasto era fuerte y eso me tensionaba pues mi hijo tenía doce años y no caminaba, aunque según su madre sí había avance y se debía continuar.

Faltando poco para la Navidad de 1999, buscaba unos documentos que necesitaba cuando de repente cayó de un cuaderno que utilizaba Teófila una carta de amor fechada el 23 de septiembre de 1999. Me quedé tieso, paralizado; la letra me parecía conocida. Recordé que en esa fecha llevé a Walki Enoc de paseo con sus compañeros; no podía imaginarme que la carta estuviera dirigida a mi esposa. Podría ser de su amiga pensé, pero mi alma se turbó. Antes de que llegaran traté de serenarme. Debería haber una explicación; de ser cierto debía encontrar otras cosas más antes de encararme con ella; debía estar seguro, podría estar equivocado.

Como si lo supiera, desde ese día Teófila cambió, o fui yo quien me di cuenta de su cambio. Me di cuenta de que sus movimientos eran muy calculados. Tenía que actuar rápido. Le solicité todos los recibos de pago que hacíamos puntualmente al terapeuta con el pretexto de hacer un balance de cuánto habíamos gastado. Después de varios días me los entregó. Una mañana le pregunté dónde tenía la libreta de ahorros para pagar los servicios pues era el último día de plazo y me señaló con el dedo donde estaba; en ese momento tuve la certeza de que en ese lugar encontraría más cosas, como si alguien me dijera *«allí debes buscar»*. Siempre respeté su espacio y su privacidad, nunca rebusqué entre sus cosas, nunca desconfié de ella. Para mí era la mujer hermosa, la esposa perfecta y la madre abnegada.

Esa tarde apuré todo para ganar minutos y llegar a la casa cuando ellos estaban en la rehabilitación. Busqué en el sitio que ella me había señalado durante la mañana. Entre sus carpetas de costura encontré muy bien camuflado un paquete. Al abrirlo, ¡oh sorpresa! Eran decenas de cartas y fotografías de todos los tamaños. Todo mi cuerpo entró en convulsión. A punto de desmayarme no sabía qué hacer. Respiré y respiré profundamente tratando de tranquilizarme; pronto llegaría con mi hijo. Tomé una bolsa plástica, metí todo allí y lo sellé sin leer nada. A mi mente vino una imaginación terrible: y si Walki Enoc se enteraba de repente... Conociendo mi debilidad tendría que ponerlo todo a buen recaudo, de lo contrario no sé qué pasaría. Salí de la casa y corrí desesperado. En mi loca carrera mi hermano Juan y su esposa me preguntaron a dónde iba. «A la tienda», fue mi respuesta. Seguí corriendo y corriendo sin rumbo, solo quería encontrar a alguien de confianza. Como el tiempo también corría, me acordé de un amigo que tenía una librería.

–Hermano, hágame el favor de guardar esto bien. Por nada del mundo debes entregárselo a nadie ni a mí mismo hasta que te explique todo, pero eso será después. Gracias.

Regresé haciendo respiraciones para calmarme; tenía las pruebas aseguradas. Pensé esperar a que pasara Navidad, Año Nuevo y el cumpleaños de Teófila, que es el 8 de enero, para aclarar las cosas, pero no pude, me venció tamaña traición. Después de que llegara le mostré la primera carta que había encontrado para que me la explicara. Lo negó todo; estaba preparada. Como me conocía bien, me desafió diciendo que no podía probar nada, no pensó que me había adelantado.

Aquella noche no dormí nada. Pensé de todo. Dado que ella estaba preparada, pensé que lo tenía todo planeado. Sabía lo que ocurriría. Al salir para ir a trabajar, me dijo que por lo menos me despidiera de ella. Solicité vacaciones con la finalidad de atender a mi hijo y darme tiempo para dar solución a todo eso si es que era posible.

Nunca imaginé que podría pasarme una cosa así. Lloré como nunca había llorado, sufrí mucho también. El golpe fue demasiado para mi sufrido corazón. La mujer angelical de repente se había convertido en una mujer diabla. Cambió por completo, ya no era Teófila, era otra mujer. No le interesaba en absoluto la situación de Walki Enoc, sino que parecía que lo odiaba. El 5 de enero del 2000 salió y regresó trayendo una maleta grande. La vi feliz, pero fingió bien.

–¿Qué piensas de Walki Enoc? –le pregunté para que reaccionara.

–Se quedará contigo –me respondió rápido.

Walki Enoc se quedó conmigo. Mi hijo estaba resignado pues no comprendía el daño que le estaba haciendo su propia madre. Por mi parte no podía pensar bien qué hacer.

Al día siguiente cuando regresó la perdoné pensando que se daría cuenta de lo que estaba haciendo y cambiaría, tal vez no por mí, sino por su hijo, pero no, su cuerpo estaba con nosotros pero su mente no.

Todo lo que había aprendido y vivido con nosotros lo echó a perder.

–No hay nada de qué hablar –me dijo.

–¿Tu conciencia no te dice nada? –pregunté, tratando de hacerle recapacitar.

–A la conciencia hay que acallarla y punto, y a seguir viviendo –me contestó de inmediato.

Su respuesta me dejó helado; jamás pensé que una persona pudiera cambiar tan negativamente de repente. Comprendí que todo esfuerzo era en vano, pero mi razón no lo aceptaba. ¿A qué había regresado entonces? me pregunté. Al parecer volvió premeditadamente para cansarme y sacar provecho. Cuando me di cuenta había quemado todas las fotografías de nuestro matrimonio y los documentos importantes para mí, y se fue a la Policía y me denunció como si fuera yo el causante de la situación o un delincuente. La Policía me lo notificó. Todo eso también se lo perdoné y, la tercera vez que se marchó, que fue el 27 de abril del 2000, al día siguiente, cuando me encontraba con mi hijo en el colegio, entró en la casa, se llevó sus pertenencias y me aperturó cinco juicios.

En medio de todo eso iba conociendo que había empezado su infidelidad desde el primer momento, o sea, desde abril de 1997. Tenía el lugar perfecto y un motivo «justificado»; nadie podía sospechar y menos darse por enterado, aprovechando que yo estaba ocupado. No tuvo ningún respeto por su hijo, que veía y sabía todo; hasta cometieron el delito de doparlo; lo dormían, sí, es la cruda verdad. Hasta eso llegó su insania.

Comprendí entonces que no valía la pena sufrir por ella. Eso pensaba mi mente, pero mi corazón la amaba tanto, tanto, que cada mujer que veía o con la que me cruzaba esperaba que fuera ella, que pudiera estar cerca, que volviera a nuestro lado, que volviera a ser esa mujer tierna y cariñosa, que podría abrazarla y besarla... Pobre de mí, todo estaba consumado, y yo no lo entendía –y aún no entiendo por qué–. Lo hizo con premeditación, alevosía y ventaja, no tuvo arrepentimiento ni enmienda. No hay palabra para calificar lo que nos hizo, lo que hizo no tiene nombre.

El maligno, convertido en un decrépito seudo-terapeuta, estafador y con dinero seguramente, le había halagado los oídos. ¿Estaría cumpliendo la amenaza que me hizo en Sillarhuasi? Esa traición sí que me dolió mucho.

En conclusión, jamás hubo rehabilitación para mi hijo. Pagué un buen dinero solo para perder a mi esposa. El sufrimiento me acompañaba desde la infancia. ¿Hasta cuándo? ¿Qué más me esperaba en adelante?

Este asunto me llevaría a escribir otro libro; demasiadas cosas pasaron... Para terminar diré que ante esa situación tenía que renunciar a mi trabajo, no había otra alternativa, era mi hijo o yo. Opté por mi hijo, pero aún así el más perjudicado siguió siendo Walki Enoc. Se abandonó por completo, su autoestima desapareció. Cuántas veces le escuché maldecir a la vida... En los estudios bajó totalmente, no le importaba nada de nada. En plena adolescencia era el peor momento, pero a su madre no le importó y se fue.

Así, me convertí en padre y madre para Walki Enoc. Al mismo tiempo afronté los juicios; fue doloroso llevar a mi hijo al juzgado en su condición.

Desde abril del 2000 vivo solo con él y para él.

¿Qué hice yo Señor para merecer tanto castigo?

Sonó la campanada

2001, nuevo milenio. Poco a poco iba recuperándome de toda la angustia y amargura cuando el 22 de enero del 2001 reflexionaba sobre el 27 aniversario de RAMA, y recordaba mi participación en los grandes eventos de la Misión de la década (de diciembre de 1979 a diciembre de 1989). Entonces, ¡oh sorpresa! apareció el 10. Al darme cuenta habían transcurrido diez años desde que no asistía a los grupos, exactamente diez años (de enero de 1991 a enero de 2001). Entonces sonó en mi mente «la décima acampanada». Reviví aquel 27 de noviembre de 1989 en el viaje al Paititi; en aquella fecha parecía que el mensaje era para toda la Misión pero ahora entendía que ese mensaje era para mí: yo tenía que volver al mundo a trabajar, a luchar y a sufrir por una década, pues el mundo me había absorbido completamente durante diez años. ¿Sería una prueba? Y si era así, ¿habría logrado pasarla? ¿Tenían que pasar diez años críticos y definitorios para mi realización espiritual? ¡Qué locura! ¿Qué hubiese pasado si en aquella fecha hubiera entendido el mensaje? ¿Hubiese podido evitarlo?

Está dicho por Sampiac y está escrito que *«la clave 10 simboliza los ciclos que empiezan y los que terminan. Cuando esa clave activadora empieza a aparecer reiteradamente se os está queriendo decir que algo está terminando para vosotros, pero que algo nuevo y diferente, opuesto a lo anterior, se está iniciando».*

Capítulo 8
Retomando el rumbo

...el tiempo vuestro no transcurre en vano, sabemos que hay etapas en vuestra maduración interna que requieren silencio y reflexión...

SAMPIAC

Mis experiencias están grabadas en mi mente y en mi corazón como si hubiesen sucedido ayer. A cuantos me quieran escuchar les informo en detalle.

Por mi parte retomé la lectura de los libros que había ido adquiriendo durante esos diez años, ordené mejor lo que tenía para releer las comunicaciones, y las comprendí mejor:

«La décima campanada es el momento de actuar, las pautas están dadas; los que sientan que han de ir han de ir, los que han de trabajar han de trabajar».

«Nunca antes, nunca después, siempre ahora, buscad y encontraréis».

«No hay tiempo sin cambio, no hay cambio sin dolor, no hay dolor sin pena, y no hay pena sin felicidad posterior».

«Dejad todo en manos del Profundo y no enojaos; cada quien toma lo que quiere y nadie tiene por qué obligar a nadie y cada cual recibe de acuerdo con lo que da».

«Los hermanos que tienen problemas en su hogar son los primeros que caen, pues los golpes bajos son desde allí, desde lo que más queremos, pues sois débiles y sentimentales».

«Tened más fe, tened paciencia, todo se os dará a su tiempo; pasaréis pruebas que ni os imaginéis, tened confianza, sed fuertes de espíritu, el Amor os ayudará a seguir».

Eso habían dicho nuestros Hermanos Mayores entre muchas cosas.

Tímidamente fui buscando a los integrantes del grupo. Estaban «de vacaciones». No había reuniones, tampoco trabajo. Era el momento de retomar el rumbo perdido. La hermana Rebeca Landeo del grupo de Ayacucho estaba en Huancayo; con mucho ánimo y con su gran amor a Dios y a la Humanidad tomó la idea y empezamos a organizar la venida del hermano Sixto con la finalidad de reintegrar a los hermanos y reactivar RAMA Centro, lo cual se cristalizó el 30 y 31 de agosto de 2001 con dos conferencias, un seminario y entrevistas en varias emisoras de radio. La televisión y los periódicos no nos apoyaron, pero sí personas amigas.

Me reencontré con Sixto después de más de diez años. La Misión había avanzado bastante; había otros conocimientos, el contacto continuaba con mayor fuerza en el extranjero que en Perú. Me sentí muy insignificante.

Consulté entonces con Sixto si todavía había cabida para mí.

–Si en RAMA lo más importante es el ejemplo, si la labor es la de ser sol en la Tierra con nuestro ejemplo de vida, ante la sociedad y ante todos soy un mal ejemplo, soy un fracaso –dije–. Destruida mi familia, estancado espiritualmente, viviendo solo con una pensión, ocupado cien por cien en atender a mi hijo. ¿Qué ejemplo podría dar a los demás?

–Sí –me dijo Sixto–, todavía tienes tiempo para retomar la marcha con más fuerza, pero tienes que darte prisa. Con respecto al ejemplo, en todo lugar y circunstancia podemos dar buen ejemplo, hasta en lo que te ha tocado pasar. Por lo que me he enterado veo que lo estás demostrando, nos estás dando buen ejemplo a todos; hacerlo desde ahí es lo que te ha tocado. Tú no generaste lo que te pasa. No te sientas mal y recuerda que hay dos misiones para todos y cada uno de nosotros: la primera es realizarse como persona, ocuparnos de nosotros mismos, y la segunda es descubrir, a partir del autoconocimiento, la parte que nos toca a cada uno en la Misión. La gran Misión es aquella que nos compromete con el planeta y con la evolución general.

Las palabras de Sixto fueron precisas; era lo que necesitaba escuchar. Retomé la confianza; estaría en contacto de nuevo con él y a través de él con todos los hermanos del mundo, para eso ahora me serviría Internet.

RAMA es RAHMA

La señal determinante para seguir adelante fue comprender que RAMA ahora era RAHMA. De la variación RAHMA se desprenden las cinco terminaciones ya mencionadas; tal vez fue el último timbre del reloj para mí; tenía que levantarme y buscar. Esto fue lo que encontré:

En la historia de RAMA, el Guía Oxalc explica: *«Como en un juego de sonidos, RAMA tenía una vibración o clave cósmica con frecuencias y sonidos particulares en los que armonizarían todos los que en ella intervinieran. Desde el 4.200 (a. C.) se estuvo buscando la clave, que el Mentor, entre otras misiones, le había atribuido y se encontró esta vibración que se traduciría en el Amor de la Vestidura Blanca, ese era RAH-MA...»*

El 31 de enero de 1987 en el contacto físico que tuvo Sixto en una de las bases submarinas –experiencia que publicó en su libro *Contacto interdimensional*–, los Guías le dijeron:

«...el sentido real de todo esto es que RAMA es una cosa y RAHMA es otra; para uno la clave es cuatro y para el otro el cinco. RAMA posee cuatro fases que habrán de ser vividas por muchos antes de que culmine la etapa de preparación para que crezca vuestro discernimiento y comprensión, así como el compromiso. Las cuatro fases que constituyen la adaptación a un proceso superior son el cimiento base para el estadio siguiente. Estas fases no pueden esperar a nadie. Ellas mismas son operativas y activas, lo cual significa que una vez que se cumplan a nivel de misión, darán lugar a la fase siguiente, pero aún muchos podrán seguir pasando por ellas, por eso están activas. Son puertas que se abren para que muchos aún las sigan usando.

»–¿Cuál es el nivel superior o quinta fase? –pregunté interesado en eslabonar las respuestas y obtener conceptos claros.

»–¡El quinto de RAMA o RAHMA mismo! Es la preparación de la quinta Humanidad en la antesala del cambio... La clave de su despertar a la Misión profunda se identifica también en la clave sagrada RAHMA, nombre oculto de la Misión colectiva que los agrupa y que tienen entre manos. Cuando vibren en RAHMA y con sus objetivos como lo más importante para ustedes, como el que despierta de un largo sueño, recordarán y reconocerán lo que falta».

»En Ganímedes, el 30 y 31 de marzo de 1987, el maestro Joaquín, que estaba con el rostro iluminado y los ojos cerrados en actitud de concentración, le dijo en voz alta: 'El que ama la Luz ha de vibrar en el quinto de RAHMA. El que se entrega al Plan del Altísimo conocerá sus designios, interpretará sus mandatos y realizará su existencia...

El quinto de RAHMA es el tiempo de la Humanidad predestinada al cambio y a la redención cósmica... El que vibre en el quinto de RAHMA sabrá que tiene el poder de cambiar el destino de su propia humanidad personal'.

»Luego, el Guía Xendor tomó la palabra y le dijo: 'El quinto de RAHMA es el despertar que ya sonó para que reaccionen quienes aún siguen dormidos para desarrollar su misión...'»[31]

El detonante mayor para mí fueron estos símbolos que fueron entregados en los inicios de la Misión y que sintetizan la Misión de la Humanidad terrestre:

Imagen 20. Símbolos recibidos por la Misión.

El número tres representa a la Humanidad, al hombre terrestre, a los seres de tercera dimensión de conciencia en una tercera dimensión física. Nos recuerda que lo espiritual debe primar en nuestra vida a través del Amor.

El tridente sintetiza los planos del hombre: lo material, lo mental y lo espiritual. Representa la evolución del hombre, el hombre que, como una flecha, se dispara hacía el Todo, hacia Dios. El tridente marca todo lo que es conocimiento de la nueva Humanidad y está sellado con la evolución humana.

---

31 Extraído del libro *Contacto interdimensional* de Sixto Paz Wells.

El número cuatro simboliza la presencia de los Guías extraterrestres y de las Jerarquías Superiores. Es el número de la cruz de cuatro lados iguales, símbolo del ascenso espiritual.

El infinito es por donde comienza el final de nuestra etapa de preparación, es la confirmación de los Maestros de que todo fue bien interpretado, entendido y que debe ser puesto en práctica.

La estrella representa nuestra síntesis, la ley del equilibrio entre lo espiritual, que es Dios (y su amor), y lo material, que es el hombre en la tercera dimensión y su manifestación (ego, carácter, personalidad).

Si estos símbolos unidos significan RAHMA, la interpretación a mi entender sería que la Humanidad terrestre, el hombre que se encuentra en tercera dimensión de conciencia, tendrá que encaminarse a lo espiritual a través del Amor (el tres), alinearse y equilibrarse en sus tres planos, físico, mental y espiritual, para dirigirse hacia arriba, para reconectarse al real tiempo del Universo, para llegar a Dios. Con conocimiento sellará su evolución; ya no habrá quien frene su ascenso (el tridente) pues con el apoyo y la orientación de los Hermanos Mayores, de las altas Jerarquías Superiores y del Maestro Jesús se elevará espiritualmente, llegará a la cuarta dimensión (el cuatro) y de allí seguirá al infinito como Humanidad predestinada a la redención cósmica para lo cual fue creado (el infinito) en cumplimiento de la ley del equilibrio universal, para unirse con la Hermandad Blanca de la estrella y el Padre (la estrella).

Si esta es la gran Misión que tiene la Humanidad terrestre, el enemigo oculto, el maligno, tratará de impedir por todos los medios que la Humanidad despierte a la espiritualidad.

«...Las experiencias no buscan agrandar el ego de nadie, ni llenar de anécdotas la vida de alguien; pretenden realmente abrirles los ojos con información, con conocimiento y con claridad. De nada serviría que la Misión la viviese uno solo. RAMA es RAHMA, es la comunidad y la Humanidad que aprende a ser sol en la Tierra y por ello la Misión depende de una experiencia grupal, pero ciertamente también de una preparación individual sumada al esfuerzo colectivo y por eso deben prepararse individual y grupalmente... Sampiac».

La llamada de Sixto

Después de los terribles sucesos de septiembre en Nueva York, en una carta fechada el 6 de octubre de 2001, Sixto comunicó a todos dos salidas mundiales, una para la última semana de julio y otra para la primera semana de agosto de 2002, en Chilca y en Marcahuasi respectivamente, recomendadas por los Guías con diez meses de anticipación. Al fin podría llegar a Marcahuasi; no podía desperdiciar esa oportunidad.

El 27 de octubre de 2002, en mi meditación la voz sin voz esta vez me dijo: *«El pasado está definido, el futuro está por determinarse».*

Llegó en el momento preciso. Medité sobre este mensaje, y en verdad, por más que uno se lamente, por más que uno se golpee el pecho y la cabeza, nada se puede hacer para volver o cambiar al pasado; ya está definido. Por el contrario, apoyados en nuestro cambio diario y personal, estaríamos sembrando para poder cosechar el futuro. Si esto es así, el futuro está por determinarse. Todos tenemos oportunidad de rectificar.

De nuevo en Chilca

27, 28, 29 y 30 de julio 2002 en Santo Domingo de los Olleros, Chilca.

En tres buses grandes, llenos de hermanos de Colombia, Chile, Brasil, Ecuador, España, Honduras, México, Puerto Rico, República Dominicana, Uruguay y Perú (Ayacucho, Arequipa, Cajamarca, Chimbote, Huancayo, Lima, Piura, Tacna y Trujillo) entrábamos en Chilca. Otra vez era nuevo entre los nuevos y antiguo entre unos cuantos antiguos, estaba «desfasado».

Nuevamente llegaba a ese lugar tan querido, lugar de tantas y tantas aventuras, recuerdos y contactos como las salidas de los grupos; las reuniones de coordinación de RAMA Perú, la abducción del hermano Sixto, el contacto para el viaje a la base submarina, el contacto para el viaje a Ganímedes, el primer encuentro mundial, la cuarta convención, el avistamiento para los periodistas y otros tantos eventos... Había sido un lugar de aprendizaje y experiencias de todo nivel; cual mudos testigos, la gran estrella dibujada en el desierto estaba aún intacta y en el cerro estaba todavía escrito RAMA es AMAR y en otro cerro estaba grabado: IV Convención. Cerca del lugar donde se tuvo el avistamiento con los periodistas había ahora una figura dibujada con piedras en el suelo, un lugar conocido como «el laberinto»; algo había escuchado sobre ello. Ahora tendría la oportunidad de vivir mi propia experiencia.

En el silencio del desierto, la presentación de los grupos fue muy emotiva; dieron su nombre, lugar de procedencia, tiempo en la Misión y un mensaje corto pero profundo. Como iba oscureciendo no se lograba ver al que hablaba, cuando se presentaron Guisela Jaar y Aurora Zamora de Santiago de Chile; sentí lo mismo que con Pancho y Soro Soro en el Paititi, en ese orden.

Cuando me tocó el turno después de dar mi nombre y procedencia dije que participaba en la Misión desde 1980, pero que llevaba diez años en blanco y que me encontraba conmovido por el mensaje que el Maestro Jesús nos diera a través de Sixto en la experiencia que tuvo lugar en el mes de marzo de 1998 con ocasión del encuentro mundial de Chile. Cuando Sixto le pidió que no se demorase en volver, el Maestro le contestó: «Ahora no depende de mí, ni del Padre-Madre. Depende única y exclusivamente de ustedes, porque no voy a volver para juzgar a nadie sino a participar de una evaluación final, que quedará a cargo de la propia Humanidad». Tamaña responsabilidad la nuestra, hermanos, finalicé.

Al final de la presentación pude darme cuenta de que la gran mayoría eran los que habían llevado adelante la Misión en la década de los 90-2000 y estaban avanzados.

Mi paso por el laberinto

Lo habían «construido» en julio del 2001; hacía un año desde entonces. Sixto explicó la leyenda del laberinto haciendo énfasis en la relación que tenía, simbólicamente hablando, con la aventura del hombre por conocerse y vencerse a sí mismo. Dijo que el símbolo del laberinto representaba la aventura del alma por llegar hasta el fondo del conocimiento de uno mismo, era sumergirse en el subconsciente donde tenemos que llegar a definir si lo que buscamos es entrar o salir, vivir o morir, la supervivencia del Ser superior o el predominio del Ser inferior.

Para experimentarlo deberíamos ingresar llevando dos piedras que simbolizaran las dificultades y errores, que debíamos colocar en alguna parte de las «paredes» del laberinto, lo que significaría que los errores o problemas dejarían de ser piedras en el camino.

Ante estas sugestivas palabras, tomé una piedra en cada mano y me puse en la cola. Antes de entrar, con mucho respeto pedí permiso al guardián. El hermano Miguel Morales hacía las veces de guardián.

–Señor guardián, ¿puede usted darme permiso para entrar?

–¿Para qué quieres entrar?

–Para vivir mi aventura y así poder llegar a Dios.

–Pase usted, buena suerte y cuide de ir por la derecha y regresar por la izquierda.

–Gracias.

La consigna que nos dieron era llegar al centro del laberinto donde había prendida una luz que simbolizaba a Dios. Muchos hermanos y hermanas caminaban delante de mí a una prudente distancia, otros tantos hacían cola todavía. Desde el primer paso quería vivir conscientemente la experiencia. Aquel sendero de piedras en espiral debía darme respuestas. Empecé haciendo mis respiraciones profundas para luego orar El Padre Nuestro con recogimiento, en voz baja, lentamente, palabra por palabra. Descubrí que cada frase tenía una profundidad única, un significado y una vibración especial. Estaba en el lugar, en el momento y en la actitud adecuados, estaba vibrando. Dejé la piedra de mi mano derecha y empecé a vocalizar el OM sagrado. Sentí el sonido dentro de mí, era increíble, era luz y sonido a la vez. Recordé las palabras de Sixto y pensé que los problemas, las dificultades y los errores que venía arrastrando eran piedras en mi camino y que tenía que dejarlos para avanzar. Simbólicamente dejé la piedra de mi mano izquierda que me estaba pesando; así llegué al centro y esperé a que terminaran los que estaban delante, me arrodillé para pedir perdón a Dios y la respuesta no se hizo esperar: visualicé una luz. Al abrir los ojos vi que la pequeña luz de la vela desaparecía pero que otra luz se expandía convirtiéndose esplendorosamente en una flama grande que me envolvió. Era eterno y tenía tres colores, amarillo, azul y violeta.

¿Qué más podía pedir? Solo le di las gracias a Dios.

La experiencia de Guisela Jaar de Chile

El desierto, como sabemos, es desolador y se caracteriza por su esterilidad, pero para nosotros es el lugar perfecto para nuestros trabajos. Cada mañana a las 5.00 h me apartaba para meditar. Estaba sin ritmo, tenía que esforzarme más.

Después de meditar el segundo día, cuando regresaba al campamento, vi a Sixto que iba solo y le pregunté si podía acompañarlo.

–Claro, vamos –me respondió. Aproveché para consultarle muchas cosas que no tenía claras. Caminamos un buen trecho hasta que él localizó el lugar para los trabajos grupales del 29 de julio.

Pasado el mediodía, después de caminar todos y hacer nuestra meditación, en la que hubo clara manifestación de nuestros Guías, Sixto resumió magistralmente el momento actual de la Misión, dándonos ánimos para seguir adelante

Al final llamó a Guisela Jaar de Chile diciendo:

–Guisela, cuéntanos tu experiencia allá en Quintero, para que todos lo escuchen aquí. –Guisela habló así:

–Fue una experiencia bastante diferente a lo que viví aquí en Perú en 1995. Era bastante de noche. Caminamos durante varias horas catorce personas por las montañas frente a la laguna donde estaba el campamento. Fuimos buscando el xendra y sentíamos la energía muy pareja en todo el lugar. No se podía definir el sitio donde estaba el vórtice de luz o domo; no pudimos identificarlo en muchas horas. Durante ese tiempo pasaron cosas, sentíamos la presencia de nuestros Guías. Cuando nos reunimos frente a la laguna, Sixto nos dijo que cada uno saliera a buscar la experiencia de forma individual o dejáramos que la experiencia nos encontrara a nosotros preparados. Caminamos en diferentes direcciones. En lo personal me encontraba muy cansada. Por el trajín de la organización del encuentro, no me sentía en condiciones de vivir un xendra, pero le dije al cielo: «si ustedes quieren que viva algo, denme una señal clara y nítida para dirigirme hacia ella». Entonces, en el mismo instante en que estaba pidiendo la señal, un haz de luz cayó desde arriba señalando el lugar; creo que era el lugar donde estaba Sixto en ese momento. En lo que caminaba hacia ese lugar el haz de luz desapareció y yo volví a preguntar: «Si quieren que viva algo, muéstrenme dónde está la experiencia» y volvió a caer otro haz de luz, pero en otro lugar mucho más cerca a donde me encontraba. Allí me encontré con Óscar. Algo comentamos en ese momento que no recuerdo. Me dirigí hacia la luz y Óscar, que estaba viendo el rayo de luz, me dijo: «Ve, vívelo».

»El haz de luz era angostito. Cuando me quedé sola avancé hacia el lugar y cuando estuve cerca a unos cuatro o cinco metros vi un ser dentro del haz de luz, nítido, alto, muy grande, delgado y con cabeza grande. Me dijo: 'ven, acércate'. Sentí la sensación de voz muy fuerte dentro de mí y me fui acercando; no estaba todavía muy positiva. El ser me dijo que me positivara internamente a medida que me acercaba. Reconozco que en ese momento estaba muy cansada, agotada, no tenía ilusión, no había chispa dentro de mí, pero me centré y empecé a activar mis chacras e hice un poco de acto de contricción preparándome para acercarme a él. Entré a la luz, que no era muy grande; solo nos abarcaba a él y a mí a una distancia de cincuenta centímetros. Estaba también junto a nosotros una mujer extraterrestre de pequeña estatura. Una vez que estuve dentro me encontré paralizada, no podía moverme. Lo que había afuera, la tierra y los árboles, desaparecieron.

»Entonces empezó a hablarme y a darme información. También vi una pantalla que apareció a mi izquierda donde me mostraban algunas imágenes y la mujer bajita, que tenía una especie de guante negro, me lo pasaba por todo el cuerpo, como si estuviera midiendo algo; se me acercaba mucho y miraba los rasgos de mi cara, muy de cerca, muy curiosa. Me daba la sensación de que la habían sacado de otro planeta para ver a los terrícolas. Me sentía muy observada y Mardorx –el Guía– me entregó una serie de mensajes y me habló mucho de lo que iba a ser el contacto con la Hermandad Blanca y el contacto con el Maestro Jesús y cómo teníamos que prepararnos.

»Teníamos que estar desestresados mentalmente; la tensión de nuestra mente no nos permitía acercarnos. No teníamos que tener cansancio físico y teníamos que saber callar. Me habló lo que significa el silencio y que los conocimientos iban a recibirse en diferentes niveles, como en distintos planos de conciencia, 'así irás recordando la experiencia y recordando muchas cosas'. Cuando salí todo se diluyó hacía arriba. Mardorx no era muy guapo, pero sí simpático, jajajá.

–Yo, Francisco, estaba al lado de Guisela con la grabadora. No debía desaprovechar el momento para hacerle una pregunta sobre el Maestro Jesús, que precisamente esa mañana, en medio de mi meditación, me había dado un mensaje.

–Guisela, nos has hablado sobre el contacto con la Hermandad Blanca. ¿Y el contacto con el Maestro, nos lo puedes narrar un poco más?

–Yo no fui llevada como Sixto a Ganímedes, yo me encontraba en el haz de luz con Mardorx –me respondió.

–Me refiero a la preparación para contactar con él –le dije.

–Sí, Mardorx habló de que en un futuro veinticuatro personas iban a contactar con el Maestro Jesús. Iba a ser una experiencia muy contundente y, por lo que me dio a entender, iba a ser física, y para eso estaba dando las indicaciones de preparación en nuestro interior y tenía que ver mucho con nuestra actitud mental, con saber relajarnos y pasar de un estado a otro.

Los fuertes aplausos de todos rompieron el silencio del desierto.

Había leído el sexto libro de Sixto titulado *Una insólita invitación* en la que se narran las experiencias de aquella fecha en Quintero-Chile, dándole énfasis el encuentro de Sixto con el Maestro Jesús a través del xendra, pero, como estaba desactualizado, no conocía quiénes eran los que habían vivido dicha experiencia.

Entre tantos hermanos y hermanas no sabía quién era quién, pero ahora mi intuición inicial se había corroborado. Guisela nos daba alegría a todos, ahora la conocía. Faltaba encontrarme con Aurora.

Esta salida fue una intensa preparación para mí para así poder ir a Marcahuasi.

Rumbo a Marcahuasi, veintiún años después

La subida a San Pedro de Casta es realmente una prueba para templar el espíritu. Si estás en el lado derecho del vehículo y te asomas, el abismo es profundo pues la carretera es una continua subida. El chófer, confiado en su máquina y muy concentrado, trepaba y trepaba hasta llegar al puente Autisha, que cuando lo ves te impresiona, pues se encuentra sobre un profundo abismo. Uno se pregunta cuándo lo habrán construido.

Recordé kilómetro a kilómetro lo que había vivido en el año 1981. El paisaje es impresionante. Estábamos subiendo más y más. Mi corazón se aceleró cuando llegamos al sitio por donde nos desviamos aquel año. San Pedro de Casta estaba ya cerca. A los hermanos que iban conmigo les señalé por dónde fuimos en 1981 hasta llegar a los treinta kilómetros al norte.

Esa noche la pasamos allí para iniciar muy temprano el ascenso a la gran meseta. Hicimos «antenaje». Me situé al lado de Sixto esperando percibir alguna sensación de la comunicación.

Comunicación 2-2-2002, San Pedro de Casta:

«Hermanos en Misión, habéis llegado hasta aquí para compartir con el lugar, con nosotros y con la Hermandad Blanca, experiencias profundas de crecimiento espiritual. ¿Pero sois todos permeables a ellas? ¿Os habéis detenido acaso para sentir el viaje hasta aquí?

Sabemos que no todos los presentes están preparados ni son conscientes de la importancia del momento ni de lo que deberían estar dispuestos a dar. Nos dirigimos ahora a los que están dispuestos, a aquellos que son capaces de ver más allá de sus ojos, a aquellos que están atentos frente a la señal de los tiempos, y que no están improvisados en el camino.

El encuentro en la caverna con el Maestro y los archivos se dará, ahora o después.

Estad abiertos a las muchas maneras de conectar y acceder, a cuanto ocurra a vuestro alrededor, para bien o para mal, y en vuestra apertura mirad el sentido de las cosas y de las situaciones. Subid a la montaña que se os ha estado aguardando.

Con amor, Oxalc».

La subida, un camino místico

Desde que llegamos deseaba subir a la montaña. Los lugareños me indicaban la cima como Marcahuasi; me parecía que estaba cerca. ¡Qué errado estaba!

Cuando la mayoría alquilaba acémilas para la carga y caballos para subir montados, yo confiaba en mis fuerzas. A las cuatro de la mañana la plaza de San Pedro era un bullicio. Los más intrépidos habían empezado a caminar pero sin carga. A esa hora de la mañana el frío se acentuaba. Me encomendé a Dios y empecé a caminar solo; quería vivir cada paso, quería estar atento a las señales como habían dicho nuestros Hermanos Mayores. El ascenso era en línea recta un poco en pendiente hasta el cementerio de San Pedro de Casta, que se encontraba al filo de un abismo. Me detuve para observar el trayecto que hicimos con el coche, y ese amanecer pude distinguir la carretera que se perdía cerca de Santa Eulalia que recorrimos el día anterior cuando caí en la cuenta de que en el camino de la evolución el destino es con sangre, que la evolución es personal e intransferible (nadie puede evolucionar por nosotros, ni nosotros podemos evolucionar por nadie). El cementerio significaba una invitación a hacer morir nuestros egos, a hacer morir a la envidia, el orgullo y la soberbia, a enterrarlos para siempre. A partir de ahí tendría que iniciar la aventura.

El camino conducía al lado izquierdo. Durante un buen trecho era casi plano para luego ir ascendiendo hasta una bifurcación para seguir por un camino largo o por uno corto. Estaba dispuesto a seguir por el camino largo, de manera que caminaba ascendiendo más y más hasta un recodo para luego descender. Ese trecho me indicaba que el caminante al iniciar su aventura tendría altibajos y bebería de la fuente el agua viva que estaba representada por el pequeño riachuelo que allí había. Con esa energía continuaba subiendo, con pasos lentos pero seguros.

Las crestas de los cerros que se encontraban al lado norte y oeste recibían los primeros rayos del sol como señalándome que, estando en el camino que habíamos decidido seguir, la luz se haría presente lejos, pero que a medida que avanzáramos se iría aclarando más y más. Ver la luz sería la señal. Tendríamos que seguir para arriba; no sería fácil, pues en pleno ascenso a ambos lados del camino crecían altos espinos que eran un constante peligro durante un buen trecho; había lugares donde se pasaba como si fuera un túnel de espinos, esto me señalaba las continuas dificultades que se nos presentaban en el ascenso y que tendríamos que desarmar. Dicho de otra forma, iríamos alcanzando la iluminación espiritual en la medida en que fuéramos renunciando a nuestro drama personal, como el sufrimiento, el culpar, la inseguridad y otros, si verdaderamente estábamos dispuestos a cambiar.

El sol en todo su esplendor dibujaba diversas imágenes con las sombras de los cerros. El cansancio aparecía. A los que se habían adelantado los iba pasando; a mí me pasaban los caballos con sus jinetes y los asnos con su carga. Los arrieros de San Pedro, acostumbrados a ese trajín, los apuraban más. Pensaba llegar el primero pero estaba equivocado. La debilidad por el ayuno apareció amenazante, aunque tenía que seguir adelante; si me paraba, mi cuerpo se enfriaría. Un calambre se hizo presente con un dolor en la pierna derecha. Pedí ayuda a un arriero que ya estaba de vuelta; con la experiencia que tenía me dijo que pisara con el talón fuerte y elevara lo más que pudiera los dedos de los pies. Fue una excelente ayuda. Eso me indicaba que en el camino siempre habrá alguien que te aliente, te apoye y te muestre el camino. Llegando a un saliente, enfrente de un cerro vi un corral de piedra grande y otro pequeño que enlazaba con él. ¿Simbolizarían el tiempo real y el tiempo alternativo? Creí entender que ese era el mensaje. Más arriba había una pirámide de piedra con base triangular; lo relacioné con que para continuar en el camino de evolución uno debe estar alineado en los tres planos, el físico, el mental y el espiritual, y debía seguir avanzando.

El altar de los dioses

Al coronar la cima, ante mi vista apareció el altar de los dioses. Caí de rodillas. Veía un altar y sentí una vibración especial; estaba en la meseta de Marcahuasi, en el lugar denominado «el Anfiteatro». Habían pasado como si nada veintiún años. Ahora tenía la oportunidad de apreciarlo. En las piedras inmensas siempre encontraba unas formas caprichosas. Al comentarlo con otras hermanas me hicieron notar aún más figuras todavía.

Ayudé a montar sus tiendas a varias hermanas. Luego llegó Miguel Morales, el hermano de la voz sonora y entrañable amigo a quien también ayudé a armar su tienda. Como yo no tenía tienda y previendo que haría frío en la noche le pregunté:

–¿Tienes compañía esta noche Miguel?

–No, si lo deseas trae tus cosas –me respondió. Mi techo para descansar esa noche estaba asegurado.

Cuando hubieron llegado todos, Sixto indicó recorrer la meseta. Disfruté palmo a palmo la zona que visitamos; había magia, había vibración. ¡Cómo poder traducir en palabras lo que vi y sentí en ese lugar tan querido! Extasiados seguíamos a Sixto, pero yo quería encontrar la cabaña de Daniel Ruzo, quien, como se sabe, vivió varios años allí para investigar y fue el que dio a conocer al mundo y escribió un libro titulado *Marcahuasi, la historia fantástica de un descubrimiento*, en el que narra su investigación. Quería llegar hasta el Monumento a la Humanidad conocido también como «esfinge» y si había tiempo buscar a través de mi mente la caverna que sabíamos que existía allí.

Llegamos a la cima que habíamos visto desde San Pedro de Casta. Desde allí se podía divisar todo. Me sentí tan insignificante ante la grandeza de la Naturaleza... Ayudados por una larga vista pudimos ver que abajo en la carretera un coche estaba a punto de irse al abismo y que a ambos lados había varios coches, no había paso. Luego bajamos un poco y pude ver la cabaña. Se encontraba detrás de una enorme piedra. Estaba casi intacta, solo una de las calaminas se había oxidado y esa parte estaba hueca. Allí Sixto explicó las experiencias que tuvo la primera vez que llegó en septiembre de 1974. ¿Y el Monumento? Estábamos a su lado. «Este es» dijo Sixto, y nos dispusimos a hacer dermóptica.

Apareció en mi mente la época en que la Tierra era como una caldera, como si hirviera un metal y saliera vapor por todos lados; al irse enfriando todo el líquido corrió y se formaron los cerros y las quebradas y el lugar donde estábamos era como la esencia de todo. Lo mejor se había quedado formando las enormes piedras, que millones de años después serían retocadas por la mano del hombre, dejándonos una señal y un mensaje.

Era increíble que en contados segundos hubiera logrado ver esto; los demás también tuvieron experiencias diversas y las narraban contentos.

El rostro de piedra inmensa se encuentra mirando al lado sur. Habíamos entrado por el lado norte; en cuanto me puse frente a él pude observarlo asombrado. Más asombrado aún te quedas mirando desde el lado oeste, pero desde el lado este quedas estupefacto. Al mirar desde cada lado te muestra diferentes rostros; es sencillamente maravilloso.

Imagen 21. En el Monumento a la Humanidad, agosto del 2002.

Contento como estaba me olvidé de la caverna, pues había mucho más para dar gusto a los sentidos. Ya de vuelta vi otras esculturas. Todo esfuerzo quedaba compensado, pero la meseta era grande y solo habíamos recorrido una pequeñísima parte; teníamos que trabajar.

Los que ya conocían el lugar no fueron con nosotros y estaban descansados; los que no lo conocíamos y habíamos caminado para hacerlo estábamos algo cansados. En una reunión tratamos de unificar ideas; allí se escuchó decir que no estábamos haciendo lo que los Guías habían indicado. Cuando me tocó el turno dije que para mí estaba todo bien. Empezando desde San Pedro de Casta el recorrido me mostró un camino místico; solo tendríamos que darnos tiempo para abrigarnos convenientemente y trabajar de continuo.

Un contacto anunciado

En medio del anfiteatro, abrigados empezamos nuestro trabajo. Sixto nos dijo que formáramos grupos de siete. Sobre una piedra puse mi saco de dormir para estar cómodo, desenganché la hebilla de mi cinturón y empecé a respirar; no tenía ninguna expectativa, solo quería apoyar para que se cumpliese lo que tenía que darse. Había pasado diez años alejado del grupo y era lógico que muchos hermanos que estaban presentes en Marcahuasi hubiesen trabajado por la Misión y la Humanidad arduamente durante ese lapso de tiempo y estuviesen preparados.

Sixto se acercó al grupo en el que me encontraba y desde allí nos dirigió. Esto me estimuló mucho; mi pantalla mental se abrió y visualicé la caverna (que tenía interés en localizar). Supe que no se encontraba en la meseta, sino muy lejos, del lado norte de la misma. Era inmensa. Me vi caminando el último, metiendo prisa y dando valor a muchísima gente, entre la que se encontraban parte de los hermanos que en ese momento estábamos trabajando. Habíamos sido guiados hasta allí, había incertidumbre y temor. De repente la caverna se abrió y por encima nuestro varias naves de los Hermanos Mayores pasaron entrando a la caverna. «No tengan temor, entren», dije a los que estaban delante, cuidando de que nadie se quedara fuera.

La imagen cambió, parecía un lugar de retiro, un Shangri-La. En un campo muy hermoso con una vegetación primaveral, en círculo estaban siete hermanos con túnicas blancas listos para empezar su meditación. No quise interrumpirlos. Traté de acomodarme para acompañarlos, cuando una hermana se dio cuenta de mi presencia y se acercó a darme la bienvenida. Era la hermana Juani Santos. Nos estrechamos en un gran abrazo después de tanto tiempo. La visión terminó y a mi mente llegó esa voz sin voz que me acompañó en el viaje al Paititi; claramente escuché: *«¡Habrá un contacto!»*

Agradecí al cielo; «Hermanos Mayores, ustedes no se han olvidado de mí, muchas gracias».

La voz de Sixto inducía a recibir comunicación. Concentrado como estaba, pensé que el contacto se daría para bien de la Misión esa noche; tendría que apoyar para que así fuera. Valía la pena estar en Marcahuasi. Sixto no recibió comunicación; otros hermanos lo hicieron, pero las horas para el trabajo no coincidían, algo estaba fallando. Maravillado conté mi experiencia de la caverna y pregunté por Juani Santos, pero lo del contacto esperé a corroborarlo con otra experiencia de algún hermano. Al terminar me paré para mirar al firmamento; estaba estrellado. Algo me hizo mirar al lado sur; una nave estaba allí detenida, se la podía ver. Como para asegurarme, emitió una luz pequeña al principio, luego se agrandó despacito, y de la misma forma se apagó. Nadie había cerca de mí para compartir ese momento. Suponía que muchos hermanos lo estarían viendo, sobre todo aquellos que tendrían el contacto. Pensé que serían guiados hacia ese lado. Yo me quedaría en el campamento y desde allí apoyaría. Distraje mi atención al escuchar que alguien me llamaba por mi nombre. «Sí, aquí estoy, contesté». Allí apareció un hermano que a esa hora acababa de llegar. Como lo conocía, pensé que de seguro me seguiría si lo avisaba de lo que estaba viendo, pues hacía años que no lo veía ni sabía nada de él, pero fue él quien empezó a decirme que había caminado desde las ocho de la mañana dado que no había paso, por lo que estaba «matado» (muy cansado). Solo buscaba a Sixto para que le indicara dónde descansar.

Llegaron también personas extrañas haciendo turismo que instalaron sus tiendas junto a las nuestras, pusieron música y se pusieron a hacer bulla. Nuestro trabajo allí quedó interrumpido.

Fui a abrigarme más dado que la temperatura descendía. Miguel estaba en la tienda. Como era él quien hasta cierto punto coordinaba la salida, antes de contarle mis experiencias le pregunté cuál era el plan a seguir esa noche. Estaba desalentado porque no había consenso sobre qué hacer, pero quería que todos se prepararan para ir al lado norte hasta la laguna.

–Perfecto Miguel. Entonces debo ir al lado sur; acabo de sentirlo, y desde allí apoyar para que todo se dé. ¿Habrá algún hermano que quiera seguirme? –le pregunté.

–Pero, ¿por qué vas a ir a ese lado? –me preguntó Miguel.

Le conté toda mi experiencia. Miguel me acompañaría y buscaría a otros hermanos para ir. Serían eso de las once de la noche cuando empezamos a subir los cuatro. No necesitaba linterna; una extraña y tenue luz me guiaba. Arriba, al ver la linterna de Miguel, nos hicieron señales para acercarnos. Eran dos hermanas de Lima. Con ellas en círculo empezamos a mantralizar durante un buen rato, pero honestamente no sentí la vibración que habría querido. Pasada la medianoche regresamos. Creía que el grupo mayor habría tenido la experiencia. Era hermoso verles regresar a la misma hora que nosotros; las linternas en fila parecían moverse solas. Miguel averiguó qué había ocurrido. La respuesta fue que no había habido mayor cosa. Juntos nos acercamos a Sixto y Miguel le preguntó a qué hora arrancaríamos. «A las cuatro» contestó.

Ya en la tienda me programé para despertarme a las 04.00 h.

Nuestros Guías se valieron de una cámara fotográfica para hacernos comprender la importancia del perdón y cuál era el verdadero contacto.

Me desperté y desperté a Miguel para preguntarle la hora. Eran exactamente las 04.00 h del día 4 de agosto del

2002. Había silencio. Pensé que todos dormían todavía. Miguel, el hermano responsable y cumplidor, se levantó rápido y salió para despertar a todos. Me imagino lo que sentía, pues, cuando regresó, me dijo: «¡Francisco, nos han dejado, no hay nadie!» Lo decía triste, compungido; para mí era señal de que algo debía ocurrir con nosotros, pero mi preocupación estaba en la cámara fotográfica que no encontraba. Le pregunté a Miguel si la había visto; qué le importaría a él si se encontraba pensando en por qué nos habían dejado.

La cámara fotográfica, bonita, pequeña y moderna, era un regalo que le había hecho Jennifer, su amiga estadounidense, a mi sobrina Zendy Janet. Al cargar la película en Lima, el especialista me dijo que era una cámara especial y que la cuidara.

Hice memoria de dónde la tenía la última vez. Recordé que la tenía enganchada a mi cinturón. Como me había puesto tres buzos con elástico para contrarrestar al frío no tuve necesidad de abrocharme de nuevo el cinturón después de la meditación. Al estar mirando la nave en la noche me olvidé de hacerlo. Fui a buscar al lugar donde habíamos trabajado. Busqué a tientas sin resultado. Pensé lo peor; que como había llegado gente desconocida la habrían cogido y no me la devolverían. ¿Qué haría para restituirla?

De alguna forma tendría que reponerla, pero ahora tenía que trabajar con Miguel. «Vamos Miguel, por algo nos dejaron» dije.

Estaba oscuro. Seguí la misma ruta de la noche pensando que podría tropezarme con la cámara que tal vez se habría caído por esos sitios, pero lo habría sentido, me decía. Ya arriba nuevamente nos hicieron señales otras linternas. Al acercarnos ellos reconocieron a Miguel y él reconoció a Carlos Fernández de Uruguay, a Aurora y a Mauricio de Chile que estaban acompañados por Omar Fernández de Lima. Nos sentimos atraídos y empezamos a trabajar. Había compenetración, alta vibración y deseos de hacer algo por la Humanidad desde ese altar de los dioses. Sin haberlo buscado estábamos allí los seis solamente. Aprovechamos el momento para conocernos, para compartir e integrarnos como verdaderos hermanos y para hablar, ya que no lo estábamos haciendo por no conocernos y por la cantidad de personas que había. Contamos cada uno nuestro caminar en RAHMA y luego mantralizamos RAHMA, AMAR y OM para armonizarnos, alcanzando una alta vibración.

Carlitos Fernández, como le llamamos con cariño, nos llevó a trabajar el perdón.

Pedimos perdón empezando por los más ínfimos átomos de los elementos: el agua, el aire, el fuego y la tierra, que consciente o inconscientemente estábamos contaminando, para pasar a pedir perdón a toda planta, a todo vegetal, por no saber valorar los beneficios que nos proporcionaban y que depredábamos. Pedimos perdón a los animales de toda especie, hermanos menores nuestros, por tanta insania contra ellos; pedimos perdón al ser humano, a todos nuestros hermanos y hermanas, a todos los hombres y mujeres a los que habíamos ofendido y faltado de pensamiento, palabra y obra; pedimos perdón a nuestra Madre Tierra, la Madre que nos proporciona el alimento, el abrigo, la lluvia. A la Madre y Maestra Naturaleza que nos enseña en silencio y de la que nosotros siempre estamos descontentos por ignorancia; pedimos perdón al sol y a todas las estrellas del Universo por no utilizar su energía en bien de los demás; pedimos perdón a nuestros Hermanos Mayores por no ser perseverantes, por no hacer lo que nos sugieren, por no tomarles en cuenta muchas veces; pedimos perdón a los Doce Menores de Morlen entre los que se encuentra el Maestro Joaquín, por tener paciencia; pedimos perdón a los Veinticuatro Ancianos por nuestras flaquezas; pedimos perdón a los Nueve de Andrómeda o Hermandad Blanca de la Estrella por esperarnos tanto tiempo; pedimos perdón al Maestro Jesús y al Padre Dios por estar lejos de su infinito Amor y bondad; al final nos pedimos perdón a nosotros mismos por sentirnos tan pequeños y grandes al mismo tiempo por no saber aceptarnos tal cual somos.

Escribo esto con mis palabras, lo que recuerdo. Carlitos lo hizo mejor.

De corazón pedí perdón a todos. Al mismo tiempo sentí el perdón de todos. De pronto una luz plateada nos envolvió. Mi mente muchas veces traicionera pensó que sería un xendra proyectado desde la nave que estaba detenida. Cada vez se hizo más brillante. Me inquietó el querer vivir la experiencia xendra. La luz parecía penetrar hasta cada una de mis células, eso fue lo que yo sentí. Me quedé atónito cuando después mis cinco hermanos allí presentes y felices, sobre todo Miguel, decían que el Maestro Jesús había estado con nosotros, y que incluso les habían dejado un mensaje o entendían el mensaje que les dio. En ese momento me sentí hermano y amigo de todos. La ocasión nos permitía estar contentos y nos fundimos en un abrazo de hermandad sin palabras. Así quiere vernos el Maestro a toda la Humanidad.

Ese indescriptible momento era el contacto anunciado.

Se me había ocurrido pensar que solo pertenecer a un grupo y hacer una salida gastando nuestro dinero, hacer ayuno y practicar meditación era suficiente mérito para merecer un contacto físico con los Guías extraterrestres. ¡Qué lejos estaba de la realidad! Si con cada una de las personas, semejantes y hermanos nuestros que piensan, sienten y aman como nosotros, con la persona que está a mi lado o que he visto muchas veces en una salida, no dialogo o ni siquiera me acerco a ella, o algunas veces no es de mi simpatía, o no tengo afinidad con ella y la rechazo, sin ir muy lejos, con mis «seres queridos», mi familia, no hablo, no con-verso (versar o hablar con verso), no con-tacto (hablar con habilidad y acierto, contacto), si no contactamos entre nosotros, ¿cómo pensar tener un contacto con seres espirituales que se encuentran en una frecuencia vibratoria más alta?

La enseñanza estaba dada. Recordé entonces lo que nos habían dicho mucho tiempo atrás nuestros Guías:

Comunicación de 10 de enero de 1980 (Oxalc, Sampiac, Oscim, Anitac):

«...el encuentro físico es lo primero entre vosotros. ¡Ojo! Primero entre vosotros; muchas veces es hermoso y maravilloso, otras veces será decepcionante el encuentro al contactar con hermanos que justo ahora se están dando a conocer tal como son realmente, ya sea positiva o negativamente. No os preocupáis por ello. Se tenía que dar, es necesario para que sepáis que las fuerzas han de enfrentarse; aún falta que muchas personas se quiten el disfraz; no os imagináis lo que falta aún.

En cuanto todas esas personas se desenmascaren, se podrá empezar a esperar la segunda parte del contacto físico, la fase de encontraros a vosotros mismos, de entrar en vosotros, que es mucho más difícil que conocer a otros; en esta parte muchos se darán cuenta de que no es este el camino que debían seguir. No os apenéis por ello. Esto se tiene que dar. Cuando llegue esta parte del contacto, sed sinceros con vosotros mismos, que no lograréis engañar a nadie.

Luego vendrá una tercera parte del contacto físico, que será el encuentro con los Guías de Venus, en número de catorce.

Luego habrá otra fase que es el encuentro con el mundo, el encuentro con la gente que creerá y a los que perseguirán. Necesitan una preparación adecuada para cada una de estas fases del contacto físico; todo esto se dará en un tiempo que ni os imagináis. No tenéis ya tiempo para recapitular lo dicho, todo se dará ya... Sabed escuchar a otros, muchos necesitan ser escuchados, muchos necesitan hablar, pero muchas veces no saben escuchar, ya sea por egoísmos tontos o porque creéis que vuestros problemas son más graves. La fórmula para el progreso de nuestros planos espirituales es trabajo, más fe, más decisión...»

Un multicolor firmamento donde prevalecía el violeta apareció ante nuestros ojos de este a oeste. Era hermoso contemplarlo y dije: «¡Para esto es para lo que quisiera la cámara!» Había recordado que estaba perdida y tuve que contarles a mis hermanos la historia con la esperanza de que al bajar al campamento me ayudaran a buscarla; haríamos el intento de encontrarla.

De la misma forma en que Sixto nos dirigió en la noche para limpiar la carretera porque no había paso, decidí practicar una proyección mental hacia donde se encontraría la cámara; la sensibilización alcanzada estaba en su punto más alto y podría lograrlo. Cerré los ojos e imaginé tal cual la cámara. Una pequeñísima luz como si fuera una luz de la linterna salía de mi entrecejo. Casi en línea recta (o al menos eso veía) se dirigió hacia una piedra. Allí había un puntito negro que fue creciendo; era la cámara.

Emocionado abrí los ojos. La piedra estaba frente a mí como a treinta metros, y sobre ella algo que parecía ser la cámara. No lo podía creer. Me froté los ojos con la mano para asegurarme de que no era una visión y más incrédulo todavía pregunté a mis amados hermanos, señalando con mi diestra:

–¿Están viendo lo que estoy viendo yo?

–¡La cámara! –dijeron a coro. Ya se imaginarán la loca carrera que emprendí.

Tal vez pasé por allí en la noche, pero no había razón para subir sobre la piedra. Entonces, ¿cómo apareció la cámara sobre la piedra? No había respuesta. Era fantástico vivir esas experiencias tan humanas, físicas y sutiles a esas horas en el altar de los Dioses.

Imagen 22. Francisco, Omar, Carlos, Mauricio, Aurora y Miguel.

Al seguir caminando buscaba a alguien para que pudiera tomarnos una foto. Un poco más allá había un hermano meditando. Opté por llamarlo sabiendo que no debía hacerlo; con una tolerancia a toda prueba él se levantó extrañado pues no se explicaba el porqué de nuestro comportamiento. Las dos últimas películas registraron el momento.

Coincidentemente, cuando regresábamos lo hacía también el grueso del grupo del lado norte. Miguel quería saber por qué nos habían dejado; tal vez le resultaba poco lo que habíamos vivido y pensaba que nos habríamos perdido lo mejor por habernos quedarnos dormidos. Todos habían hecho de todo para despertarnos, nos llamaron por nuestro nombre, nos iluminaron con las linternas, nos gritaron por turnos, sacudieron la tienda y no lograron despertarnos; estábamos como las piedras de Marcahuasi. Luego bromearon con nosotros:

–Solo faltó bailar sobre ustedes –dijo alguien.

–Nunca vi a dos perezosos juntos –dijo otra. Miguelito no salía de su asombro. Le vi compartir con muchos hermanos al encontrarse, pues todos le habían echado de menos y querían saber qué le había pasado. Le vi radiante de felicidad; no era para menos, comprendió el mensaje.

Seguro estoy de que los Guías nos durmieron, no hay otra explicación; jamás me quedo dormido así. Me desperté exactamente a las 04.00 h. Teníamos que ir hacia ese lado, nos querían dar esa lección. Si hubieran logrado despertarnos sin duda hubiésemos ido con todo el grupo y la cámara fotográfica no habría vuelto conmigo.

Contactemos pues, hermanos; el encuentro físico es lo primero entre nosotros.

Un año nuevo en el desierto y un encargo

El uno de enero de 2003 estuve nuevamente en Chilca con la ayuda de Miguel Morales y de su esposa María. Tanto me insistió Miguel, que sin representar a los grupos asistí, reencontrándome con muchos hermanos peruanos de Chimbote, Trujillo, Chiclayo, Piura y Tumbes por el norte, de Cuzco, Arequipa, Tacna y Ayacucho por el sur y, por supuesto, con hermanos de Lima y del extranjero. Al final de la salida, nuestros Hermanos Mayores se comunicaron a través de varios «antenas», entre los que estaban el hermano Ricardo González; de la zona centro estaba yo solo.

Comunicación de 1 de enero 2003, Chilca-Perú:

«...Los encuentros directos con nosotros serán afinados para otra ocasión. Cada grupo aquí reunido (Misión Rahma Perú) posee un objetivo y una preparación sugerida que los llevará a cumplir el compromiso con nosotros. Será allí donde hagan las salidas en sus respectivos lugares y

pronto. Esta vez llegarán distintos a esas salidas, más comprometidos y con mayor conciencia. En el Perú:

Misión RAHMA Norte (...)

Misión RAHMA Centro: debe mantener la unidad en la preparación, primero como grupo y fortalecer la difusión para que lleguen los caminantes que aún yacen dormidos. Tendréis claros avistamientos como respaldo de vuestro caminar y cuando estéis listos enfrentaréis un contacto físico en el bosque de piedra donde se alza el obelisco.

Misión RAHMA Sur (...)

Los hermanos que han llegado del extranjero fueron en realidad inducidos y convocados por nosotros para que estuvieran aquí.

Así como el 2002 fue el año de la preparación y el 2003 el de la consolidación, Chilca fue el adiestramiento final que necesitabais... Deberéis enfrentar la luz a la oscuridad, y entonces el puente de luz finalmente será la materia para el tránsito. Es importante que empleéis las herramientas que os hemos otorgado, como son el nombre cósmico y los cristales de cesio.

Una señal será vista, otra intuida y finalmente un paso os llevará al encuentro; esperad en paz. Con Amor desde muy cerca, vibrando en Amor con vuestra reunión, vuestros Guías de Misión».

¿Cómo podían hablar de Misión RAHMA Centro si yo estaba solo? me pregunté y sentí la responsabilidad que se me daba; tendría que reactivar los grupos.

A Ricardo le pregunté dónde quedaba el bosque de piedras para asegurarme de que no era mentalismo.

–No sé –me contestó, y comprendí el mensaje.

Traté de comunicarme con los grupos del centro pero no recibí respuesta. Sin desanimarme invité para una salida a Tarma en Semana Santa (los días 17 y 18 de abril del 2003) a la cual llegamos solo los de Huancayo. Con esfuerzo logramos reunirlos y les informé de la comunicación.

El 20 de abril estuve en La Oroya. Reuní a los hermanos dispersos y se dio una bonita reunión. Quedaron motivados y con deseos de seguir adelante.

El primero de mayo estuve en Jauja. Solo encontré a un hermano que me dijo que no se reunían desde hacía un buen tiempo. Lo persuadí a que lo hicieran y a que estuvieran atentos a lo que pudiéramos comunicarles.

Con la debida anticipación elaboré un cronograma de salidas y cursé la invitación a los grupos señalados con el objetivo de unirnos y trabajar. Nos aseguramos de que la invitación le llegara personalmente a cada uno por diferentes medios para que estuvieran enterados y se prepararan.

La idea era hacer una salida a cada provincia con la finalidad de que cada grupo pudiera reactivarse. Definimos las fechas y los lugares de salida: el Nevado Huaytapallana (Huancayo), la Cabeza del Inca (Jauja), Huari (La Oroya) y Guagapo (Tarma) serían testigos de nuestro trabajo. Confiábamos en que nuestros Hermanos Mayores se manifestarían antes de ir al bosque de piedras en Cerro de Pasco.

La comunicación para Misión RAHMA Centro era pequeña, pero con un contenido grande y claro. Se buscó la manera de hacer llegar la invitación a los grupos; incluso se viajó para reforzarlos personalmente. Debíamos retomar la preparación pues existía una tarea por realizar. Los grupos de Huancayo y La Oroya lo tomaron con mucho entusiasmo; eso mismo debíamos contagiárselo a Jauja y Tarma cuando llegásemos a sus lugares. Para no hacerlo muy pesado debíamos ir con calma; saldríamos cada mes, dando oportunidad y responsabilidad a cada hermano y a todos los grupos. En Huancayo nos reunimos cuatro hermanos para trabajar, para retomar la marcha. En nuestros trabajos les planteamos a los Hermanos Mayores nuestro propósito y les pedimos que nos apoyasen.

«La Misión no es para nosotros, sino para la Humanidad entera».

Una noche inolvidable en el nevado Huaytapallana

Desde hacía mucho tiempo estaba pendiente ir al nevado Huaytapallana. La comunicación había llegado sin nosotros buscarla. Me demoré un poco en organizar y esperar a que el clima fuese favorable pues sabía que los Guías nos apoyarían.

El 14 de junio del 2003 estábamos listos para partir dos hermanos de La Oroya y cuatro de Huancayo. Con un poco de retraso, a las 16.00 h de la tarde, al pie del nevado Huaytapallana terminábamos de instalar las tiendas que muy amablemente nos habían prestado para luego abrigarnos fuertemente ya que la temperatura descendía vertiginosamente. Así dimos inicio a nuestro trabajo de armonización con el lugar, poniéndonos en contacto con los *apus* de las montañas. Otros por esos lugares los conocen como los *huamanis* y nosotros sabemos que son los espíritus de las montañas. Había que ponerse en contacto con la Naturaleza, con la Madre Tierra o *Pachamama*.

El aire puro no tendría por qué ser desperdiciado. Respirando lenta y profundamente para cargarnos de energía, nos olvidamos de todas las preocupaciones y eliminamos todas las tensiones que nos son comunes por la situación en que vivimos. Esto nos llevaría a una relajación, a una tranquilidad, a una paz con nosotros mismos y con los demás y con mucha fe saludamos a la Madre Naturaleza. Habíamos logrado la armonización completa. Había un silencio que solo dejaba escuchar el sonido del agua que baja del lago Lazuntay. No sentíamos frío; el cielo estaba completamente estrellado, la luna y las estrellas parecían estar al alcance de nuestras manos, la luna llena en todo su esplendor iluminaba el nevado y toda la cadena de montañas. Solo nuestro trabajo era garantía para recibir alguna respuesta; nos concentramos en cómo y por qué habíamos llegado al lugar indicado, que había sido elegido por intuición.

Decidimos hablarle y pedirle perdón a la Madre Tierra, a la Pachamama por toda la inconciencia humana que contamina sus ríos, sus mares, sus bosques, su atmósfera y sus tierras. Vocalizamos RAHMA, AMAR y OM y entramos en meditación. El silencio era profundo. Alcanzamos una vibración especial para luego compenetrarnos con la vibración del planeta. Oramos por toda la Humanidad y especialmente por Huancayo y por el Valle del Mantaro. Habíamos alcanzado la armonización requerida.

Estábamos dispuestos a seguir trabajando. La noche era joven y prometía mucho. Salimos de la meditación y empezamos a conversar, contándonos las experiencias que habíamos vivido cada uno, lo que fue muy alentador. Eran las 19.15 h.

Sin buscarlo me había colocado mirando a la montaña. Como éramos seis personas formamos la estrella de seis puntas. Grande fue mi alegría, pues en el costado derecho de la montaña en la parte baja había una extraña luz como si fuera una estrella, pero que no se encontraba en el firmamento sino más abajo del nivel de la montaña. Estaba detenida. Empezó a crecer y luego a disminuir su intensidad. Tenía que estar seguro de que se trataba de una nave antes de avisar a los demás y así fue. La nave era una de exploración, de esas pequeñas que utilizan los Guías para reconocimiento. Ya las conocía, pues las había visto muchas veces, aunque esa vez fue distinto: estaba frente a mí y muy cerca. El objeto empezó a avanzar hacia nosotros, con una luz titileando que cambiaba de color entre amarillo, blanco y rosado. Con toda la paz y la tranquilidad que había alcanzado dije:

–¡Hermanos, una nave viene hacia nosotros! –No fue necesario indicarles dónde se encontraba, hasta un ciego podría haberla visto. Estaba cerca. Se detuvo un momento que para nosotros fue interminable, luego empezó a recorrer la silueta del nevado de forma lenta como para observar sus detalles y cuando llegó al nivel más alto de la montaña se elevó también lentamente, disminuyó la intensidad de su luz y se perdió en el espacio.

La comunicación se había cumplido; habíamos tenido un claro avistamiento que nos había sido anunciado con anterioridad.

En todo el recorrido de la nave intuí que existía un mensaje que era de elevación.

Sinceramente no había pensado ni esperado que se diera el apoyo de una manera tan contundente. Tal vez no lo merecíamos, pues fuimos con una sola intención, y esa era activar el espíritu del Huaytapallana para que no nos faltara agua, ni protección para nuestro valle y para nuestro país. Huaytapallana tenía que entrar en el concierto de los demás *apus* del planeta que están siendo activados por los grupos de cada país. Estábamos seguros de que lo habíamos logrado. La Madre Naturaleza nos cobijaba en su seno en una noche maravillosa y de paz, y el claro avistamiento nos confirmaba que estábamos en lo correcto. Es posible que Huaytapallana escondiera en sus entrañas una base de los Hermanos Mayores.

Desde luego que ahí no terminó todo; seguimos trabajando hasta la una de la mañana. Como la luna nos iluminaba, pudimos escalar y llegar a la laguna que se formaba por el deshielo del nevado, y, como sabíamos que los glaciares en todo el mundo estaban disminuyendo peligrosamente, trabajamos para restituirlos, pues sabíamos que el hombre tiene la capacidad de salvar a su planeta.

Doy gracias al profundo Amor de la conciencia cósmica por lo que nos ha tocado vivir.

El diario regional Primicia, el 28 de junio del 2003 recogió y publicó nuestra experiencia, lo que nos permitió dar una pequeña conferencia.

Así nos preparamos duramente para los demás lugares y se nos indicó que antes de llegar al Bosque de Piedras estuviéramos en un lugar llamado Tambo del Sol.

En Tambo del Sol vivimos otra inolvidable experiencia. A las 18.20 h tuvimos otro claro avistamiento de apoyo a baja altura ante una docena de testigos del lugar.

Aún nos falta mantener la unidad en la preparación como grupo y fortalecer la difusión. Los Hermanos Mayores indicaron para agosto de 2005 una reunión en Cuzco al mismo tiempo a todos los grupos a nivel mundial en sus lugares de salida para trabajar por la Humanidad y por el planeta. De Cuzco indicaron que se haría un nuevo viaje al Paititi; RAHMA Centro estaría en el Bosque de Piedras.

Epílogo

Una existencia quizá sea poco para entender la esencia de la vida; tal vez no sea suficiente para aprender las lecciones que la misma vida nos da.

Una vida; mi vida probablemente no constituya el logro total de mis objetivos, pues la perfección no me es posible aún.

He necesitado decenas de años y he encontrado el mapa para buscar el tesoro constituido por el Amor en su pura y verdadera esencia, he entendido que es deber de cada uno ir y buscarlo.

El sufrimiento de momento parece existir y la felicidad tal vez se pueda lograr por intermedio suyo; el único problema reside dentro de nuestra mente, la cual debe estar libre de las ataduras terrenales para transitar por lugares más sutiles en los cuales la preciosidad del Tesoro Divino pueda ser percibido con mayor claridad.

Hay que buscar siempre.

Sea nuestra esperanza camino de paz para los logros espirituales en el Amor y la armonía.

A la luz de los acontecimientos y los últimos avances científicos, sabemos que la Tierra, nuestro planeta, es un ser viviente, es nuestra Madre Tierra. Muchos no lo sabemos, pero en nuestro interior, en nuestra mente y en nuestro corazón, ya hemos empezado a sentirlo. ¿Podemos hacer algo por ella? Claro que sí, lo que cualquier hijo haría por su madre para verla saludable y hermosa: cuidarla mucho. Pero esta madre no puede esperarnos todo el tiempo; ella pasará a otra dimensión, se sacudirá toda la carga negativa que nosotros sus hijos le generamos. El planeta no se destruirá ni habrá un final, solo se transformará en su proceso natural. Esperar sentados a ver si esto ocurre puede ser traumático. Pero el hombre puede sacudirse antes, tiene la capacidad de revertir su futuro. Esto es lo que entendí del mensaje extraterrestre.

Hay mucha gente comprometida por la paz mundial para crear un estado mental positivo colectivo. Desde donde te encuentras también tú puedes hacerlo.

Los animales y las flores del campo renuevan las fuentes de vida desde la inocencia y la simplicidad de sus actos, y nosotros, que lo deseamos, lo hacemos todo tan complejo que acabamos perdidos en medio del desorden y del desequilibrio creados.

Mi ignorancia espiritual sirvió para interesarme por el contacto extraterrestre y buscar a través de Misión RAHMA, sin imaginar que por mi compromiso se encaminaría hacia lo espiritual. Ahora estoy en condiciones de afirmar que si no nos identificamos con el trasfondo espiritual del contacto, el contacto extraterrestre no tendría ni pies ni cabeza.

Si con todas mis desventajas y limitaciones yo pude vislumbrar el camino, pasar esas experiencias y vivirlas, tú, que has recibido una buena educación desde tu infancia, que tienes valores y más posibilidades, podrás lograr mucho más.

Hay otras y más contundentes experiencias que vivieron otros hermanos más comprometidos con el mensaje en todo el mundo.

Hermano, te aliento a la espiritualidad allá donde te encuentres.

Escribí pensando en todos los que están buscando y no han tenido esa oportunidad.

No pretendo tener la razón; mucho menos tienes que creértelo todo, pero este libro sí te puede servir para empezar a pensar, a buscar y a descubrir por ti mismo el por qué y el para qué del contacto extraterrestre. Tampoco doy una información de RAMA, pues orgánicamente ya no existe.

Solo narro las experiencias que viví junto a personas contactadas, que según los extraterrestres fueron –y fui– en representación de la Humanidad.

La paz-ciencia es amarga pero sus frutos son dulces, reza un dicho muy antiguo. Así, todos los buscadores de la luz hemos escuchado hablar o hemos leído sobre El Dorado, sobre la ciudad perdida de los incas de El Paititi o Paykikin Qosqo. Ellos han tenido la paciencia de esperar a conocer los detalles de un viaje a ese mítico lugar que me correspondió vivir a mí; pido perdón por ello. Siendo la paz-ciencia una virtud con la que todo se alcanza, estoy seguro de que comprenderás el por qué de la tardanza.

Creo que aquí encontrarás lo fundamental. Como has visto, he incluido algunos mensajes de los Hermanos Mayores. Sabe que el nivel en el que los extraterrestres se desplazan y actúan es un plano o dimensión superior.

Estos viajes me demostraron que me falta mucha preparación y práctica de vida, comunicación e integración; por eso no he tenido reparo en contarles mis angustias, mis preocupaciones, mis errores, y también mis alegrías y avances.

Saber valorar la vivencia en su conjunto y asimilar lo bueno en beneficio de nosotros mismos y, como consecuencia, de nuestras familias y de la Humanidad. Este es el objetivo de esta obra, compártelo.

Se preguntarán si valió la pena todo lo que me tocó pasar. CLARO QUE VALIÓ LA PENA; lo digo en mayúsculas pues aprendí a ser un hombre que va despertando su conciencia, a respirar y relajarse correctamente, a ver más allá de sus ojos físicos, a entender lo que es un ser humano y a vivir en medio de otros seres humanos, a ser más positivo, menos egoísta; también aprendí a sobrellevar el sufrimiento, a tener esperanza y libertad, a ser libre, a entender que no estamos solos –nunca lo hemos estado–, a ir aprendiendo a amar.

Es bueno saber que Dios no está fuera sino dentro de cada uno de nosotros; yo voy buscándolo con humildad. Todo esto me es muy valioso y lo comparto contigo. Muchas gracias.

«Humildad es saber esperar aquello que se desconoce».

Amor y paz.

KOLIMA
BOOKS

www.ingramcontent.com/pod-product-compliance
Ingram Content Group UK Ltd.
Pitfield, Milton Keynes, MK11 3LW, UK
UKHW021707190726
13853UKWH00001B/452